전후일본의 역사인식

전후일본의
역사인식

이오키베 가오루 · 고미야 가즈오 · 호소야 유이치 · 미야기 다이조 ·
도쿄재단정치외교검증연구회 편 | 동서대학교 일본연구센터 역

산지니

책을 펴내며

한국에 있어, 일본의 역사인식은 1945년 해방으로부터 80여 년의 세월이 또 1965년 국교정상화로부터 50여 년의 세월이 지난 현재에도 중요한 관심사이며, 또 일본과의 관계를 좌우하는 주요 요인이다. 일본에 대해 한국은 일반적으로 '역사를 왜곡하고 반성하지 않는 나라'이며, 2000년대부터는 내셔널리즘의 고양과 전쟁을 경험하지 않은, 이른바 전후 세대의 등장 등으로 우파적 역사인식을 보다 확대해 오고 있다고 생각한다. 이러한 한국의 부정적 인식은 일본의 일부 정치가들의 우익적 발언과 일본 사회의 혐한 등에 의해 강화되곤 했다.

그러나 돌이켜보면, 한국이 만족할 만한 수준은 아니나, 일본은 수차례에 걸쳐 사죄(유감)를 표명했으며, 또 양국은 1965년의 한일기본조약에서, 1998년 '21세기의 새로운 한일 파트너십 공동선언'에서 불행한 역사를 극복하고 미래 지향적인 관계를 발전시켜 나가자고 선언했다. 그리고 이를 위한 토대 마련의 일환으로 양국의 정치학자와 역사학자들이 역사연구를 공동으로 행하기도 했다. 2010년대 들어와 역사 문제를 둘러싼 갈등이 항상화됨에 따라 한일 양국 모두에게 상대국의 역사인식을 객관적으로 또 균형 있게 이해하는 것이 일층 필요시되었다. 2017년 동경대학출판회에서 출간된 본서 『전후일본의 역사인식』은 이에 대한 일본 측의 응답이라고 볼 수 있을 것이다.

본서의 가장 큰 특징은 전후 일본의 역사인식이 전전기 승자의 역사인식과는 다르게 "승자로서가 아니라, 가해자, 피해자, 패자로서의 인식"으로 구성되어 있다는 지적이다. 그리고 일본의 역사인식에 대한 이해는 "이 세 가지 인식의 관계가 파악될 때 가능하다"고 주장한다. 그리고 본서의 또 하나의 특징은 역사인식 문제가 국가 간 관계 그리고 세계정치를 움직이는 주요 역학으로 작용하는 것에 문제의식을 가진 게이오대학의 호소야 유이치 교수를 비롯한 일본을 대표하는 정치·외교사 분야의 중견 연구자들의 10년간의 연구성과물이라는 것이다. 이것은 본서가 전후 세대가 주도하고 있는 현 일본 학계의 역사인식을 대변하고 있다는 사실을 의미한다. 따라서 본서가 제시하고 있는 일본의 역사인식은 한국의 일본 관련 전문가는 물론, 한일관계에 관심이 있는 일반 독자들에게 많은 시사점을 제공하게 될 것이다.

한국어 번역판을 출간하는 데 있어 많은 분들의 도움이 있었다. 먼저 제가 소장을 맡고 있는 동서대학교 일본연구센터는 지원과 감수를 행했다. 번역은 한국을 대표하는 일본 관련 학회인 '현대일본학회' 소속의 신진연구자들이 각자의 전공을 살려, 담당해 주었다. 엄태봉 대진대학교 강의교수, 석주희 동북아역사재단 연구위원, 윤석정 국립외교원 일본연구센터 연구교수, 권연이 동국대학교 일본학연구소 전문연구원에게 이 자리를 빌려 감사를 표한다.

또 호소야 유이치 교수는 출판과 관련해 여러모로 힘을 써주셨을 뿐만 아니라, 출간에 앞서 동서대학교 일본연구센터에서 개최한 출판기념 심포지움에서 편자와 저자를 대표해 아베 총리의 역사인식을 중심으로 한 훌륭한 강연을 해주셨다. 다시 한번 깊은 감사의 말씀을 드린다. 이외에도 니시노 준야 게이오대 교수, 동경대학출판회, 한국 산지니의 강수걸 대표와 권경옥 편집장 그리고 동서대 일본연구센터 직원들에게도 감사를 표하고 싶다.

마지막으로 동 한국어 번역판이 한국의 독자들에게 "용서는 하지만 잊지는 않는다"는 역사 화해를 위한 기본 자세에 입각해 일본의 역사인식을 객관적이고 폭넓게 이해하는 자료로 활용되기를 바란다.

2023년 8월
동서대학교 일본연구센터 소장 신정화

한국어판 서문

 현재 한일관계가 크게 움직이고 있다. 2023년 3월 16일부터 이틀간 한국의 윤석열 대통령이 일본을 방문해 양국의 관계 개선을 위하여, 크고도 새로운 한걸음을 내디뎠다. 한일정상회담을 개최하여 기시다 후미오 총리와의 사이에서 '구(舊) 한반도 출신 노동자 문제에 관한 솔직한 의견 교환'이 행해졌다. 그리고 12년 만에 셔틀 외교를 실현하기로 합의했다. 3월 6일에 윤대통령이 국내의 신중한 의견에도 불구하고 징용공(구 한반도 출신 노동자) 소송 문제 해결책을 발표한 것이 한일관계 개선에 있어 중요한 배경이 되었다.

 현재, 역사인식 문제는 한일관계를 움직이는 가장 중요한 요인이라고 할 수 있다. 한일 양국 간의 경제적 상호 의존은 그 어느 때보다 진전되었고, 젊은이들을 중심으로 상호 인적 교류도 현저히 늘었으며, 일본에서는 한국어를 배우는 학생도 증가하고 있다. 더욱이 북한의 거듭된 군사적 도발 행동이 그 어느 때보다 한일 양국의 안보협력과 정보 공유의 중요성을 더하고 있다. 이와 같은 중요한 요인에도 불구하고, 12년이라는 긴 세월 동안 셔틀 외교가 이루어지지 않은 것은 무엇보다 역사인식 문제가, 이른바 '가시가 박힌' 것처럼, 원활한 두 국가 간 관계 발전을 저해해왔기 때문이다. 이 책에 수록된 좌담회에서 니시노 준야 게이오대학 교수가 말한 것처럼, "한 번 역사인식 문제에 불이 붙고 그것이 특히 정상 차원의 문제로 가시화되면, 경제나 문화 교류를 압도할 만큼 강렬한 부정의 에너지를 발산"하게 되는 것 같다. 다른 한편, "일본과의 융화만을 중시하면 국내 합의의 불완전함이 위협으로 작용한다"는 지적도 사실일 것이다.

이제 역사인식 문제는 한일관계뿐만 아니라 전 세계에서 국제정치를 크게 움직이는 역학이 되었다. 예를 들어, 러시아가 우크라이나를 침략해 양국 간에 치열한 전투가 계속되는 가운데 유럽연합(EU)의 유럽의회가 2022년 12월 15일, 90년 전 소련령이었던 우크라이나에서 일어난 대기근, 이른바 홀로도모르가 모스크바의 정책에 의해 인위적으로 발생한 제노사이드였다고 인정하는 결의안을 채택하였다. 과거 소련 내부에서 자행된 각종 인권침해가 이처럼 오랜 역사가 흐른 뒤 중요한 정치문제로 재부상하고 있는 것이다. 한국에서 그러했듯이, 역사인식 문제가 국민적 정체성을 확립하는 데 중요한 위치를 차지하고 있다는 증거일 것이다.

　이 책『전후일본의 역사인식』은 2015년 8월 14일 아베 신조 총리가 '전후 70년 담화', 이른바 '아베 담화'를 발표함에 따라 심각해진 한일관계와 중일관계에 어두운 그림자를 드리웠던 역사인식 문제를 정치외교사적 관점에서 재검증할 목적에서 2017년 일본어로 간행된 것이다. 덧붙여 이 책은, 그때까지 10년간, 도쿄재단에서 행해온 정치외교검증연구회의 연구 성과로 이오키베 가오루 도쿄대학 교수, 고미야 가즈오 아오야마가쿠인대학 강사, 호소야 유이치 게이오대학 교수, 미야기 다이조 조치대학 교수로 이루어진 4명이 편집자가 되어 주로 연구회 멤버를 중심으로 이루어진 공동연구의 성과이다.

쉽게 정치화하고 국내정치에서 논쟁을 불러일으키며 정국과도 깊게 연동하는 경향을 보이는 역사인식 문제를 보다 냉정하고 객관적으로 검토하기 위해서도 전후의 요시다 시게루 정권으로부터 역대 정권의 역사인식 문제에 대한 입장을, 새롭게 공개된 많은 1차 사료를 바탕으로 재검증하여 이 문제들의 뿌리까지 거슬러 올라가고자 하였다. 일본을 대표하는 전후 일본 정치외교사 연구자분들의 협력을 얻어 높은 수준의 서적이 된 것을 편집자의 한 사람으로서 매우 기쁘게 생각하고 있다. 또 이와 함께 이 책의 후반에서는 중국 정치외교사가 전문인 가와시마 신 도쿄대학교수, 한국정치가 전문인 니시노 준야 게이오대학 교수, 미국 정치와 외교가 전문인 와타나베 쓰네오 사사가와 평화재단 시니어연구원(당시 도쿄재단 시니어연구원), 그리고 유럽외교사가 전문으로 게이오대학 교수 및 도쿄재단 정책연구소 연구주간(당시 시니어연구원)이었던 나 이렇게 네 사람이 「역사화해는 가능한가」 그리고 「동아시아의 역사인식과 국제관계」라는 제목으로 좌담회를 행한 기록을 수록하였다. 다각적으로 이 문제를 검토하기 위해 최신 정세까지 커버해 의견을 교환하였다. 덧붙여 이 책은, 2020년에 영문으로 번역되어 *History, Memory, and Politics in Postwar Japan*이라는 제목으로 린리에너사에서 간행되어 영어권에서도 널리 읽히고 있다. 영어 번역판에 이어 한국어 번역판이 간행되는 것을 매우 기쁘게 생각한다.

한국어로 번역하는 데 있어 나와 같이 게이오대학 대학원 법학연구과에서 국제정치를 공부하고 한국을 대표하는 일본 정치전문가 신정화 동서대 교수가 감역을 해주신 것은 무엇보다 큰 기쁨이었다. 또한 신 교수 밑에서 엄태봉 대진대 강의교수, 석주희 동북아역사재단 연구위원, 윤석정 국립외교원 외교안보연구소 연구교수, 권연이 동국대 일본학연구소 전문연구원 등 앞으로 한국에서 일본 정치 연구를 이끌어갈 젊은, 혹은 중견의 뛰어난 전문가분들이 번역 작업을 해주신 것도 행운이라고 생각한다. 나아가 이 책의 번역, 간행과 관련한 출판기념 심포지엄을 부산 동서대학교에서 개최하는 데 있어서 오자사 가쓰유키 동서대 부교수는 다양한 형태로 도움을 주셨다. 동서대 일본연구센터는 한국에서의 일본 연구의 한 거점이 되고 있으며, 특히 게이오대학에서 박사학위를 받은 저명한 일본 정치연구자인 장제국 동서대 총장은 이번 출판기념 심포지엄을 개최하는 데 많은 도움을 주셨다. 아울러 감사의 말씀을 드리고 싶다.

이 책이 간행된 지 6년 정도가 지났지만 그 기본적인 구도에는 큰 변화가 없어 보인다. 이 책에 수록된 좌담회 가운데서 나는 "아무래도 자기가 하는 노력은 커 보이나, 상대방의 노력은 보이지 않기 때문에 자기 노력을 반으로 줄여 생각하고, 상대방의 노력을 두 배로 생각하면 실제 크기에 가까워지지 않겠냐"라고 말했는데, 지금도 그 생각에는 변화가 없다. 말하자면 "자신에게는 두 배 겸허해지고 상대에게는 두 배로 관용을 베풂"으로써, 보다 냉정하게 한일관계의 현상을 파악할 수 있지 않을까라고 생각한다.

이 책이 향후 한국에서의 일본 정치 연구와 한일관계 연구의 기초 문헌으로서 널리 읽혀 한일 관계가 역사에 대한 보다 건전하고 균형 잡힌 이해 위에서 더욱 발전해 나가기를 강력히 바란다.

2023년 8월 13일 도쿄에서 편자를 대표하여

호소야 유이치

차례

I
전후 역사인식의 변천

II

역사인식과의 화해를 향해

III

역사인식을 생각하기 위해

일러두기

각주에서 특별한 언급이 없는 것은 모두 원주이며,
옮긴이가 덧붙인 것은 역주로 표시하였다.

시작하며

호소야 유이치(細谷雄一)

2015년은 제2차 세계대전이 끝난 지 70년이 되는 해로, 많은 국가에서 전쟁과 전쟁 종결 이후의 70년을 회고하는 기념행사가 열렸다. 그 가운데서도 8월 14일 아베 신조(安倍晋三) 수상의 '70년 담화(아베 담화)', 8월 15일 한국 박근혜 대통령의 독립 70주년 기념 광복절 연설, 그리고 9월 3일 중국 시진핑 주석의 항일전쟁 승리 70주년 군사 퍼레이드는 언론 등을 통해 많은 주목을 받았다.

현재 동아시아에서는 역사인식 자체가 국제정치의 역사를 크게 변화시키는 현상이 나타나고 있다. 역사가 역사인식을 만들 뿐만 아니라, 반대로 역사인식이 역사를 만들기도 한다는 것이다. 이로 인해, 동아시아 국제정치의 미래를 전망하고 바람직한 외교정책을 구상하는 데 있어 역사인식 문제는 피해 갈 수 없는 매우 중요한 외교 이슈가 되고 있다. 한일관계 및 중일관계 보도에서 역사인식 문제가 언급되지 않는 경우는 거의 없을 정도로, 오늘날 역사인식 문제는 중요한 외교 현안이 되고 있는 것이다.

그런데 매일같이 주요 뉴스로 등장하고, 동아시아 정치가들의 주요 관심 사항이 되었음에도, 역사인식 문제가 학술적으로도 중요한 연구과제가 되고 있다는 인식이 부족한 것은 사실이다. 일본에서는 최근 10년 동안 이와 관련한 학술연구가 다양하게 이루어져 왔지만, 그러한 연구 성과가 일반 대중에게 널리 읽히고 알려져 있다고 말하기는 어렵다.

이러한 문제의식에서 이 책은 정치사와 외교사를 전공으로 하는 연구자들이 전후 일본의 역사인식 문제를 가능한 한 냉정하고 객관적이면서도 학술적으로 정리하고 있다. 본서는 연구서가 아니라, 일반인을 대상으로 하는 입문서이기 때문에 쉽게 기술하고자 했지만 집필자들은 모두 각각의 전문 분야에서 높은 수준의 연구를 수행하고 발표해온 중견연구자와 신진연구자들이다. 이들의 연구 성과가 한 권의 책으로 일반 독자들에게 널리 읽히게 된 것을 무엇보다도 기쁘게 생각한다. 이를 통해 일본에서 대단히 논쟁적이고 민감한 역사인식 문제를 보다 냉정하고 객관적으로 그리고 학술적으로 논의할 수 있게 될 것이다.

본서는 도쿄재단(東京財團)에서 지난 10년 동안 지속해온 '정치외교검증연구회(政治外交檢證研究會)'의 연구 활동을 토대로 하고 있다. 연구 활동의 경위를 간추려 보면 다음과 같다. 2007년 4월 정책 싱크탱크인 도쿄재단에서 기타오카 신이치(北岡伸一) 도쿄재단 주임 연구원(당시 도쿄대학 교수)을 리더로 하는 동 연구회가 발족되었다. 10년 전 제1차 아베 정권 때였다. 아베 수상은 그해 4월 11일 방일한 원자바오(溫家寶) 중국 수상과 정상회담을 갖고 '전략적 호혜관계'를 구축했으며, 그 후 10년 동안 중일관계, 일본의 국제사회에서의 위상, 일본의 정치외교가 크게 바뀌어갔다. 역사가들이 모여 일본의 정치외교를 검증하는 이 연구회는 그 시기에 걸친 시대의 변화에 주목해왔다.

연구회가 발족한 이래 10년 동안 매월 미야기 다이조(宮城大蔵) 조치대학(上智大学) 교수, 이오키베 가오루(五百旗頭薫) 도쿄대학 교수, 그리고 필자가 서브 리더로서 연구회를 진행해왔다. 우리는 모두 릿쿄대학(立教大学) 법학부나 도쿄대학 대학원 법학정치학연구과에서 기타오카 교수의 지도를 받았다. 그 후 고미야 가즈오(小宮一夫) 고마자와대학(駒澤大学) 강사도 서브 리더로 합류해 '외교사 북 리뷰'를 만들어 왔다.

우리 4명의 서브 리더들은 모두 20여 년 전 대학원생이나 조교였던 시절 기타오카 교수가 도쿄대학 대학원 법학정치학연구과에서 정기적으로 열었던 신진연구자 대상 연구회에 참여했었다. 연구회는 소속과 연령을 불문하고 젊은 정치외교사 연구자들이 참가하여 신간 학술서의 서평을 보고하는 형식으로 운영되었는데, 지금 생각하면 매우 높은 교육적 가치를 가지고 있었던 것 같다. 이후 기타오카 교수가 유엔 대사로 취임하면서 바빠졌고, 도쿄대학 퇴임 후에는 정책연구대학원대학으로 소속을 옮겼기 때문에[현재 국제협력기구(JICA) 이사장], 도쿄대학 홍고(本鄕)캠퍼스에서 개최해온 연구회는 중단되었다.

시간이 흘러 그와 같은 연구회를 다시 열고 싶다고 생각하던 차에, 기타오카 교수가 도쿄재단의 주임연구원으로 부임하여 새로운 연구회를 만들면서, 도쿄대학에서 이루어졌던 연구회가 장소와 형태를 바꿔 다시 시작될 수 있었다. 이후 매달 개최된 연구회에는 언론인도 참가해, 신진 및 중견의 정치외교사 연구자와 현직 정치 기자 및 편집자들 간에 치열하게 의견 교환이 이루어졌다. 지난 10년 동안 이루어진 연구회의 활동이 사회에도 공헌했다고 자부한다.

생각해보면, 이전 '대학원생'이나 '조교'였던 우리 서브 리더들도 지금 대학에서 학부생이나 대학원생을 지도하고 있다. 그리고 우리가 지도한 신진 연구자들의 일부가 연구회에 참가하고 있다. 예전에 기타오카 교수가 했던 역할을 필자가 다하지는 못하겠지만, 미야기 교수, 이오키베 교수, 고미야 강사의 협력하에 연구회는 상당히 자극적이고 매력적인 학술 포럼이 되고 있다. 그리고 본 연구회의 논의가 발전하면서 본서도 탄생할 수 있었다.

본서를 간행할 수 있었던 것은 무엇보다도 먼저 기타오카 신이치 교수의 지도와 지원이 있었기 때문이다. 기타오카 교수의 지도를 받은 우리들이 이번에는 대학원생 등 차세대 연구자들에게 지적 자극을 제공할 차례라고 생각한다.

연구회를 오랜 기간 지원해준 도쿄재단과 재단에서 연구회를 담당하고 있는 정책연구프로그램 스태프 다나카 노부코(田中伸子) 씨께 깊은 감사를 드린다. 특히 다나카 씨의 노고가 없었다면 다양한 주제로 다양한 구성원이 모인 연구회가 이토록 순조롭게 또 사회적 의의를 가지면서 지속되기 어려웠을 것이다.

무엇보다 매달 개최되는 연구회에서 훌륭한 발표를 하고, 각각의 학술서가 가지는 의미를 적절하게 해설하면서 현대적 의의를 제시한 연구회 구성원들의 협력에 감사하고 싶다. 그것이 없었다면 이 연구회는 성립할 수 없었으며, 지금까지 계속되지도 못했을 것이다. 현재 많은 구성원이 각각의 조직에서 중요한 역할을 담당하고 있으며, 바쁜 와중에도 매달 제공해주는 지적 자극의 가치는 대단히 크다고 할 수 있겠다.

기타오카 교수는 외교사 이메일 잡지(e-mail magazine)의 창간호에 실은 「창간 취지」에서 다음과 같이 지적했다. "전후 외교에 관한 연구는 착실하게 발전하고 있습니다. 외교문서의 공개 및 정보공개 제도 등으로 새로운 사료의 이용이 가능해졌고, 미국 등 외국의 문서에 주로 의존했던 연구로부터 나아가 보다 총합적이고 다각적인 시점이 제시되고 있습니다. 안타깝게도 이러한 연구는 아직 전문연구자들 사이에서만 공유될 뿐, 광범위한 외교 논의의 기초로서 충분히 이용되고 있지는 않습니다."

10년이 지났음에도 여전히 같은 상황인 것을 보면서, 본 연구회의 성과가 널리 독자들에게 알려져 '폭넓은 외교 논의의 기초'로 활용되기를 간절히 바란다.

서장 역사인식의 역사를 향해

본서의 주제는 역사인식의 역사이다. 오늘에 이르기까지, 전후 일본의 역사인식은 가해자, 피해자, 패자로서의 인식이다. 승자로서의 역사인식은 있을 수 없다. 이러한 세 가지 역사인식이 어떠한 관계를 맺어왔는가를 본서를 통해 이해할 수 있을 것이다.

전전(戰前)의 시기에도 역사인식은 있었다. 전후에 생긴 전전에 대한 인식이 아닌, 전전기부터 이미 존재했던 인식이다. 역사인식이라는 것이 전쟁을 통해 깊이 각인되듯이 전전에도 전쟁은 있었다. 국운이 걸렸던 전쟁으로는 보신전쟁(戊辰戰爭)[1]에 이르는 막부 말기와 메이지 유신(明治維新)[2] 사이

---

1   1868년 1월 시작해 1869년 6월 끝난 메이지 정부와 에도 막부 세력 간의 전쟁. 막부 세력이 패배함에 따라 메이지 정부 중심의 국가 운영이 본격적으로 시작되었다.-역주
2   메이지 정부가 일본의 근대화, 서구화를 목적으로 추진한 정치, 행정,

의 동란 그리고 청일전쟁, 러일전쟁이 있다. 전전기 일본의 역사인식은 하나같이 승자의 역사인식이었던 것이다.

전전과 전후의 역사인식이 이처럼 대비되는 것은 전전의 일본이 극적으로 통일, 확대, 멸망의 역사를 걸어온 결과이다. 패전 이후 일본에게 허용된 몇 안 되는 특권 중의 하나는, 원한다면 역사인식의 모든 유형을 자신의 경험으로부터 반추할 수 있다는 것이었으나, 이 특권을 아직 충분히 향유하고 있지는 않은 것 같다. 서장에서는, 부족한 시론이기는 하지만, 전전의 역사인식에 대한 필자의 견해를 간단하게 설명하고, 이를 시작으로 하여 전후의 역사인식에 대한 각 장의 내용을 소개하고자 한다. 메이지 초기의 정치사는 보신전쟁의 승자가 만들었다. 메이지 신정부에서 막부를 토벌하는 토막파(討幕派)가 중요한 위치에 있던 점은 말할 필요도 없다. 토막파는 승자로서 막부는 물론 토막에 공헌한 다이묘(大名)들의 권한과 재원(財源)마저도 침식하며 국가 통일을 추진했다. 신정부에 반발한 불평(不平) 사족(士族)[3], 전쟁의 대가를 요구하는 군, 그리고 개선 병사들이 과격 분자였다.

경제, 사회 등 여러 분야에 걸친 일련의 개혁-역주

3   메이지 유신 이후, 막부 시대의 무사들에게 부여된 신분. 메이지 정부의 폐도령(廃刀令), 질록처분(秩禄処分, 녹봉제 폐지) 등의 실시로 특권이 소멸되자 각지에서 무력 행위를 벌였다.-역주

메이지 정부와 대치했던 자유민권운동(自由民権運動)[4]도 이들로부터 시작되었다. 보신전쟁이 새로운 무기와 전투 방법, 그리고 무사 이외의 전투원을 동원함에 따라, 전쟁의 참가자들이 신분제로부터 해방된 것이 급진주의(radicalism)의 배경이었다. 승자로서의 기억, 혹은 기억 이상의 강인한 자의식이나 체험이 이들 세 정치주체(사족, 군, 개선 병사)의 급진적인 정치 행동과 직결되었던 것이다.

이러한 급진성을 경계하는 논자들은 막부 말기와 메이지 유신의 동란에 대한 기억을 억제하거나 부정하기도 했다. 점진주의(漸進主義)를 표방해 1870년대의 언론을 장식했던 후쿠치 오우치(福地桜痴)는 『막부쇠망론(幕府衰亡論)』(民友社, 1883) 및 『막부 말기 정치가(幕末政治家)』(民友社, 1900)라는 사론(史論)을 저술했다. 구(旧)막부의 신하로서 양이파(攘夷派)·토막파에 대해 비판적으로 평가한 글이었다.

자유민권운동을 고무시킨 정치 소설에도 사실 보수적인 관념이 침투하고 있었다. 아이즈(会津) 출신의 시바 시로(柴四郎)가 쓴 『가인의 기우(佳人之奇遇)』(초편 1·2권, 原田博文堂, 1885)는 막부 말기와 메이지 유신의 역사를 존왕양이파의 폭거가 외국의 반발을 부르는 대립의 악순환으로 표현하

---

4   메이지 정부 초기 국회 개설, 헌법 제정, 지조 경감, 외국과의 불평등 조약 개정, 언론의 자유 등을 요구한 정치·사회운동-역주

고 있다. 그리고 조정과 막부 간의 조정에 힘쓰며 대립의 악순환을 막고자 했으나 이를 이루지 못한 아이즈의 '고독한 충성(孤忠)'을 호소한다.

악순환에 대한 주목과 경계는 유명한 정치 소설인 야노 후미오(矢野文雄)의 『경국미담(經國美談)』(報知新聞社, 1884)과 스에히로 시게야스(末広重恭)의 『설중매(雪中梅)』(博文堂, 1886)의 주제이기도 하다.

악순환은 자기증식적인 성격을 가지고 있기 때문에 멈추려 해도 멈출 수 없다. 정치 소설은 그와는 별도로 선순환을 일으키도록 장려하고 있는 듯하다. 선순환도 자기증식적인 성격을 지니기 때문에 빈손으로 시작하더라도 결국 악순환에 필적할 수 있을지 모른다.

『경국미담』이나 『설중매』는 중용을 획득한 정치노선에 조용한 정열을 불태우는 청년이 연설을 통해서 회의적인 청중들의 공감을 서서히 얻어가는 모습을 그린다. 『설중매』 속편에 해당하는 스에히로의 『화간앵(花間鶯)』(金港堂, 1887)은 선순환의 조건으로 관·민 또는 급진·온건 등 입장이 다른 개인 간의 신뢰와 우정을 요구하고 있다. 정치적인 대립에 따라 사적인 인간관계를 해치지는 않는다는 공사(公私)의 구별은 당시 이 소설에 한정되지 않고 많은 논설에서 권장되었다. 후쿠자와 유키치(福澤諭吉)가 관민(官民) 조화를 반복해서 설파한 것도 대립하는 조야(朝野)의 원로들과

사적으로 아는 사이이며, 화해할 수 있다는 판단이 있었기 때문이다. 이렇듯 악순환이 다시 오는 것을 막지 않으면 안 된다는 관념은 민권파도, 보다 보수적인 논자들도 공유하고 있었다. 그리고 선순환을 만들 수 있을 만한 작은 행동—연설이나 논설—을 경쟁적으로 했다. 이러한 일들은 1889년에 제정된 대일본제국헌법에 기반한 입헌제의 도입을 보다 원활하게 했을 것이다.

그럼에도 민주화 요구가 강력해짐에 따라 헌법의 해석을 둘러싼 대립이 격화되었고, 악순환을 일으킬 우려가 있었다. 이 문제에 대처한 인물 중 하나가 요시노 사쿠조(吉野作造)[5]이다. 요시노의 민본주의(民本主義)는 요시노가 헤겔의 변증법으로부터 배운 형식(形式)-실질(實質)이라는 대립항의 연쇄를 통해 악순환을 막은 것으로 해석할 수 있다. 요시노가 『중앙공론(中央公論)』 1916년 1월호에 발표한 유명한 「헌정(憲政)의 본의(本意)를 설명하고 그 유종의 미를 거두는 길을 논한다」에 따르면 첫째로, 헌법의 조문(條文)도 중요하지만, 거기에 내포된 '정신'이 중요하며, 일반 민중의 의향에 기반한 정책 결정이야말로 그 정신이다. 이렇듯 다수인 쪽이 '형

5   요시노 사쿠조(1878~1933)는 정치학자이자 사상가다. 도쿄제국대학 교수로 민본주의론, 중국혁명사 연구, 메이지 문화 연구에서 큰 업적을 남겼다. 특히 보통선거와 군부 개혁 등을 주장하며 다이쇼 데모크라시(大正デモクラシー)에 큰 영향을 끼쳤다.-역주

식적 관계'에 있어서는 지배자가 되지만, 둘째로 그 내면에 있어서는 '정신적 지도자'가 필요하다고 한다.

헤겔 변증법에 관한 요시노의 해설에 따르면(吉野, 「ヘーゲルの法律哲学の基礎」, 『吉野作造撰集』 第1巻, 岩波書店, 1995), 공허한 형식이 실질에 의해 충실해지고, 이러한 실질 또한 형식성을 벗어날 수 없기 때문에 실질에 의해 한층 더 충실해지는 과정이 무한 반복된다. 마찬가지로 요시노의 민본주의도 조문과 형식을 정신과 내면에 대치시키고, 대치를 거듭함으로써 헌법과 다수에 의한 지배와 소수에 의한 정신적 지도를 공존시켰다. 요시노는 유럽 국가들의 사회주의 운동이 때로는 권력과의 대립이라는 악순환을 일으키고, 때로는 대화와 타협의 선순환을 일으키는 것을 정치사가(政治史家)로서 연구했다. 이것이 순환에 대한 요시노의 역사인식을 예리하게 만들어 민본주의로 결실을 맺게 된 것이다.

입헌제가 제 기능을 함으로써 청일전쟁(1894~1895년)과 러일전쟁(1904~1905년)에서 일본의 동원력을 높였을 것이다. 그러나 전쟁에서 승리한 결과, 외교에서의 순환의 관념이 내정(內政)에서의 순환의 관념보다도 빠르게 쇠퇴한 것으로 보인다. 왜냐하면 대국과의 싸움에서 이긴 탓에 전쟁 성과를 챙기려는 노력이 지상 명제가 되어버렸기 때문이다. 그것은 패전국과의 관계에서 선순환의 발생을 곤란하게 했다. 게다가 전쟁 성과를 챙기려는 노력은 다음에서 보듯 오히려 대외정책을 표류시키고 악순환을 불러일으키는 원인이 되었다.

즉, 청일전쟁 이후 일본은 중국에 대해서 관민 불문하고 인맥을 만들고 지원하는 경향을 강화했다. 그것은 양국관계를 심화시키고 안정시키기 위함이었지만, 위험도도 높이는 일이었다. 왜냐하면 중국 국내가 분열할 경우, 일본인들이 분열된 각 진영을 돕는 일이 생기기 때문이다. 1911년 신해혁명이 일어나자 중국 각지에 있던 일본인들은 여러 가지 개입 계획을 제시했고, 그 영향으로 일본의 대중국정책은 일관성을 잃고 간섭적인 형태로 변해갔다.

일본이 제1차 세계대전에 참전한 일은 악명 높은 21개조 요구(対華21ヵ条要求)[6]로 귀결되었다. 칭타오(靑島)를 독일로부터 탈취했을 때 가토 다카아키(加藤高明) 외상의 의도는 러일전쟁에서 러시아에게서 획득한 만주의 조차권을 확실하게 연장하기 위한 거래 수단을 얻는 데에 있었다. 가토 이후의 외교 담당자는 중국과의 관계 개선을 표방하며 남방의 국민당과 베이징의 돤치루이(段祺瑞) 정권도 지원했다. 하지만 모두 다 내정간섭으로 국내외의 비난을 받았으며, 결국

---

6   대중 21개조 요구(対華21ヶ条要求)는 제1차 세계대전 중인 1915년 1월 18일 일본이 중국에 대해 만주와 몽고에서의 일본의 권익 확보를 목적으로 21개 조를 요구한 것이다. 이를 중국에서는 일본의 대중 침략의 시작으로 본다.-역주

소기의 목적은 달성하지 못했다.

일본은 러시아와 1907년, 1910년에 거듭 협약을 체결했다. 만주 지역에 대한 러일 양국의 세력권을 상호 존중, 옹호하기 위해서였다. 1912년의 제3차 협약에서 양국의 세력권은 내몽골로 확대되었다. 1916년에 체결된 제4차 협약은 중국에서 러일 양국에 도전하는 국가를 견제하기 위한 군사동맹이라고 말할 수 있다. 하지만 다음 해 발생한 러시아혁명으로 인해 일본의 러시아와의 관계 안정화 노력은 수포로 돌아갔다. 그러자 일본은 시베리아에 출병한다(1918~1922년). 이렇듯 일본은 제1차 세계대전이 끝날 때까지, 중국과 러시아(소련)에 대한 개입 정도를 강화했다.

이는 일본에 대한 미국의 경계 강화를 불러왔다. 제1차 세계대전 이후 미국의 하딩(Warren G. Harding) 정권은 1921년 말부터 다음 해에 걸쳐 워싱턴회의[7]를 개최하면서, 일본을 포함한 여러 열강에 해군 군비 축소와 중국의 영토, 주권 존중을 제안했다. 이것이 일련의 조약으로 결실을 맺게 됨에 따라, 이후 10년간 일본의 중국에 대한 간섭이 억제되었고 악순환이 어느 정도 멈췄다.

그렇지만 일본이 워싱턴회의에서 제시된 여러 조약에 조

---

7   1921년 11월부터 3개월간 미국, 영국, 프랑스, 이탈리아, 벨기에, 네덜란드, 포르투갈, 중국, 일본 9개국이 워싱턴에 모여 군비 확장 문제와 중국, 태평양 지역의 문제를 논의한 국제회의이다.-역주

인한 이유는 만주와 몽골에서의 권익을 인정받았고, 산둥반도에 대한 권익도 일정 부분 승인되었기 때문이다. 바꿔 말하면, 러일전쟁에서 거둔 성과와 제1차 세계대전에서 거둔 성과의 일정 부분을 지킬 수 있다는 전망이 있었기 때문이다. 하지만 이와 같은 일본의 권익은 이미 중국 내셔널리즘의 격렬한 비난 대상이 되고 있었다. 중국의 국권외교 또는 혁명외교가 이를 돌려받고자 할 경우 대립의 악순환이 재발할 가능성이 높았다.

무엇보다 협조의 정신을 통해 이를 회피할 가능성도 있었기에 일본 역사의 중요한 분기점이기도 했다. 그렇지만 이 시기 일본의 정치상황은 미묘했다. 1924년 이후 헌정회[憲政会, 후일 입헌민정당(立憲民政党)]와 정우회(政友会)에 의한 정당 내각이 관행화되어 있었다. 헌정회 계열은 시데하라 기주로(幣原喜重郎)[8] 외상하에서 협조 외교를 전개하고 있었고, 쇼와 천황과 원로인 사이온지 긴모치(西園寺公望), 그리고 여론으로부터 상대적으로 지지를 얻고 있었다. 그러나 헌정회와 정우회 두 정당이 수년간 정권 교대를 하는 가운데 드

---

8   시데하라 기주로(1872~1921)는 일본의 외교관, 정치가. 외무차관, 주미대사, 외무대신, 내각총리대신(제44대, 1945.10~1946.5) 등을 역임했다. 외교관으로서 1920년대 미국·영국과의 협조, 중국에 대한 내정불간섭 등을 추진했으며 이를 '시데하라 외교', '협조 외교'라고 부른다. 당시 군부 등 급진세력은 이를 '연약 외교'라고 부르며 공격했다.-역주

러난 정당 간의 스캔들 폭로, 내각 붕괴 공작과 이에 대한 대항 공작 등은 차마 눈 뜨고 볼 수 없을 정도였다. 그런 상황에서도 정우회는 시데하라 외교가 연약하다고 계속해서 비난했다.

더욱이 그 당시에는 메이지 시대 초기에 후쿠치 오우치, 후쿠자와 유키치, 그리고 정치 소설, 민본주의 등이 권력과 운동의 악순환을 억제하려고 한 것과 같이 양대 정당 간의 악순환을 억제하려 하는 언설이 발달하지 않았다. 많은 지식인에게 두 정당은 '기성 정당'으로서 이미 환멸의 대상이었고, 무산정당(無產政黨)이나 국가주의(國家主義) 등, 보다 혁신적인 운동 쪽이 관심을 끌었다.

1931년에 발생한 만주사변 이후 소강상태를 거치면서도, 중일 양국의 대립은 증폭되었다. 다음 해 1932년에 일어난 5·15사건에서 정우회 총재 이누카이 츠요시(犬養毅) 총리가 암살된 것을 계기로 정당 내각기는 종언을 고했고, 이후 군부를 제어할 수 있는 통치 주체는 존재하지 않게 되었다.

전반적으로 전전의 역사인식은 일본의 정치와 외교를 직접 규정했다. 게다가 일본은 승자로서, 또 승자이기 때문에 대외관계에서 대립을 격화시켰고 미래의 선택지를 좁히는 방향으로 정치와 외교를 규정하는 일이 많았다.

이에 반해, 패전 후 역사인식이 끼친 영향은 훨씬 복잡하며 간접적이었다. 그렇다고 결코 영향이 작았다는 의미는 아니다. 전후의 보수 세력과 혁신 세력 간 대립의 초점이 된 미일안보체제와 평화주의를 보더라도 패배에서의 회복, 피해자로서의 반전(反戰) 감정, 가해자로서의 반성이라는 세 가지 요인이 각각 복잡하게 작용하면서 성립된 것임은 분명하다. 그렇다 하더라도 전쟁의 성과를 옹호하는 승자의 역사인식과 정책 간에 직접적인 인과관계는 없는 듯하다. 따라서 전후의 역사인식에 대해서는 일반적으로 개별 논점으로 나누어 고찰하고, 그러면서 뛰어난 해설이 다수 나오기도 한다. 하지만 때로는 일부러 여러 논점을 횡단해 각 시대의 양상을 검토함으로써 명확한 특징이 도출될 가능성도 있다. 본서가 주목한 것도 바로 이 부분이다.

의도한 대로 본서에 실린 각 장의 주장은 명쾌하다. 여기에서는 역사인식에 관한 본 장 나름의 문제의식을 살펴보고, 각 장의 의의를 간단하게 설명하고자 한다.

요시다 시게루(吉田茂)가 전후 외교의 기조를 설정한 시대를 검토한 것이 제1장 '요시다 시게루의 시대—역사인식 문제의 자주적 총괄을 둘러싸고'[다케다 도모키(武田知己)]이다. 전전과 전시 중에 전쟁에 반대했던 기존 자유주의자들(liberalist)이 전후 외교를 이끌었지만, 그들 중에도 과거의 대중국정책과 대중국권익에 대한, 또는 (구)소련과 공산주의에 대한 생각에 차이가 있었다[과거 승자로서의 의식과 이해(利害), 또는 패배와 피해에 대한 더 큰 우려가 의견을 갈라놓았다고 말할 수 있을지도 모른다-이오키베]. 이러한 차이로부터 벗어나, 상황적 사고에 철저했던 것이 요시다 시게루였다(패자의 입장을 관철했다고 말할 수 있을지도 모른다-이오키베). 그렇게 함으로써 요시다는 도쿄재판 사관(東京裁判史觀)과 샌프란시스코 강화체제를 수용하고, 일본을 국제사회에 복귀시키는 데에 성공했다.

그것은 적은 비용으로 얻은 복귀였으나 일본 측에는 피해자로서의 부조리감을 남기는 동시에, 평화조약에 조인하지 않았던 한국과 중국에게는 가해자로서의 보상 방법을 결정하지 않은 채 이루어진 복귀이기도 했다. 한국과 중국에 대한 보상을 둘러싼 국가 간 합의는 1960년대의 한국, 1970년대의 중국과의 국교정상화를 기다려야 했다.

이 시기를 다룬 것이 제2장 '사토 에이사쿠(佐藤英作)의 시대—고도 경제성장기의 역사인식 문제'[무라이 료타(村井良太)]이다.

미국의 냉전 전략에 도움을 받으면서 법적인 전후 처리가 실무적으로 진행된 시대였다. 그 사이 일본 국내에서는 야스쿠니신사의 국가 수호, 전범 합사, 그리고 참배를 둘러싼 헌법 논쟁을 중심으로 전쟁에 대한 자기반성이 축적되었다. 그것은 오로지 피해자 입장로서의 자의식이었으나, 가해자로서의 인식도 깊어지고 있었으며 여기에서 그 성숙함을 파악할 수도 있다. 그렇다고 이러한 자기반성이 반드시 다른 나라에 대한 함의를 의식한 것은 아니었다. 1978년에 있었던 A급 전범 합사를 비롯한 몇몇 움직임과 논의는 법적인 전범 처리에 대한 불만족과 국내외적으로 연동하여 오늘날 역사 인식 문제의 복선이 된다.

1980년대에는 역사인식 문제가 외교상의 쟁점이 되었다. 그렇지만 정치적인 신중함으로 역사인식 문제를 봉인하는 일은 오히려 비교적 쉬웠다. 제3장 '나카소네 야스히로(中曽根康弘)의 시대─외교 문제화하는 역사인식'[사토 스스무(佐藤晋)]은 이 시기를 다루고 있다.

쟁점이 된 것은 교과서 문제와 야스쿠니 참배 문제였다. 전자는 내정 문제라고 반론할 선택지가 있었으며, 후자는 큰 반발을 불러일으키지 않았던 선례도 있었다. 그러나 나카소네 야스히로와 그 전후의 지도자는 한국, 미국, 중국과 협조하여 반공을 위한 '아시아의 벽'을 구축하기 위해서(나카소네), 또는 예견되는 중국의 부상에 대비하기 위해서[미야자와 기이치(宮澤喜一)] 스스로의 역사인식은 내려놓고 전향적인 인식을 연출했다. 당시 일본의 경제력은 동아시아에서 돌출하고 있었으며, 한국과 중국도 타협할 준비가 되어 있었기 때문에 이 연출은 대체로 성공했다.

한편 일본이 국제사회와의 관계에서만 역사인식 문제를 안고 있는 것은 아니다. 전후 오키나와의 역사인식에 대해, 그 정치 구조의 변천과 관련지어 고찰한 것이 제4장 '오키나와와 본토의 간극─정치 공간의 변천과 역사인식'[다이라 요시토시(平良好利)]이다. 오키나와에는 독자적인 정당이 발달했었다. 그렇지만 일본으로의 복귀 전후에, 문맥의 차이는 내포하면서도, 본토의 보혁 대립이 오키나와에도 유입되었다. 이 보혁 대립에서 혁신 진영의 역사관─오키나와전에서 '토사구팽'을 당하고 강화조약에서 버려졌으며, 오키나와 반환에 있어서 주민의 의향이 무시되었다─이 보급된다. 그것은 보수 진영도 공유하는 역사이자 체험이었기 때문이다. 그리고 이러한 오키나와의 역사인식에 대한 어느 정도의 이해와 배려를 본토의 보수 정권이 가지고 있었다는 점이 본토와 오키나와 간 대화의 기반이었다고 할 수 있다.

그런데 냉전 후인 1990년대에는 이 기반이 약화된다. 본토에서 혁신 진영이 쇠퇴하고 보수화하는 것에 반발하는 것처럼 오키나와에서는 냉전 없는 미군기지에 대한 비판이 강해졌고, 그런 의미에서 혁신화되었기 때문이다. 미군기지의 폐해에 직면할 때마다 모든 오키나와의 역사인식이 촉매제가 되어 본토에 대한 불만이 높아지는 구도가 성립하여 오늘에 이르고 있다.

다시 국제관계로 돌아가면, 사토 스스무의 주장처럼, 역시 1990년대부터는 정상 간의 우호 확인은 역사인식 문제에 대한 미봉책이 되지 못했다. 이와 같이 이른바 같은 시대의 다른 상황들을 그려내기 위해서, 단독 논문이 아닌 좌담회라는 형식을 선택했다. 호소야 유이치를 사회자로 하고 중국, 한국, 미국 전문가인 가와시마 신(川島眞), 니시노 준야(西野純也), 와타나베 쓰네오(渡辺恒雄)가 참가했다.

아베 신조 총리가 전후 70년 담화를 발표하기 직전에 이루어졌던 좌담회 기록이 제5장 '역사화해는 가능한가—중일·한일·미일의 시각에서'이다. 예전에는 역사인식 문제가 쟁점화되는 것을 억제했던 한국과 중국이 근래에 들어 왜 적극적으로 변했는가에 대해 알기 쉽게 설명하고 있다. 또 안정적인 관계였던 미국에 대한 주의사항도 논한다.

아베 담화 발표 1년 후에 동일한 구성원들이 참가한 좌담회 기록이 제6장 '동아시아의 역사인식과 국제관계—아베 담화를 돌아보며'이다. 먼저, 아베 담화의 성립 경위와 한국, 중국, 미국의 반응을 살펴본다. 이와 더불어 영국 외교사를 전문으로 하는 호소야가 이를 유럽의 역사인식 문제와 비교하고, 그 위에서 각국과의 관계에 대해 전망한다. 가치를 둘러싼 정치—역사인식을 포함해서—가 예전에는 힘이나 이익을 둘러싼 정치에 의해 대체로 제어되었지만, 지금은 독립변수가 되고 있는 게 아닌가 하는 지적이 있었다.

더 알고자 하는 독자를 위해서 제7장 '역사인식 문제를 고찰하는 서적 소개'(호소야 유이치)와 제8장 '전후 70년을 생각하기 위한 유익한 문헌 소개'[고미야 가즈오(小宮一夫)]에서 연구 동향과 문헌을 소개한다. 각 장의 소개는 이것으로 마치겠다.

　가치(價値)를 둘러싼 정치가 독립 변수가 되고 있다는 것은 승자의 역사인식이 다시 동아시아의 국제정치를 규정하고 있다는 것일지도 모르겠다. 가치의 정치를 폭주시켜버릴 수도 있는 승자, 정책상의 자유를 역사인식에 맡겨버리는 승자는 과연 어떠한 승자인가.

　만족하지 못하는 승자일지도 모른다. 완전한 승자는 관대해질 수 있다. 이에 비해 전전의 일본은 불만족스러운 승자였다. 일본이 승자의 입장을 고집한 것은 청일전쟁에서 획득한 요동반도를 삼국간섭으로 잃어버렸기 때문이다. 러일전쟁에서 배상금을 받지 못하고, 러시아에게 물려받은 조차권의 사용 기한을 불안해했기 때문이다.

　현재 한국이나 중국, 또는 러시아가 승자라는 것은 미국이 승자인 것과 동일한 의미가 아니다. 러시아는 아시아·태평양 전쟁에서는 이겼지만, 냉전에서는 졌다. 한국은 냉전과 권위주의 체제하에서 일본과 화해했기 때문에 충분한 보상을 받지 못했다고 생각하는 경향이 있다. 중국에도 같은 사정이 있으며, 경제성장이 일본보다 30년 늦었고, 지금은 둔화되고 있다. 한국은 원래 일본의 식민지였기 때문에 독립국으로서 전쟁에 참가할 수 없었다. 원론적으로, 무엇보다 한국과 중국은 피해자이다. 그에 비해 일본은 경제성장과 민주주의의 정착이라는 의미에서는 전후의 승자였다. 이들의 기원을 세세하게 살펴본다면, 전전 시기부터 일관되게 승자였다는 인식조차 가능하다. 본장의 서두에서 '승자로서의 역사인식은 있을 수 없다'고 말했음에도 불구하고, 지금은 승자의 측면을 부정하는 역사연구가 소수뿐이다. 일본에 대해서 관대한 승자로 있는다는 것은 이렇듯 어려운 일이다.

오늘날의 역사인식 문제는 복합적이며, 또한—위기관리에 대해 일부 성공하고 있다고는 하지만—대립으로 직결된다. 본 서장에서 살펴본 지극히 불충분한 역사인식의 역사에서 과연 어떠한 시사를 얻을 수 있을까.

첫째는, 눈앞에 있는 힘이나 이익에 대한 정확한 인식이다. 가치를 둘러싼 정치는 독립 변수가 되고 있지만, 역시 일본, 한국, 미국, 중국의 세력균형이나 이해타산에 따라 규정되는 점이 크다. 그것을 이해한다면 자신의 역사인식이 상대방에게 통하지 않는 것에 대한 당혹감이나 분함을 면할 수 있다. 좌담회를 통해서 와타나베는 상대방의 사정을 잘 아는 일이 불가결하다고 강조하고 있다. 맞는 말이며, 여기에서 말하는 사정이 이른바 동정할 만한 사정뿐만이 아니라는 점이 중요하다.

둘째는, 일본은 전후의 역사인식에 대해서 변명만 할 것이 아니라, 전전의 역사인식으로부터의 교훈을 공유해야 한다는 것이다. 그를 위해서는 먼저 순환의 관념을 부활시켜야한다. 불만족스러운 승자였던 일본은 전쟁의 성과에 집착하면서 선순환의 싹을 잘랐다. 현재의 전승국이 같은 잘못을 범하려 한다면, 일본만큼 조언을 잘할 수 있는 국가는 없을 것이다.

불만족스러운 승자가 아닌 선순환을 일으키는 승자가 진정한 승자가 아닐까. 무릇 순환은 상호작용에 의한 자기증식이기 때문에, 선순환이 일어난다면 모두가 승자가 되고 악순환이 일어나면 모두가 패자가 되지 않겠는가. 머리로는 알더라도 이를 구체적이고 명확한 기억이나 비전과 연결하지 않는다면, 사람들은 좀처럼 따르지 않는다. 메이지 시대가 시작된 지도 근 150년이다. 앞으로 근대 일본에 대해서 대담하고 간결한 정리가 다양하게 이루어질지도 모른다. 이는 나쁜 일이 아니다. 서장이 그러한 시도의 하나로 받아들여진다면 감사한 일이다.

전전을 공유하는 일은 공사의 구별이라는 사고방식을 부활시키는 것이기도 하다. 현 상황에서 본다면, 정치적인 선순환에만 너무 초조해하지 말고, 경제, 문화, 학술 차원에서 착실하게 교류를 해나가는 것이다. 그것은 멀리 돌아가는 길로 보여도 선순환을 준비하는 것이다.

정치와 가장 이질적이면서도 정치로부터 깊은 존경을 서서히 얻어야 하는 것이 학문이다. 정말로 무엇이 일어났는지를 엄밀하게 묻는 역사연구를 앞으로도 축적해야 한다. 메이지 시대가 시작된 지 200년이 되든 250년이 되든 무책임한

정리를 해서는 안 된다. 독자 여러분의 의견과 비판을 바라
며 서장을 마치기로 한다.

I

전후 역사인식의 변천

제1장 요시다 시게루의 시대
—'역사인식 문제'의 자주적 총괄을 둘러싸고

다케다 도모키(武田知己)

시작하며

주변국들에 대한 침략전쟁 및 식민지 지배에 대해서 일본은 어떠한 죄를 짊어지고 있는 것인가. 그리고 그 책임을 어떻게 인식하고 어떻게 져야 하는가. 이와 같은 문제를 둘러싼 이른바 '역사인식 문제'는 1980년대 이후 첨예화했다. 2015년부터 2016년에 걸쳐 미일 간에는 역사화해를 상징하는 일들이 잇따랐으며, 이는 주변국들과의 관계에도 파급효과를 미칠 것으로 기대되었다. 하지만 문제는 지금까지도 풀리지 않은 채 계속되고 있다.[1]

---

1 '역사인식 문제'에 관한 대표적인 연구로 波多野澄雄, 『国家と歴史』(中央公論新社, 2011); 大沼保昭(聞き手: 江川紹子), 『「歴史認識」とは何か』(中央公論新社, 2015)가 있다. 본 장에서 검토하고 있는 역사인식 문제는 특별한 언급이 없는 한 상기 문헌을 참고하여 기술하고 있다. 다른 문헌

한편, 이 문제를 해결하는 데 있어서는 실증역사학의 힘이 미치지 않는 것 같다.[2] 가장 큰 문제는 역사인식 문제가 흔히 실증역사학의 성과를 거치지 않은 채 논의되고 있기 때문일 것이다. 전후 70년이나 되는 시간 동안 일본이나 관계국의 역사학자들은 전쟁 실태를 증명하는 작업을 착실히 해왔다. 그 결과, 일본이 전쟁에서 침략행위를 전혀 하지 않았다고 생각하는 사람은 학계에서 거의 사라졌을 뿐만 아니라 오히려 연합국이 아시아 민족에 대해서 차별적인 견해를 가지고 있었던 것과, 때로는 잔학 행위마저 해왔다는 사실도 냉정하게 분석될 수 있었다. 이와 같이 진전된 상호이해를 거친다면, 학술 차원에서의 화해가 불가능하지는 않을 것이다.

그럼에도 불구하고(또 실제로 학술적인 측면에서 화해가 진행되고 있음에도 불구하고), 정치 차원에서 화해가 진전되고 있지 않다면, 그 이유는 실증역사학의 힘이 미치지 못하도록

은 제7장과 제8장 참조.

2   원래 역사학은 '왜', '어떻게'라는 물음을 연구하는 학문이며, '죄'나 '책임'을 연구하는 역사인식 문제와는 다른 차원이다. 또한 죄나 책임을 묻는다면, 죄에 대한 타자의 인정이나 용서라는 행위가 수반되어야 한다. 그렇다면 역사인식 문제는 결국 외교문제 또는 지역이 갖는 국제문제이다. 이에 대해 독일의 전후 화해 경험을 바탕으로 한 アントニー・ベスト(松本佐保・武田知己訳),「ヨーロッパからみたアジアの歴史認識問題」(『中央公論』, 2015年 9月号)가 참고가 된다.

여러 역학(力學)이 작용하고 있기 때문이라고 생각할 수밖에 없다. 역사인식 문제가 1980년대 이후 본격화한 이유는 그러한 역학이 특히 그때를 즈음해서 본격적으로 작용했기 때문일 것이다.[3]

이러한 이유에서도 본 장이 다루고 있는 일본의 패전(1945년) 전후부터 1950년대에 이르는 시기(이하 점령독립기)는 역사인식 문제의 '공백기'나 기껏해야 '전사(前史)' 정도로 다뤄지는 경향이 있었다.

그러나 1980년대 이후와는 다른 의미긴 했지만 이 시기에는 전쟁의 역사를 어떻게 이해할지가 중요한 의미를 가지는, 정치성(政治性)을 띤 시기였다. 뿐만 아니라 이 시기에 논의되었던 논점들 중에는 전쟁을 이해하는 방식에 대해 근본적인 물음을 날카롭게 제기하는 것도 있었다. 이와 같이 점령독립기의 역사인식을 둘러싼 몇몇 흐름을 보여주는 것이 본 장의 목적이다.

본 장에서는 역사인식의 흐름을 세 가지로 정리하고자 한다. 첫째 도쿄재판(東京裁判)으로 가는 길, 둘째 샌프란시스

---

3   일본 역사학계의 학문적인 성과는 학자와 대중을 위해 다양한 형태로 나와 있다. 이러한 성과는 제7장 참조. 영어 문헌은 Loyd E. Lee, *World War Ⅱ in Asia and the Pacific and the War's Aftermath, With General Themes: A Handbook of Literature and Research* (Greenwood Pub Group, Westport/CT, 1998) 참조.

코 강화체제로 이어지는 길, 셋째 '올드 리버럴리스트(オ─ル ド・リベラリスト)'의 패전 전후의 동향으로부터 전쟁조사회(戰爭調査会)로 이어지는 길이다. 첫 번째, 두 번째 길은 비교적 잘 알려져 있다. 그러나 세 번째 길은 최근 관련 자료가 복원되면서 연구를 진행할 수 있는 실마리가 생겼다.[4] 첫 번째, 두 번째 길이 이른바 '타율적'인 역사인식을 나타낸다고 한다면, 세 번째 길은 일본인이 '자율적'으로 역사를 총괄할 수 있는 가능성을 가지고 있었다. 결과적으로 그것은 실현되지 않았지만, 본 장에서는 특히 '세 번째 길'의 가능성과 한계를 살피면서 일본이 역사인식 문제를 자주적으로 총괄할 가능성과 그 한계에 대해서 생각해보고자 한다.

'올드 리버럴리스트'란 누구인가. 사실 이는 전후의 역코스[5]나 보수 반동(反動)이라는 표현처럼 전후 언론과 관련된 용어의 하나로, 엄격한 학문적 정의는 아니다. 그들은 공통적으로 전전(戰前)과 전시(戰時)에 군부의 대두를 비판하며 전쟁으로 가는 길을 비난하고 언론의 자유를 주장한 사람들이었다. 그러나 전후에 그들은 천황제를 옹호했으며 일본의 사회주의화에 대해서도 비판적이었기 때문에 점령독립기를

---

4   広瀬順晧編, 『戦争調査会事務局書類』 全15巻, ゆまに書房, 2015年.
5   역코스(reverse course)란 패전 후 일본을 점령한 연합국 최고사령부(GHQ)의 정책이 1950년 이후 민주화, 비군사화 정책에서 일본의 안정과 경제회복 중심으로 변경된 것을 의미한다.-역주

거치면서 전후 좌파로부터 '보수적'이라고 비판받게 된다.[6]

그렇지만 이 시기, 전쟁에 대해 일본인이 자주적으로 총괄해야 한다고 주장한 사람들은 다름 아닌 올드 리버럴리스트들이었다. 이와 같은 주장의 실현 가능성과 좌절 이유를 생각해보는 작업은, 때로는 감정적이라고 할 만큼 정치적이거나 교조주의적인 역사 이해의 대두로 인해 전쟁의 실상을 이해하기 어려워지고 있는 역사인식 문제에 대해 유효한 비판이 될 수도 있다. 물론 올드 리버럴리스트들 간에는 차이점도 적지 않았다. 그러나 전후에 일본이 스스로 전쟁을 총괄하지 않고 있다는 비판이 자주 보인다는 점을 감안하면, 전쟁의 길을 걸었던 일본에 위화감을 가진 올드 리버럴리스트들이 그것을 검증하면서 역사를 총괄하고자 했던 가능성을 검토하는 작업 자체에 의미가 있다.

마지막으로 이들의 논의가 헌법 9조로 상징되는 전후의 '평화국가론'[7]과는 다른 기원을 가지면서도, 일부 중복되면

---

6   최근 전후 시기의 올드 리버럴리스트를 검토한 연구로 小熊英二, 『「民主」と「愛国」戦後日本のナショナリズムと公共性』(新曜社, 2002年); 上田美和, 『自由主義は戦争を止められるか』(吉川弘文館, 2016年)이 있다.

7   평화국가론에 대해서는 ジョン・ダワー, 『敗北を抱きしめて』上・下(岩波書店, 2004年); 古関彰一, 『「平和国家」日本の再検討』(岩波書店, 2002年, 이후 岩波現代文庫에 수록); 和田春樹, 『「平和国家」の誕生 戦後日本の原点と変容』(岩波書店, 2015年); 豊下楢彦, 『昭和天皇の戦後日本』(岩波書店, 2015年) 등이 주요한 업적이다.

서 발전해간 점은 이 시기의 '역사인식 문제의 역사'로서 흥미롭다고 할 수 있다.

　패전 전후에 안으로부터 전쟁의 경위와 실상을 이해하고, 전후 일본의 '국가의 모습'를 생각했던 역사적 실체를 가진 이러한 시도가 도대체 어떠한 역사적 총괄로 이어질 수 있었는가, 그것은 도쿄재판 사관이나 샌프란시스코 강화체제와 어떠한 관계에 있었는가. 본 장에서 이에 대해 검토해보기로 한다.

1. 도쿄재판 사관과 샌프란시스코 강화체제

도쿄재판 사관

　패전 전후부터 점령 그리고 독립으로 향하는 점령독립기. 이 중요한 시기에 대한 역사인식 문제에 대해 먼저 다루고자 하는 것은 극동국제군사재판, 이른바 도쿄재판으로 향하는 길이다.[8]

　도쿄재판은, 주지하는 바와 같이 전후 1946년부터 1948년에 걸쳐 연합국 11개국이 일본의 지도자 28명에게 국제법상 책임을 추궁한 전쟁범죄 재판이다. 전쟁범죄를 심판하는

8　이하의 기술은 栗屋健太郎, 『東京裁判への道』上·下(講談社メチエ, 2006年); 日暮吉延, 「東京裁判」(前揭, 東郷ほか編, 『歴史問題ハンドブック』, pp.27-29)을 참조했다.

일 자체는 제2차 세계대전이 끝나기 전부터 연합국 측이 계획하고 있었으며, 추축국(樞軸國)[9] 측에서도 예측하고 있었다. 미지수였던 것은 그 방법과 성격이었다. 연합국 내부에서도 논의가 되어 당초에는 나치 지도자들을 즉결처형하는 방식을 채용하자는 의견이 유력했지만[미국의 재무장관이었던 헨리 모겐소(Henry Morgenthau Jr.) 등이 이와 같은 강경론자 중 한 사람이었다], 즉결처형방식은 야만적인 재판 방식이라는 비판이 있어 전쟁범죄자를 골라내어 재판을 받게 하는 이른바 '문명의 심판' 방식[육군장관이었던 헨리 스팀슨(Henry Stimson)이 대표적이다]이 채택되었다.

1945년 6월부터 8월까지 열린 런던회의에서 세 가지의 전쟁범죄, 즉 평화에 대한 죄, 통상적인 전쟁범죄, 비인도적 범죄가 인정되었다. 그리고 이 세 가지 죄에 대한 범죄 사실과 관련해 피고에게 재판을 받게 하는 방식이 최종적으로 결정되었다. 그러나 세 가지 죄 가운데 평화에 대한 죄는 침략전쟁의 계획, 준비, 개시, 수행, 공동 모의와 관련된 행위를 국제법상의 죄로 묻는 것이었으며, 비인도적 범죄는 전전의 행위, 자국민에 대한 행위를 포함한 정치적인 비인도적 행위, 인종·종교적 박해를 국제법상의 죄로 묻는 것이었다. 모

---

9   추축국(Axis powers)이란 제2차 세계대전 당시 미국·영국·프랑스·중국 등 연합국과 대립한 일본·독일·이탈리아를 말한다.-역주

두 사후법(事後法)이라고 알려져 있다.

그리고 런던회의 후반인 7월 26일, 일본에 항복을 권고하는 '포츠담 선언'[10]이 발표되었다. 8월 14일에는 이 선언을 수락한다는 일본 정부의 의사가 전해졌고, 9월 2일에 항복 문서가 조인되었다. 이에 따라 "우리의 포로들을 학대한 자들을 포함한 전쟁범죄자 일체에 대해서는 엄중한 처벌이 이루어져야 한다"라는 제10항은 연합국이 일본에게도 전쟁범죄 관련 재판을 실시할 수 있는 법적 근거로서 기능하게 되었다. 이리하여 뉘른베르크 재판(1945년 11월 20일 개시)에 적용된 위의 세 가지 규정은 일본에 대한 재판에도 적용되었다. 1945년 5월 3일부터 재판이 진행되어 1948년 11월 12일에 25명(3명은 병사로 심리 제외)에 대한 판결이 내려졌다. 2년 반에 걸쳐 진행된 도쿄재판은 전쟁 책임이 '전범'에게 부과되었다는 점, 또 세 가지의 전쟁범죄를 규정한 점을 전제로 1928년에 일어난 장쭤린(張作霖) 폭살 사건을 일본이 행한 침략전쟁의 출발점으로 규정하고 심판한다는 역사관을 가지고 있었다고 볼 수 있다. 바꿔 말하면 이 전쟁은 '전쟁범죄자'가 일으켰고, 그들에게는 통상적인 전쟁범죄뿐만 아니라, 세계 침략을 함께 모의하고 수행한 죄도 있으며, 더 나아가

---

10 1945년 7월 26일에 미국, 영국, 중국의 정상들이 포츠담에서 일본에 대해 무조건 항복을 권고한 선언이다.-역주

전쟁은 일본이 일방적으로 죄를 책임져야 할 '침략전쟁'이었다는 것이다.

이와 같은 견해는 이른바 '도쿄재판 사관'이라고 불리는 역사관의 전형(典型)이었지만, 이러한 역사관은 1945년 말부터 다음 해 1월(12월 8일~1월 7일)에 걸쳐 일본의 주요 신문에 연재되었고, 이후 간행된 『태평양전쟁사(太平洋戰爭史)』에서도 볼 수 있다. 이 책은 전쟁을 만주사변에서부터 연속된 것으로 파악하고, 일본 군국주의자들의 범죄(군국주의자의 권력 남용, 국민의 자유 박탈, 포로나 비전투원에 대한 비인도적인 취급 등을 포함한다)를 강조하면서, 일본군의 잔학 행위를 비판한 내용으로 구성되어 있으며 전후 일본에서 일정한 독자층을 가졌다.[11]

일본과 국제사회를 접합시키는 역사인식

그러나 점령강화기에는, 이른바 '도쿄재판 사관'과 다른 사관 간의 대결이 뚜렷하지 않았다. 그 또한 1980년대 이후의 현상이었다.[12] 그렇다면 점령독립기에 도쿄재판은 어떻게 인식되어왔는가. 사실 도쿄재판은 다름 아닌 패전국 일본에게 부과된 '의무'였다. 그리고 그 의무의 성실한 수행이 패전

11　中屋健弌訳, 『太平洋戦争史 連合軍総司令部民間情報教育局資料提供 奉天事件より無条件降伏まで』, 高山書院, 1946年.

12　大沼保昭, 위의 책, p.19.

국 일본이 국제사회로 복귀하는 몇 안 되는 방법 중 하나로 간주되었다.

이치가야(市ヶ谷)의 법정이 시작되기 직전, 국제법학자인 다오카 료이치(田岡良一)가 제시한 의견이 그 전형적인 예라고 할 수 있다. 다오카는 승자의 심판이라는 성격과 죄형법정주의의 관점에서 도쿄재판의 문제점을 충분히 이해하고 있었다. 그럼에도 불구하고, "정책적 견지에서 말하면, 이번 전범 재판은 교전국의 국민적 감정을 만족시킨다는 점에서 좋은 정책이다"라고 지적했다. "여기에서 말하는 국민적 감정은 단지 전승국 국민의 감정만을 가리키는 것이 아니라, 속아서 전쟁에 내몰리고, 눈가림을 당해 멸망의 늪으로 떨어질 뻔했던 패전국의 국민들도 포함"한 것으로, 이른바 전승국과 패전국의 경계를 넘어 "국제법정 심판의 결과, 일본을 전쟁으로 이끌었던 행위와 관련하여 진정한 책임이 있다고 입증된 사람들이 전쟁에서 흘린 많은 피에 대한 속죄를 자신의 몸으로 행하는 것"이 "세계의 국민감정에 합치하기" 때문이다.[13]

이렇게 도쿄재판에서 전쟁범죄자를 특정하고, 형벌의 무게를 결정하는 것은 침략국으로서 규탄받고 있는 **양식 있는 일본 국민이 국제사회와 연결되는 몇 안 되는 방법**으로 간주

---

13 田岡良一,「戰犯裁判について」,『新生』第6号, 1946年 6月, p.21.

되었다.

이에 대해, 전쟁에 이르는 과오를 인정하는 것을 효과적인 외교 수단으로 사용한 것이, 이후 전후 일본의 설계자가 된 요시다 시게루(吉田茂)였다. 도쿄재판이 끝나고 헌법[14]도 제정된 이후인 1949년 11월 8일, 당시의 최고 권력자였던 요시다는 '시정방침연설'에서 "(평화조약 체결을) 확실하게 실현하기 위해서도 우리나라가 국제사회의 일원으로서 부끄럽지 않은 민주문화국가임을 내외에 증명하는 일이 필요하다"고 말했다. 그리고 "우리나라의 안전을 보장할 유일한 길"은 "신헌법에서 엄숙하게 선언하고 있는" 바와 같이 "비무장 국가로서, 다른 국가들에 앞장서서 스스로 전쟁을 포기하고 군비를 철거하여, 평화를 애호하는 세계의 여론을 배경"으로 "문명국인 우리나라에 대한 이해를 촉진하는 일"이라고 했다. 즉, 국제사회에서의 신뢰 회복과 평화국가로서의 안전보장은 분리할 수 없다는 것이 요시다의 인식이었다.

이와 같은 요시다의 외교 노선은 평화국가론에 입각하고 있다는 점이 명백하지만, 이 논리를 지탱하는 가장 큰 요소는 바로 '과거에 대한 반성'이었다.

14　메이지유신 후인 1886년 제정된 헌법은 '대일본제국헌법' 혹은 '메이지 헌법'이라고 하며, 패전 후 GHQ의 점령하 1946년 공포된 헌법을 '일본국헌법'이라고 한다.-역주

패전이라는 과거의 사실을 어렵사리 회상하자면, 과거에 어쩌다 보니 우리나라가 국제정세에 대한 충분한 지식이 모자라 자국의 군비를 과대평가하여 세계 평화를 주저 없이 파괴했던 것이 결국에는 우리의 역사를 더럽히고 국운의 흥륭(興隆)을 막았습니다. 국민들에게 그 자식을 잃게 만들고, 그 남편을 잃게 만들고, 그 부모를 잃게 만들었으며 세계를 적으로 삼아 전무후무한 불행을 가져왔던 것입니다. 군비가 없는 것이야말로 우리 국민이 안전과 행복을 보장받는 일이자 세계의 신뢰로 이어지는 일입니다. 또한 평화국가로서 세계에 자랑할 만한 일이라고 저는 확신합니다. 따라서 저는 모든 국민이 이 취지를 철저하게 이해하기를 희망하며 아울러 국민들이 각성할 것을 믿어 의심치 않습니다.[15]

이 연설에서는 시민 외교, 강화(講和) 촉진, 안전보장의 세 가지가 '과거에 대한 반성'을 축으로 융합되어 있음을 확인할 수 있다.

---

15 1949년 11월 8일, 제6회 임시회(참의원) 요시다 시게루 시정 방침연설 (データベース, 『世界と日本』, 日本政治·国際関係データベース 東京大学東洋文化研究所 田中明彦研究室에서).

샌프란시스코 강화체제

다음으로 중요한 것은 강화조약 체결 이후의 법적인 틀이다. 하타노 스미오(波多野澄雄)는 이것을 '샌프란시스코 강화체제'라고 불렀다. 조기 강화에 대한 움직임은 이미 아시다 히토시(芦田均)[16] 내각기에서 나타났지만 실현되지 않았고, 그 후 요시다의 리더십하에 일본은 강화독립을 추진해간다. 이후 강화조약, 한일기본조약, 중일국교정상화가 단계적으로 쌓여 정부 간 전후처리의 틀이 된 체제가 '샌프란시스코 강화체제'이다.[17]

이 체제에 대한 설명과 검증은 본 장에서 검토하는 시기를 넘어서지만, **정부 간 해결에 대한 법적 틀**을 제공한 것은 이 체제였다. 그렇다면, 이 체제와 역사인식 문제 그 자체는 관계없는 것처럼 보이겠지만 그렇지 않았다. 샌프란시스코

---

16   아시다 히토시(1887~1959)는 정치가이자 외교관으로, 만주사변에 대한 정부 방침에 불만을 품고 외교관을 그만둔 후, 정우회 소속으로 1932년에 중의원에 당선되었다. 패전 이후 후생대신, 외무대신, 제47대 내각총리대신(1948년 3월~1948년 10월)을 역임했다.-역주
17   점령기의 개략적인 내용이나 요시다 외교에 관해서는 楠綾子,『吉田茂と安全保障政策の形成 日米の構想とその相互作用, 1943~1952年』(ミネルヴァ書房, 2009年) 및 楠綾子,『現代日本政治史 1 占領から独立へ1945~1952』(吉川弘文館, 2013年)을 참조. 샌프란시스코 강화체제에 대해서는 波多野澄雄, 앞의 책의 제1부가 그 요점을 간결하게 정리하고 있으므로 참고할 만하다. 또한 점령·독립 시기에 대한 보다 자세한 내용은 波多野澄雄編,『日本の外交 戦後編』第2巻(岩波書店, 2015年)을 참조.

강화조약[18] 제11조에 도쿄재판에 대한 언급이 있기 때문이다. 일본은 도쿄재판의 판결(judgements)을 받아들인다는 문구가 그것이다.

1951년 9월, 요시다가 전권(全權)을 가지고 샌프란시스코 강화조약에 조인하면서 일본은 이를 국제적인 공약으로 삼아 국제사회에 복귀했다. 그러한 의미에서 샌프란시스코 강화체제는 역사인식 문제의 측면에서 도쿄재판의 연장선상에 있다. 즉, 이 두 가지 길에는 연합국이 '승자' 또는 '문명국'으로서 정의(正義)를 독점하고 싶다는 의사와 냉전이라는 국제 환경에 대한 미국의 전략적 의도가 작용했다는 것을 부정할 수 없다.[19]

그러나 도쿄재판부터 강화에 이르기까지 일본 외교의 역사는 일본의 전쟁 책임은 무엇인지, 그것을 어떻게 심판할 것인지를 둘러싼 문제를 알아가면서, 재판에 성실하게 협력하고 국제사회의 신뢰 회복을 위해 노력한 역사였다. 앞서 언급한 요시다의 연설과 같이 그것만이 "우리나라의 안전과

---

18   제2차 세계대전 패전국인 일본이 미국, 영국 등을 중심으로 하는 48개 연합국과 체결한 조약(1951년 9월 8일 조인). 평화, 영토, 안전, 정치 및 경제, 청구권 및 재산 등이 주요 내용이다. 일본은 이를 통해 주권을 회복하고, 국제사회의 일원으로 복귀하게 되었다.-역주
19   도쿄재판의 정치성에 대해서는 판사들 내부에서도 격렬한 논의가 있었다(日暮吉延, 『東京裁判』, 講談社新書, 2008年). 냉전과 일본 외교에 관해서는 楠綾子, 위의 책 및 波多野澄雄編, 위의 책을 참조.

행복을 보장받는 일"이었기 때문이다.

게다가 샌프란시스코 강화조약 체결 5주년인 1956년, '평화조약 체결 5주년을 맞이하여'라는 제목의 글을 공표한 요시다는 자신이 만들어낸 외교 작품이라고 할 수 있는 샌프란시스코 조약에 "전쟁 뒤처리로써 해결되지 않은 문제가 많이 있다는 점"을 지적하고, '소련과의 관계', '배상 계획', '통상조약', '가트(GATT)[20]와의 관계'에 더해 한국 및 중국과의 국교정상화, 더 나아가 '무엇보다도 방치하기 어려운 문제'로서 '억류자 문제', '남양군도(南洋群島)와 오가사와라(小笠原)제도의 일본인 복귀 문제'를 제기했지만, 역사인식 문제는 언급하지 않았다. 점령독립기의 일본을 이끌었던 요시다의 국제적 신뢰 회복에 대한 의사는 그만큼 강했다고 할 수 있다.[21]

2. 1945년 패전 전후

앞서 점령독립기의 역사인식 문제를 생각하는 데 있어 중

---

20   가트(관세 및 무역에 관한 일반협정, GATT)는 제2차 세계대전 중인 1944년 브레튼우즈 회의 결과 1947년 창설되었다.-역주
21   吉田茂, 「平和条約5周年を迎えて」, 『産経時事』, 昭和 31年 9月 8日. [이후 吉田茂, 『回想10年』第4巻(新潮社, 1958年, p.188)에 수록. 인용은 『回想10年』에서]

요한 두 가지 사안을 검토했다. 제2절에서는 전쟁 중이었던 1944년을 검토해본다. 그리고 '제3의 길'이라는 올드 리버럴리스트들의 동향을 어느 작은 연구소의 설립까지 거슬러 올라가서 살펴보고자 한다.

기요사와 기요시(清沢洌)와 일본외교사연구소의 설립

1944년 12월, 동양경제신문사(東洋經濟新聞社) 내에 '일본외교사연구소'라는 작은 연구단체가 만들어졌다. 주최자는 기요사와 기요시였다. 그는 전전기에 활약한 언론인으로 당시에 잘 알려졌던 언론인 중 하나였다.

일본외교사연구소는 실제로 기요사와가 주최하는 작은 연구회였을 뿐이며, 활동 시기도 짧았고 이렇다 할 업적도 남아 있지 않다. 그러나 이 연구소는 전시기부터 전쟁의 과오가 어디에 있었는가를 찾고, 그 실상을 검증하려고 시도했다는 점에서 그냥 넘길 수 없는 존재였다.

기요사와의 일기[22]를 통해 연구소 설립 과정을 살펴보자. 최초의 기록은 연구소 설립 약 1년 전인 1943년 12월 28일이다. 기요사와는 "일본외교사연구회의 설립 취지를 적는다. 오랜 희망을 실현하고, 앞으로의 생활에도 대비해나가

22　清沢洌,『暗黒日記』全3巻, ちくま学芸文庫, 2002年. 일기를 인용할 때는 날짜를 본문에 표기한다.

기 위한 것"이라고 적었다. 다음 날 29일, 기요사와는 해당 취지서를 동양경제신문사에 제출한다. 1944년 1월 3일, 기요사와는 알고 지내던 실업가이자 중국통으로 알려진 다카기 리쿠로[高木陸郎, 중일실업회사(中日實業會社) 부총재]를 방문한다. 연구소 설립을 위한 자금 지원을 의뢰하기 위해서였다. 다카기는 기요사와에게 남만주철도[滿鐵]의 고비야마 나오토(小日山直登)와 상담할 것을 조언했고, 기요사와는 "좋은 의견이다"라고 적었다. 또한 같은 달 26일에는 "일본외교사연구소에 대해서 고바야시(小林) 씨, 미츠이(三井) 씨와 상담"했다. 고바야시는 한큐(阪急)의 고바야시 이치조(小林一三), 미츠이는 미츠이 가문의 미츠이 다카오(三井高雄)이다. 나중에 오쿠라(大倉) 재벌에게도 상담을 청했지만 거절당했다.(1944년 9월 27일 자 일기)

두 달 뒤인 11월 20일에는 전(前) 외상 시데하라 기주로(幣原喜重郎)에게 발족식의 기념 강연을 의뢰했다. 발족식은 12월 5일로 다가오고 있었다. 발족식 당일 일기에 따르면, 참가자는 23명이었다. "우연히 오노즈카 기혜지(小野塚喜平次) 박사의 장례식이 있어 호즈미 시게토(穗積重遠) 박사와 로야마 마사미치(蠟山政道) 등은 결석"했다고 적었는데, 아마도 25명 정도의 회원으로 발족한 것으로 보인다. 발족식 장소에 대한 기술은 없지만, 아시다 히토시의 일기를 통해 동양경제신문사에서 진행했다는 것을 확인할 수 있다.(1945

년 12월 5일 자 일기)[23]

또한 기요사와도 발족식에서 연설을 하면서, 연구소 사업으로 "외교관의 경험담 수집", "외교사의 특수적 연구", "외교사 사전 편집", "영어 번역" 등 네 가지를 들었다. 그리고 "앞으로 자신은 보수를 받지 않겠다는 뜻"을 밝혔다. 기요사와에게 있어서 연구소는 당연히 자신의 생활을 영위하기 위한 곳이었을 것이다. 실질적인 주최자로서 보수를 받지 않고 연구소를 운영해나간다는 각오는 그의 진지함을 엿볼 수 있는 부분이다.(1944년 12월 5일 자 일기)

전시기의 역사 연구와 '올드 리버럴리스트'

일본외교사연구소 설립과 운영을 주도하게 된 기요사와는 전시기(戰時期)에 왜 이렇게 외교사 연구에 빠져들었던 것인가.

그는 전쟁 전에는 미일관계 유지를 주장하면서, 미국과의 전쟁과 전쟁 개시를 주도한 주전파(主戰派)와 우파에 대해 비판적이었다. 전쟁 개시 이후에 쓰기 시작한 일기에서도 기요사와는 일본의 배외주의적인 언론을 선동하는 인물을 끊임없이 비판한다. 주된 비판 대상은 도쿠토미 소호(德富蘇峰), 가노코기 가즈노부(鹿子木員信) 등 '언론보국회(言

---

23 福永文夫·下河辺元春編, 『芦田均日記』全5巻, 柏書房, 2012年.

論報國會, 1942년 12월 설립)'의 중추적인 인물들이었다. 또한 1920년대 이후 일본 외교를 비판한 사람들, 특히 시데하라 기주로가 주도하는 대미 협조, 대중국 불간섭 외교를 비판하던 전 외교관 혼다 구마타로(本多熊太郎)를 비롯한 우파·강경파 언론인들이었다.[24]

그런데 기요사와는 우파에 대한 비판을 공공연하게 하지 않았다. 비판이 지나치면 단속의 대상이 될 수 있었기 때문이다. 이러한 울분을 풀기라도 하듯이 기요사와가 전시기에 몰두한 것은 역사 연구였다.

먼저 그는 근대 이후 최초의 근대 일본 외교(기요사와에게는 현대 일본외교사) 통사라고 할 수 있는『일본외교사(日本外交史)』상·하권(1941, 다음 해 증보 후 합본)을 썼다. 현대의 연구 수준에서 본다면 세세한 사실(事實)과 관련해서는 이론(異論)도 있지만, 탄탄한 틀을 가진 역사관에 지금도 많은 외교사가들이 매료되는 명저이다. 또한 기요사와가 후의『일본외교 연표 및 주요 문서(日本外交年表並主要文書)』상·하권(原書房, 1953)의 기초가 되는 외교 연표나 자료들을 종류별로 정리한 것도 이 시기의 연구 성과였다. 일본외교사 연구자들의 필독서가 된 이 책은 전시기에는 간행될 수 없었지

24　北岡伸一,『增補版 清沢洌 外交評論の運命』(中公新書, 2004年)을 참조.

만, 비명으로 떠난 기요사와의 원고를 외무성이 사들였고 전후가 되어서야 빛을 보게 되었다.[25]

이와 함께 이시바시 단잔(石橋湛山)이 주최하는 국제관계연구회(國際關係研究會)에서 '외교사 연구를 진행'하는 조건으로 상임이사를 맡거나(1944년 4월 10일 자 일기), 외무성 관련 모임 등에서 때때로 담화와 강연을 들었던 것도 확인할 수 있다.[26] 이러한 관심의 연장선상에 일본외교사연구소가 있었던 점은 분명하다.

그러나 이 연구소에서 흥미로운 것은, 쇼와(昭和)의 전시기에 숨죽이고 있었던 전전의 리버럴리스트들이 모두 모인 것 같다는 점이다. 발족 당시의 일기에서 참가자들을 나열해 보면 다음과 같다.

[전 외교관] 시데하라 기주로, 마츠다 미치카즈(松田道一), 야나기사와 다케시(柳沢健), 다무라 고사쿠(田村幸

25 北岡伸一,「外交官出身総理の歴史認識」(吉田茂記念財団編,『人間吉田茂』, 中央公論社, 1991年) 및 『増補版 清沢洌 外交評論の運命』(中公新書, 2004年)을 참조.

26 기요사와는 미일관계에 대한 관심이 매우 컸다. 노무라 기치사부로(野村吉三郎) 전 주미대사의 강연을 듣고 미일 교섭의 타협 가능성을 확인하거나, 사카모토 나오미치[坂本直道, 사카모토 료마(坂本龍馬)의 조카, 만테츠 프랑스 지국에서 계몽 활동에 종사]에게 미일 교섭을 방해한 사람이 마츠오카 요스케(松岡洋右)였다는 것을 듣고 이를 일기에 적기도 했다.(1944년 8월 9일 자)

策), 시노부 준페이(信夫淳平)

[언론인·저술가·학자] 이시바시 단잔, 구와키 겐요쿠(桑木嚴翼), 스즈키 분시로(鈴木文史朗), 이토 마사노리(伊藤正德), 다카하시 유사이(高橋雄犲), 오바마 도시에(小汀利得), 바바 츠네고(馬場恒吾), 다카야나기 겐조(高柳賢三), 마츠모토 조지(松本丞治)

[실업가] 미츠이 다카오, 이이다 세조(飯田清三), 다카기 리쿠로, 미야카와 사부로(宮川三郎)

[정치가·관료(전 정치가·전 관료 포함)] 우에하라 에츠지로(植原悦二郎), 아시다 히토시, 아유사와 이와오(鮎沢巖)

『암흑일기(暗黒日記)』, 1944년 12월 5일 자

다양한 직종의 사람들이 모였는데, 그들은 모두 전전과 전시기에 군국주의나 국수주의와는 거리를 두고 자유주의적인 입장을 관철하려고 했던 사람들이다. 일본외교사연구소는 전전과 전시기에 탄압받고 있었던 '올드 리버럴리스트'들의 결집체이기도 했다.

시데하라 기주로와의 담화 청취

다만, 이미 언급한 바와 같이 이 모임의 활동은 길지 않았고, 실질적으로는 큰 성과를 올리지 못하고 끝난다. 기요사와가 폐렴으로 급서했기 때문이다. 얼마 안 되는 단서로 남아 있는 것이 연구소의 발족식에 참가했던 시데하라로부터 청취한 담화 기록이다. 이 기록을 바탕으로 일본외교사연구소가 가졌던 역사인식의 한 단면을 재구축해본다.[27]

기요사와는 시데하라와 나눈 담화의 주제로 시데하라의 외교관 인생에서 가장 주목받았다고 할 수 있는 워싱턴회의나 중일관계와 관련된 것들을 선택한다. 제1차 세계대전 후 차관, 주미대사, 외상으로 일본 외교를 수행해온 시데하라는 담화에서 워싱턴회의라는 대규모 국제회의 주관과 관련한 미국 내부의 정치 조정의 어려움, 영일동맹에 대한 미국의 우려, 더 나아가 대미 외교를 둘러싼 일본과 영국 간의 균열 등을 상당히 솔직하게 이야기한다. 주미대사였던 시데하라는 휴즈(Charles E. Hughes) 국무장관의 두터운 신임을 받아 비밀리에 상담한 일이나 영국 대표단의 행키(Maurice Pascal Alers Hankey) 경과의 사이에 있었던 일도 숨기지 않는다.[28]

27　이 기록은 일본의 패전 이후 시데하라의 비서가 된 기시 구라마츠(岸倉松)가 정리한 전기(傳記)자료에 남아 있다. 「幣原喜重郎男爵稿華盛頓会議ノ裏面観其他」, 外務省調査部第一課, 日時不詳;「日支問題の想出 幣原喜重郎男爵 口述 清沢洌 筆記」, 日時不詳.(두 자료 모두 『幣原平和文庫』, 国会図書館憲政資料室所蔵, R-18) 기록 자체에는 날짜가 없지만, 기요사와의 일기에 따르면 담화의 청취는 1944년 12월 19일과 24일, 1945년 1월 18일 등 세 번에 걸쳐 이루어졌다.

28　이 시기에 관한 최신 연구로 中谷直司, 『強いアメリカと弱いアメリカの狭間で』(千倉書房, 2016年)가 있다.

시데하라와 기요사와의 관심이 만주사변[29] 전후의 만주에
있었다는 사실도 흥미롭다. 시데하라는 "천유런(陳友仁)[30]이
일본에 와서 이런저런 이야기를 한 적이 있다. (…) 천유런
이 도쿄에 온 것은 1931년 7월이었다. 바로 나를 만나러 왔
다. 나는 '귀하가 만주를 팔러 왔다는 소문이 있는데, 당신이
그 위임장을 가지셨는지 그 여부는 모르겠습니다. 만약 모든
정당한 준비를 하셨다고 하더라도 우리 쪽에서 무조건적으
로 받을 수는 없습니다. 그 조건으로 만주인을 모두 발해로
던져버릴 권리가 필요합니다'라고 그에게 웃으면서 전했다.
그도 이 말을 듣고 웃었다. (…) 잠시 뒤 그는 진지해져, 웃음
속에 뼈가 있다고 말했다"고 하면서, 다음과 같이 천유런의
발언을 기요사와에게 전했다.

　　　천유런의 의견은 만주를 특별한 위치에 놓고 싶다는
　　　것이었다. 장쉐량(張學良)은 세입의 8할을 군비에 사용하
　　　고 있다. 그러나 그처럼 군비를 확장하더라도 사건이 일
　　　어나면 바로 일본군 때문에 압박을 받는다. 이는 미련한

29　1931년 9월 일본 관동군은 펑톈 근교의 류탸오후에서 남만주철도가
폭발한 것을 계기로 중국군과 전투에 돌입해, 만주를 점령한다. 다음 해 만
주국을 건립하고 15년 전쟁이 시작된다. 1937년에는 전면적인 중일전쟁으
로 돌입했다.-역주
30　천유런은 왕자오밍(王兆銘)을 수반으로 한 광둥정권의 외교부장이었
다.-역주

짓이다. 만주에서는 총독 제도를 폐지하고 고등판무관 (high commissioner)[31] 조직을 만든다. 고등 판무관에게는 병마(兵馬) 통수권이 없고 순독(巡督)을 두어 치안을 유지하는 것이다. (…) 중국이 단순히 영주권을 가지고, 고등판무관은 명목상 중국의 승인 아래 일본이 임명하는 구조로 하는 것이 어떠한가. 이것이 천유런 안의 핵심이었다.

　만주(만몽 권익)를 둘러싼 이해의 충돌이 일본외교사의 기로였다는 것을 알고 있는 우리는 만주사변 발생 전에 중국의 일부 세력이 제시한 이 제안에 큰 관심이 간다. 그러나 시데하라가 이 일화를 말하는 진의는 어쩌면 그 제안이 만주사변 직후에 재차 일본에 제시되었다는 점에 있는 것 같다. 시데하라는 만주사변 발생 이후 천유런이 다음과 같이 말했다고 한다. "(사변이 일어난 것은) 실로 안타깝지만, 단 한 가지 좋은 점이 있다. 언젠가 말했던 고등판무관 제도가 실현될 수 있다는 것이다. 장쉐량을 축출한다면 만주는 깨끗해지므로 이를 실현하기에 좋은 기회가 아닌가. 일본은 어찌할 생각인지 듣고 싶다." 그리고 천유런이 이때 가져온 제안에는 "만

31　아마도 영국 연방 내에 설치된 고등판무관 제도와 같은 것을 의미하는 것으로 보인다.-역주

주 처분안 외에 일본-중국 동맹안이라는 것이 있었다. 이 두 가지가 서로 양면이 되어 일본과 중국 관계를 조정하는 안을 이루고 있다고 해도 될 것이다"라고 시데하라는 부언하고 있다. 물론 우리는 1930년대 당시 일정한 평등성을 유지하면서 만주와 일본을 연결하는 '고등판무관 제도'도 '중일동맹안'도 모두 실현되지 않았다는 점을 알고 있다. 실제로 일어난 것은 만주국의 건국 강행, 이를 둘러싼 국제연맹과의 알력, 화북(華北) 지방에 대한 공격 그리고 중국과의 전면전쟁 발발이었다. 이러한 일들이 결국에는 제2차 세계대전의 길을 열었다.

그러나 여기에서 주목해야 할 점은 이러한 담화를 나누는 전쟁 말기의 시데하라와 기요사와가 만주사변 이후의 현실에 대해 통절한 비판을 제시하고 있다는 사실이다. 그리고 시데하라가 외상이었던 1920년대에 실시한 대중국 정책에 강한 자부심을 가지고 있었다는 사실을 생각한다면, 이 담화가 시사하고 있는 것은 다름 아닌 1930년대 일본 외교에 대한 위화감이었다.

3. 올드 리버럴리스트의 공통점과 차이점

1930년대에 대한 위화감

오늘날 우리는 1920년대와 1930년대 일본 외교의 질적

차이를 전제로 전쟁의 역사를 배우고 있다. 이러한 논리는 2015년에 발표된 아베 총리 담화에도 단적으로 드러나 있으며, 국민들에게 널리 이해되고 있는 것으로 보인다. 이러한 역사관은 세계 대공황 또는 만주사변의 충격을 강조하면서, 그 이전의 국제협조외교를 그 이후의 블록화나 국제적 고립화, 또는 독일과 이탈리아에 대한 접근과 대비시킨다. 잘 알려진 바와 같이, 시데하라는 1920년대 국제협조외교의 대표적인 인물이다. 1920년대 황금기를 이끈 시데하라가 1930년대에 대해 위화감을 느낀 것은 당연할지도 모른다.

또한 일본외교사연구소를 설립한 기요사와도 근대 일본에서의 국제협조 흔적을 기록으로 남기는 데에 관심이 있었던 것으로 보인다. 그 증거로 기요사와는 시데하라 다음으로 파리강화회의 전권을 가졌고 1930년대에는 내대신(內大臣)으로서 친영·친미파의 한 사람으로 주목받던 마키노 노부아키(牧野伸顕)의 의견 청취를 계획하고 있었다.(1945년 2월 10일 자 일기) 이 또한 1930년대에 대한 위화감의 표명이었다고 할 수 있다.

전시기의 요시다 시게루도 1930년대에 대해 강한 위화감을 나타낸 인물 중 하나였다. 시로타 고키(広田弘毅) 내각에서 요시다는 외상 취임 직전에, 마키노가 장인이고 친영·친미라는 이유로 군부로부터 외상 취임을 저지당했다. 그리고 요시다는 전시 중 기요사와와 시데하라를 자주 만나면서 새

로운 의견을 지속해서 교환하고 있었다.[32]

그러나 1920년대와 1930년대 중 어느 쪽에 친근감을 가지는가라는 점으로 올드 리버럴리스트의 정치적 입장을 동일시할 수는 없다. 그들에게 무엇이 공통점이고 어떠한 차이점이 있었는지를 정리해두는 일도 필요하다.

1920년대와 1930년대의 거리(距離)

원래 국제협조론자로 알려진 시데하라도 사실은, 이른바 만몽 권익을 절대시하고 있었다. 만주사변 당시 관동군과 조선군[33]으로 인해 어수선해진 와카츠키 레이지로(若槻礼次郎) 내각의 외상이었던 시데하라는, 그럼에도 불구하고, 그 후에도 만몽 권익을 옹호하는 데 있어서는 어느 누구에도 뒤지지 않았다. 기요사와의 지인인 바바 츠네고(馬場恒吾)[34]는 만주사변 이후 시데하라가 한 말을 다음과 같이 전하고 있다.

　　(시데하라를 방문한 사람이) 앞으로 중국에 대한 충고는

32　北岡伸一, 「吉田茂の戦前と戦後」(『年報近代日本研究』第16号, 山川出版社, 1994年, pp.105-131) 및 北岡伸一, 앞의 책 「外交官出身総理の歴史認識」을 참조.

33　관동군은 만주 주둔 일본군, 조선군은 조선 주둔 일본군을 말한다.-역주

34　바바 츠네고(1895~1956)는 언론인, 정치평론가이다. <닛폰 타임즈(日本タイムズ)> 등을 중심으로 리버럴리스트 언론인으로서 활동했고, 전후에는 요미우리신문사(読売新聞社)의 제8대 사장을 역임하기도 했다.-역주

없는지를 물었다. 시데하라는 현재 중국은 만주국의 독립을 인정하지 않는다고 말하면서 국제연맹에서 운동을 하고 있지만, 그 또한 어리석기 짝이 없는 일이다. 만주국의 독립은 현실이 되고 있다. 그 독립을 취소한다거나 하는 말은 이론의 유희(遊戲)로는 재미있을지 모르겠지만, 이미 실제 정치 영역의 일은 아니다.[35]

이와 반대로, 시데하라를 대신해 1930년대와 전시기의 일본 외교를 담당한 인물은 어떻게 생각하고 있었을까. 그러한 인물 중 하나가 시게미쓰 마모루(重光葵)[36]이다. 그는 만주사변 이후에 외무차관, 주소대사, 주영대사를 역임했고, 1943년 4월에는 외무대신이 되어 만주사변 이후의 아시아먼로주의(Asia Monroe Doctrine)[37] 적인 정책과 대동아 공영권 외교를 수행한 인물의 하나

---

35 『幣原喜重郎』, 幣原平和財団, 1955年, pp.563-564.

36 시게미쓰 마모루(1887~1857)는 소련대사, 영국대사, 외무대신 등을 역임하며 대동아회의(大東亞會議) 개최 등 전시 외교에서 중요한 역할을 했다. 패전 이후에는 외무대신으로서 항복문서에 서명했다. A급 전범으로 7년형을 선고받았으나 1950년에 가석방된 후 정계에 복귀했다.-역주

37 먼로주의(Monroe Doctrine)는 1823년 12월 2일에 미국의 제5대 대통령 제임스 먼로가 밝힌 외교 방침으로, 유럽과 아메리카 대륙 간에 상호 불간섭을 주요 내용으로 하는 외교적 고립정책을 말한다. 이에 빗대어 아시아먼로주의는 서양의 간섭을 배제하고, 동양의 문제는 동양에서 당사국끼리 처리한다는 정치사상이다.-역주

로 알려져 있다.

시게미쓰는 사실 기요사와가 강력하게 비판한 인물이었다. 시게미쓰가 도조 히데키(東条英機) 내각의 외상이 되었을 때, 기요사와는 일기에 다음과 같이 기록했다. "시게미쓰는 대단한 기회주의자로 지금까지 군부의 의향을 살피면서 런던과 모스크바에서 (국제 정세나 정책에 관한) 보고서를 쓰고 있다. 출세지상주의자 시게미쓰."(1943년 4월 21일 자 일기) 또한 나중에 "시게미쓰는 소련에서도 런던에서도 강력한 세력의 비위에 맞는 일만 해온 자로, 젊은 관리들은 이를 납득하지 못했다"고도 적었다.(1944년 12월 9일 자 일기) 시게미쓰를 오히려 전쟁주의자로 보는 듯한 어투였다.[38]

그러나 기요사와가 비판한 시게미쓰, 그리고 기요사와가 존경하는 시데하라는 1920년대 중반부터 만주사변기까지 대신(大臣)과 중국통 외교관으로서 친한 관계였다. 시게미쓰는 시데하라 외교의 한계를 의식하면서도 1920년대 시데하라 외무성을 지지했던 자부심은 잃

---

38   전시기의 시게미쓰와 기요사와 사이에는 <닛폰 타임즈>의 'Japonicas (ジャポニカス)' 공작이라는 영국, 미국에 대한 여론 공작을 통해서 직간접적인 교류가 생겨나고 있지만, 그러한 인상은 바뀌지 않았다. 拙稿, 「外務省と知識人 1944−1945〜「ジャポニカス」工作と「三年会」〜(1)(2·完)」(『東洋研究』181, 第187号, 2011~2013年)

지 않고 있었으며, 국제협조에 대한 강한 의지 또한 갖고 있었다. 두 사람은 전쟁 말기에도 전후 구상에 대해 의견을 교환했다.[39] 시게미쓰가 시데하라보다 훨씬 더 강경하고 공세적인 외교 방침을 가지고 있었던 점은 확실하지만, 전쟁 말기에 이르기까지 두 사람이 완전히 대립하는 것도 아니었다.

게다가 국제협조주의자였던 기요사와도 한편으로 아래와 같이 일기에 쓰고 있다.

이른바 강경 외교는 성공한다. 그것이 일정한 곳에서 멈춘다면 말이다. 일본이 만주사변에서, 이탈리아가 에티오피아에서, 독일이 뮌헨 회의에서 멈춘다면 그것은 성공한다. 이탈리아의 에티오피아 전쟁에서 연합국은 실패를 인정했고, 중립 국가들(제1차 세계대전)은 경제봉쇄 중지를 공식적으로 선언했다(1936년 6월 25일). 문제는 그러한 국가들이 거기에서 멈추는가의 여부이다.(1943년 12월 30일 자 일기)

이것은 전쟁 말기에 시게미쓰가, 비서였던 가세 슌이치(加瀨俊一)가 주최한 지식인과의 모임(삼년회라고 불림)에서

39　「幣原男と大東亜戦争和平観 清沢洌手記」, 『幣原平和文庫』 R-12.

"군도 만주사변에서 멈췄다면 만점이었습니다"[40]라고 언급했던 것과 잘 부합한다. 즉 1920년대와 1930년대의 일본 외교의 거리는 의외로 가까웠으며, 전전과 전시의 올드 리버럴리스트들은 현실주의적인 대외관을 가졌었고, 관념적인 역사관이라기보다 실제적인 정책론을 전개하고 있었다고 할 수 있다.

반공주의와 관련하여

한편, 올드 리버럴리스트의 공통점 중 하나가 반공산주의(反共産主義)이다. 반공주의에도 개인차가 있으며 또 공통점이 있었다.

예를 들어 기요사와는 미국인을 미국 금수[米獸]라고 부르거나, 당시의 국제정세를 유대인과 공산자의자의 음모로 해석하던 전시 일본의 반지성적인 경향을 봉건제와 공산주의의 결합이라고 부르며 몹시 싫어했다.(1943년 12월 20일 자 일기) 그러한 의미에서 기요사와는 극단적인 우익도 좌익도 싫어했지만, 반지성주의적인 우익적 언동보다는 좌익의 지적 영위(營爲)를 평가하는 경향이 있었다.[41]

---

40 富塚清, 『80年の生涯の記録』, 私家版, 1975年, 1945년 3월 11일 자.
41 山本義彦, 『清沢洌の政治経済思想 近代日本の自由主義と国際平和』(御茶の水書房, 1996年) 및 山本義彦, 『清沢洌 その多元主義と平和思想の形成』(学術出版会, 2006年)을 참조.

강렬한 반공주의는 오히려 1945년 2월에 고노에 후미마로(近衞文麿)가 쓴, 이른바 '고노에 상소문'에 나타나 있다.[42] 만주사변 이후의 역사는 육군의 통제파(統制派)에 많다고 여겨진, 숨어 있는 공산주의자의 음모에 의해 일어났다는 음모사관(陰謀史觀)으로 칠해져, 공산혁명이 일어나기 전에 미국에 항복해야 한다고 주장하는 이 상소문에는 기요사와와 친하게 교류하고 있던 요시다가 관련되어 있었다. 그러나 그 배경에는 대영·대미 일변도라고 할 수 있는 요시다의 대외관도 반영되어 있었다. 결국 공산주의의 음모를 강조하는 이유에는 전후 친영·친미 노선을 선택하기 위한 변명의 성격도 있었던 것이다.[43]

그러나 마찬가지로 친영·친미파라고 할 수 있는 시데하라는 1930년대에 방공(防共)협정 체결 후 일소 관계의 긴장완화를 위해 배후에서 일러어업조약 개정에 관한 공작도 진행하고 있었으며, 공산주의에 대한 경계심은 훨씬 작았다.[44] 기요사와도 전시기 소련을 중개로 한 영국, 미국과의 화평공작에 일정 정도 찬성하고 있었다.(1944년 3월 31일 자 일기) 전

42   木戸日記研究会,「昭和20年2月14日近衛侯爵天機奉伺ノ際時局ニ関シ奏上ノ要旨」,『木戸幸一関係文書』, 東京大学出版会, 1966年, pp.495-497.

43   庄司潤一郎,「「近衛奏上文」の再検討—国際情勢分析の観点から—」,『国際政治 終戦外交と戦後構想』109号, 1995年.

44   『幣原喜重郎』, 幣原平和財団, 1955年, pp.499-503.

쟁 말기, 늘 교류를 하던 요시다, 기요사와, 시데하라 중에서는 요시다의 반공주의가 돌출하고 있었다고 할 수 있다. 요시다도 전후 초기에는 좌파 지식인을 중용하여 전후의 위기에 대처하려 했다고도 하지만, 결국에는 보수 세력의 중핵으로서 보수와 혁신의 대립을 견인하게 된다.[45]

시게미쓰는 어떠했는가. 사실 시데하라가 대소련 공작을 행한 것은 시게미쓰가 소련대사에 취임한 직후이며, 기요사와가 소련의 중개를 통한 대영·대미 화평공작에 기대를 가진 것은 시게미쓰 외상 시대였다. 시게미쓰는 전후에도 일본과 소련이 국교를 회복하는 일을 담당했다. 시게미쓰는 소련과 일관된 관계를 맺고 있었던 외교관이었지만, 그 자신이 소련을 싫어한 것은 요시다보다 더하면 더했지 덜하지 않았을 것이다. 그럼에도 그가 소련과의 접촉을 유지한 것은 한편으로는 정치적 상황의 산물이었다고 할 수 있지만, 다른 한편으로는 시게미쓰가 전전과 전시에 진행된 일본 사회의 평준화나 사회주의의 영향력에 대해서 요시다보다 더 잘 이해하고 있었다는 점도 영향을 끼쳤을 것이다. 결국 공산주의에 대한 정서적인 반감보다 이른바 복지국가화가 진행되는 역사적 상황을 주시했던 냉정한 시대 분석이 시게미쓰에게

45　요시다와 좌파 지식인의 관계에 대해서는 高橋彦博, 『日本国憲法体制の形成』(青木書店, 1997年)을 참조.

는 있었다. 시게미쓰는 전후에 중소기업 대책이나 사회보장 정책을 중시하는 개진당(改進黨)의 총재가 되어 보수와 혁신이 대립하는 가운데 독자적으로 정계 재편을 지향하는 진보 세력을 이끌게 된다.[46]

일본의 대중국(아시아) 정책에서의 과오

이렇게 본다면, 올드 리버럴리스트에게는 국제협조와 국익, 이데올로기를 현실적으로 파악해서 대처한다는 공통점이 있었다. 반면 그들의 차이점은 어떻게 하면 국제협조가 가능하며, 어떻게 하면 국익을 옹호하고 확대할 수 있는지, 그리고 대두하고 있는 공산주의에 어떻게 대처하고 넓은 의미에서 사회정책의 필요성을 어느 정도 중시할 것인가라는 '정책론 차원'에서의 문제였다고 할 수 있다.

또한 지금까지 좀처럼 지적되지 않았던 것 같지만, 대중국 정책에 대한 일본의 과오를 어떻게 인식하고 있는지를 둘러싼 차이도 중요한 의미가 있다.

이러한 점에서 근대 일본의 대아시아 정책에 대한 과오를 눈에 띄게 주장하고 있는 이가 시데하라, 그보다 더한 이가

46　拙稿,『重光葵と戦後政治』(吉川弘文館, 2002年) 참조. 또한 시게미쓰는 주소련 대사 시절(1936~1938)에 대사관 직원을 동원해 소련에 대해 분석했고, 이를 일본에 보고했다(拙稿,「解説」, 重光葵記念館編,『重光葵外交意見書集』, 現代資料出版, 2010年).

시게미쓰였다. 1930년대의 시데하라가 현실의 외교에 대해 자주 충언을 했던 것은 대중국 정책에 대해서도 마찬가지였다. 1937년 여름, 중일전쟁이 발발하자, 독일대사의 양해하에 화평공작에 대한 의견(트라우트만 공작 개시 전의 독일 중개안)[47]이 독일인 기자를 통해 시데하라에게 전해졌다. 시데하라는 이를 바로 외무성에 전달했지만, 당시의 히로타(広田) 외상은 이를 거부했다. 시데하라는 친한 사이였던 이시이 이타로(石射猪太郎) 동아(東亞)국장에게 "정말 외교를 모르는 자한테는 어떻게 할 도리가 없다며 통탄"했다고 한다. 또한 아베 노부유키(阿部信行) 내각이 성립하자, 오랜 친구였던 오오다이라 고마츠치(大平駒槌)를 통해서 '중국사변 처리'에 관한 개인적인 안을 제출하기도 했다.[48]

이와 같은 시데하라의 중일관계에 대한 지대한 관심은 전후에도 이어졌다. 시데하라는 "내가 가스미가세키(霞ヶ関)[49] 때부터, 아니 실은 그 전부터 일본과 중국 양국 관계에 있어서 친선과 제휴, 이해가 필요하다고 굳게 믿고 있었다. 지금

---

47 트라우트만(Trautmann) 화평공작은 1937년 11월부터 1938년 1월까지 독일의 중개로 일본과 중화민국 국민정부 간에 있었던 화평공작이다. 당시 중재를 했던 오스카 P. 트라우트만(Oskar P. Trautmann) 주중 독일 대사의 이름에서 가져왔다.-역주
48 『幣原喜重郎』, 幣原平和財団, 1955年, p.505; p.511.
49 일본 정치의 중심지.-역주

도 그 신념은 변하지 않았다"[50]고 강연했다.

패전을 전후로 시게미쓰는 심도 있는 발언을 한다. 1945년 3월에도 동일한 취지의 발언이 있었지만, 항복문서 조인식 전인 8월 28일, 시게미쓰는 신문기자들 앞에서 다음과 같이 말했다. 이는 패전 이후 매우 이른 시기에 제국 일본의 체제 내부에서 근대 일본의 대중국(아시아) 정책을 반성하는 기운이 있었다는 사실을 보여주는 귀중한 예이다.

오늘날, 세계정세를 둘러싼 일본의 지위는 메이지 시대와 달라졌다. 우리들은 메이지 시대와 같은 노력을 하되 메이지 시대의 과오를 범해서는 안 된다. (…) (내가) 메이지 시대의 세 가지 결점(으로 들고 싶은 것 중 하나)은 말로 표현하기가 좀 그렇지만, "짱깨(チャンコロ)" 정책이었다. 청일전쟁에서는 어쩔 수 없었지만, 전쟁이 끝난 후에도 '짱깨, 짱개'라고 불렀다. 메이지 시대가 세계 정세를 보는 인식이 얼마나 편협했는지 알 수 있다.[51]

50　幣原喜重郎, 「私の支那観」, 『幣原平和文庫』, 国会図書館憲政資料室所蔵, R-18, 昭和 21年 3月 25日.
51　江藤淳編, 『終戦史録』第一巻, 講談社学術文庫, 1989年, pp.217-218. 또한 1945년 3월 15일에는 삼년회 모임에서 같은 취지의 발언을 했다.

이러한 전전의 대중국(아시아) 정책을 반성해야 한다는 의견은 당시의 일반 여론에서도 찾아낼 수 있다. 같은 시기에 헌법연구회의 일원으로 활약한 전전의 평론가 무로후세 고신(室伏高信)은 1945년 11월에 발간한 잡지 『신생(新生)』창간호에 다음과 같은 발언을 남겼다.

우리가 전쟁 책임을 규명해야 한다고 하는 것은 첫째, 세계에 대한 우리의 의무를 다하기 위함인데—특히 중국의 4억 평화로운 국민들에게 우리가 국가의 이름으로 무엇을 했는지 상기하자. 중국에게서 만주를 빼앗아 우리 군의 쇠사슬에 묶어 놓고 '왕도로 다스려지는 안락한 곳'이라고 칭했다. 만몽을 빼앗아 북부 지방을 유린하고 (…) 수많은 사람을 살육하고, 집을 불태우고 (…) 그것만으로도 이 전쟁이 범한 죄악은 하늘을 집어삼킬 정도이다. 다른 한편으로 이러한 전쟁 책임을 명확히 하는 일은 국민을 노예 상태에서 구하고 인간적 권위와 의식을 되돌려, 새로운 일본을 새로운 정신과 질서 위에 세워나가는 일이다.[52]

여기에서 정책 담당자의 정책적 반성과는 달리 '윤리적

52　室伏高信, 「新たなる日のために」, 『新生』 創刊号, 1945年 11月.

반성'이라고 할 수 있는 유형의 원형이 보이는 점은 특히 주목할 만하다. 왜냐하면 후술하는 바와 같이 전전의 대중국(아시아) 정책을 자신(일본)의 과오로 이해하는 태도가 전후 외교의 입안자인 요시다의 외교 노선에는 결여되어 있었기 때문이다.

지금까지 설명한 바와 같이 올드 리버럴리스트의 언동에는 '보수적', '구시대적'이라고 단순화할 수 없는 다양성과 깊이가 있다. 본 장의 시선에서 볼 때, 중요한 점은 그들이 각자의 입장에서 전전 일본의 식민지 지배와 대외침략에 대해 일종의 반성을 보이고 있다는 사실이다. 일본이 도쿄재판과 샌프란시스코 강화체제를 통해 역사에 대한 반성을 '강요받았다'는 이미지는 사실과 다르며, 도쿄재판과도 샌프란시스코 강화체제와도 다른 길을 통해 일본인이 자주적으로 전쟁을 총괄하고, 스스로의 잘못을 규명할 가능성이 전혀 없지는 않았다는 것도 명백하다.

게다가 이러한 전쟁의 실태를 검증하려는 시도는 1945년 11월에 예기치 않게 총리대신이 된 시데하라 기주로 정권에서 제도화된다. 그것이 내각에 설치된 대규모 조사회인 전쟁조사회였다.

4. 전쟁조사회의 가능성과 한계

전쟁조사회

전쟁조사회는 시데하라 내각에 의해 1945년 11월 24일 내각에 설치되었다. 전쟁조사회는 다음 해 9월 30일, 제1차 요시다 내각에서 폐지되기 때문에 활동 기간은 1년이 채 되지 않았다. 또한 모임의 명칭은 '대동아전쟁 조사회(大東亞戰爭調査會)'였지만, 1946년 1월 이후 대동아전쟁이라는 명칭을 공문서에서 사용하는 것이 금지되면서 개칭되었다.[53]

조사회가 설치된 직접적인 계기는 1945년 10월 5일, 종전(終戰)연락중앙사무국 주최 관계 부처 위원회에서 있었던 해군의 발언이었다. 해군은 GHQ/SCAP[54]의 양해하에 전쟁에 관한 사실(史實) 조사를 시작했고, 정부에서는 내각이나 문부성이 이를 담당해주기를 원했다(군이 사라질 것을 염두에 둔 발언이라고 생각된다). 10월 15일에 내각조사국이 이 사업

---

53 이하의 전쟁조사회 기록은 특별한 언급이 없는 한 富田圭一郎, 「敗戰直後の戦争調査会について—政策を検証する試みとその挫折—」(国立国会図書館調査及び立法考査局, 『レファレンス』, 2013年 1月号)를 참고하여 작성했다.

54 연합국 최고사령부(SCAP: Supreme Commander of the Allied Powers, GHQ: General Headquarters). 일본이 태평양전쟁에서 패전한 이후 1945년 10월 2일부터 샌프란시스코 강화조약 발효(1952년 4월 28일) 때까지 6년 반 동안 일본을 점령했던 연합국 사령부이다.-역주

을 담당하기로 하고, '제2차 세계전사편찬에 관한 건(第二次 世界戰史編纂ニ関スル件)'이 제출된다. 그 후 사업은 자료 수집과 조사 정도로 그쳐야만 한다는 의견과 전사 편찬에 소극적인 의견도 있었다. 이에 따라 10월 30일, 각의에 제출된 '패전의 원인 및 실상 조사의 건(戰爭の原因及実相調査ノ件)'에서 조사회의 성격은 전사 편찬에서 '패전, 전쟁의 원인과 실상에 대한 철저한 조사'로 변경되었으며, 동시에 조사회의 목적은 '패전과 관련하여 저지른 잘못을 반복하지 않는 것'이라는, 보다 깊이 있는 내용으로 변경되었다. 그리고 11월 24일, 내각조사국이 내각심의실로 개편되면서 전쟁조사회가 설치되었다.

이와 같이 전쟁조사회 설치에는 전사 편찬을 주장했던 군의 의향[55]을 내각이 받아들였다는 정부 내의 움직임이 중요한 의미를 가진다.

---

55 '군사사(軍事史)'를 넘는 '전쟁사' 편찬은 '전후'에 당연시돼야 할 일이었다. 그 성과의 하나는 후쿠인쇼(復員省)가 정리했다. 田中宏巳監修·解説, 『第二復員局殘務処理部編 太平洋戰爭開戰前史』(錄陰書房, 2001年)에 제36호까지의 보고서가 복원되어 있다. 또한 이 책의 해설과 「コラム No.3 終戰後における戰爭調査及び史実調査」(「アジ歴グロッサリー」(http://www.jacar.go.jp/glossary/fukuin-hikiage/column/column3.html)에 따르면, 해군과 육군의 실태 조사에 관한 움직임은 富田의 논문에서도 빠르게 시작된 흔적이 있었으며, 복잡했던 것으로 보인다. 이는 앞으로의 과제로 삼기로 한다.

올드 리버럴리스트의 제언

그러나 전쟁조사회의 설치에 이르는 배경은 이뿐만이 아니었다. 패전을 전후로 계속해서 전쟁 실태 조사에 대한 제언이 이루어졌다는 배경도 있었다.

그중에서도 중요했던 점은 전쟁조사회 설치 당시 총리였던 시데하라의 의사이다. 이미 설명한 바와 같이, 1930년대의 일본 외교에 대해 커다란 위화감을 가진 채 패전을 맞이한 시데하라는 1945년 8월 패전 직후 '종전 선후책(終戰善後策)'을 집필하여 요시다를 포함한 많은 이들에게 배포했다. 5개 항목의 대책을 제언한 시데하라는 "패전으로 발생한 사태의 중대성을 국민들의 가슴속에 새기는 일"이 필요하며, 이를 위해서 "정부는 패전의 원인을 조사해서 그 결과를 공표할 것"이라고 설명했다. 아직 총리가 될 것을 예상하지 못했던 때이지만, 시데하라가 '과거를 반성하는 일'을 통해 지금까지 경험하지 못한 패전에 따른 사회 혼란을 방지해야 한다고 생각했다는 점을 고려한다면, 전쟁조사회의 목적을 '과거에 대한 반성'으로 삼은 것은 총리가 된 시데하라의 리더십 덕분이라고 생각할 수 있다.[56]

또한, 전시기에 기요사와와 일본외교사연구소 설립에 참

56　幣原喜重郎,「終戰善後策」,『幣原喜重郎』, 幣原平和財団, 1955年, pp.546-551.

여했던 아시다도 국가의 회복과 국제적 신뢰 회복을 밀접하게 관련시키면서, '과거에 대한 반성'을 정부가 전후에 해야할 커다란 과제로 생각하고 있었다. 아시다는 1945년 9월 4일에 '대동아전쟁[57]을 불리하게 몰아간 원인과 그 책임 소재를 밝히기 위해 정부가 취해야 할 조치에 관한 질문(大東亜戦争ヲ不利ナル終結ニ導キタル原因並ニ其責任ノ所在ヲ明カニスルタメ政府ノ執ルベキ措置ニ関スル質問)'을 집필하여, 히가시쿠니노미야(東久邇宮) 내각에 제출했다. 당시 아시다는 "자기비판과 준엄한 반성을 게을리하는 자는 개인이나 국가를 불문하고 몰락을 초래한다"고 생각하였고 패전 후에 "우리 국민이 현재 어려운 상황에 처해 있으므로 냉정하게 과거의 모든 과정을 돌아보고 국민적 반성의 기운으로 삼는 것이바로 민족 재생의 첫걸음"이라고 했다. 그리고 "세계도 역시이에 따라 우리의 숭고한 정신을 깨달아야 한다는 것을 믿어의심치 않는다"라고 말했다.[58]

57   제2차 세계대전은 1939년 8월 영국과 독일 간 전쟁에서 시작해 1941년 6월 독소전쟁, 같은 해 12월의 태평양전쟁을 거쳐, 1945년 5월 독일의 항복, 8월 일본의 항복으로 끝난 전쟁이다. 일본에서는 '대동아전쟁', '태평양전쟁'이라고도 칭한다.-역주
58   芦田均, 「大東亜戦争ヲ不利ナル終結ニ導キタル原因並ニ其責任ノ所在ヲ明ニスルタメ政府ノ執ルヘキ措置ニ関スル質問」, 『芦田均関係文書』書類の部 160. 여기에는 같은 취지로 표현이 다른 두 종류의 문서가수록되어 있다.

이와 같은 아시다의 논리가 1949년 요시다의 시정방침연설과 매우 비슷하다는 점은 명백하다. 실제로, 전쟁조사회 설치 당시 외상이었던 요시다도 조사회의 장관으로 취임한 아오키 도쿠죠(青木得三)에게 "연합국 측에서는 대동아전쟁의 전범을 재판에 회부하여 전쟁의 원인과 실상을 자세하게 조사하려 하는데, 일본 측에서는 전쟁 책임을 너무나 가볍게 생각하고 있다. 이래서는 안 되기 때문에 이번 기회에 일본 스스로도 엄숙하고 진중한 태도를 가지고 전쟁의 원인과 패인, 실상 등을 밝혀서 다시 이러한 과오를 되풀이하지 않게 해야 한다"고 말했다.[59] 또한 전쟁조사회 설치를 심의했던 제89회 제국의회에서도 마츠무라 기이치(松村義一), 사이토 다카오(斎藤隆夫) 등은 조사 방법과 조사 항목 등에서는 차이를 보였지만, 사업 그 자체에 대해서는 적극적으로 의견을 개진했다. 이처럼 지도자 차원에서의 활발한 의견이 전쟁조사회가 설치된 배경에 있었고, 그들 대부분이 지금 올드 리버럴리스트라고 불리는 인물들이었다.

전쟁조사회의 구성

전쟁조사회의 구성원을 통해서도 올드 리버럴리스트들의

---

59   青木得三, 「戦争調査会の発足から廃止まで 元戦争調査会事務局長官青木得三氏談」, 『幣原平和文庫』 R-12.

이름을 확인할 수 있다.

    총재: 시데하라 기쥬로(내각총리대신)

    부총재: 아시아 히토시(중의원 의원)

    사무국 장관: 아오키 도쿠죠(서민금고 이사장)

- 제1부회(정치외교 담당)

    회장: 사이토 다카오(중의원 의원)

    부회장: 오오코우치 기코(大河内輝耕, 귀족원 의원), 가타야마 데츠(片山哲, 중의원 의원)

    주요 위원: 다카기 야사카(高木八尺), 마츠무라 기이치, 스즈키 분시로

- 제2부회(군사 담당)

    회장: 이이무라 죠(飯村穣, 전 헌병사령관)

    부회장: 도츠카 미치타로[戸塚道太郎, 전 요코스카진수부(横須賀鎮守府) 장관]

- 제3부회(재정경제 담당)

    회장: 야마무로 무네후미[山室宗文, 전 미츠비시(三菱) 신탁회장]

    부회장: 와타나베 데츠죠(渡辺銕蔵, 전 도쿄제국대학 교수)

    주요 위원: 오바마 도시에(小汀利得),아리사와 히로미(有沢広己)

· **제4부회(사상문화 담당)**

　회장: 바바 츠네고(요미우리신문사 사장)

　부회장: 와츠지 데츠로(和辻哲郎, 도쿄제국대학 교수),

　　　　나카무라 고야(中村孝也, 전 도쿄제국대학 교수)

　주요 위원: 와타나베 이쿠지로(渡邊幾治郎), 아베 신노

　　　　스케(阿部真之助)

· **제5부회(과학기술 담당)**

　회장: 야기 히데츠구(八木秀次, 오사카제국대학 총장)

　부회장: 시바타 유지(柴田雄次, 나고야제국대학 교수)

　　　　　　　　　[도미타(富田) 논문, p.92에서 작성]

　또, 시데하라가 당초 전쟁조사회 총재를 마찬가지로 전전의 리버럴리스트였던 마키노나 와카츠키에게 의뢰한 점도 흥미롭다.[60] 1946년 11월 26일, 우여곡절 끝에 최종적으로 시데하라가 총재에 취임하고, 부총재에는 아시다가, 정치외교 조사에 해당하는 제1부회 회장에는 반군(反軍) 연설로 유명한 사이토 다카오가 취임했다. 또, 바바 츠네고, 와타나베 데츠죠, 다카기 야사카, 오우치 효헤이(大内兵衛), 오바마 도시에, 와츠지 데츠로 등은 각각 다른 부회의 회장 및 위원

60　富田, 앞의 글, p.90. 기요사와가 일본외교사연구소에서 마키노 노부아키(牧野伸顯)와의 인터뷰를 생각하고 있었던 일에 대해서는 제1장 2절을 참조.

에 취임했다. 내각서기관장을 맡았던 츠기타 다이자부로(次田大三郎)가 작성했었던 것으로 보이는 당시의 초안에는 이외에도 츠루미 유스케(鶴見祐輔), 아베 요시시게(安部能成), 하세가와 뇨제칸(長谷川如是閑) 등의 이름도 적혀 있었다. 전쟁조사회에도 전쟁 말기의 일본외교사연구소와 마찬가지로 올드 리버럴리스트가 모여 있었던 것으로 보인다.[61]

책임 추궁의 위험성

그러나 '과거에 대한 반성'을 적극적으로, 그리고 '정치의 책임'으로 추진해야 한다고 생각한 올드 리버럴리스트들 사이에는, 전시기와 마찬가지로 미묘한 차이가 있었다.

차이점의 하나는 개인의 책임을 어디까지 추궁할 것인가였다. 예를 들어 시데하라와 정부는 이른바 일억총참회론(一億総懺悔論)적인 발상이 강했다. 이는 히가시쿠니노미야 내각에서부터 연속되는 경향이라고 볼 수 있지만, 그 배경에는 시데하라가 의회에서 답변한 바와 같이 "일반론으로만 보자면, 전쟁 책임자를 추궁하는 데에 있어서 국민들 사이에 이에는 이, 눈에는 눈과 같은 결과가 되는 방법을 취하는 것은 바람직하지 않다"는 생각이 있었다.[62]

---

61   太田健一ほか編, 『次田大三郎日記』, 山陽新聞社, 1991年, p.162.
62   幣原喜重郎, 「第89回衆議院本会議議事録」, 帝国議会会議録データベース, 国会図書館, 1945年 11月 28日.

그러나 제89회 제국의회에서 실제로 개인에 대한 책임 추궁 여부가 상당히 적극적으로 논의되었다. 사이토 다카오는 개인의 책임을 추궁했는데, "전쟁의 근본적 책임을 져야 하는 사람은 도조 히데키 대장과 고노에 공작, 이 두 사람이라고 생각합니다. 다만 이 두 사람만이 전쟁 책임자는 아니며 그 외에도 많습니다. 그렇지만 적어도 앞장서서 전쟁을 야기한 근본적인 책임은 고노에 공작과 도조 대장 두 사람이라는 것에 어떠한 이론(異論)도 있을 수 없습니다"라고 말해 갈채를 받았다.[63]

하지만 이 문제를 파고들어 가면, 천황의 책임을 논해야 하는 문제에 직면하게 된다. 전쟁조사회는 68개의 조사 항목을 결정하고, 군의 대두, 언론의 압박, 교육 부족 등에서부터 구체적 개별 요인까지 조사할 방침이었다. 이렇게 누적된 과오들을 규명해간다면, 장기간에 걸친 최종 책임자는 누구인가, 그것은 천황이지 않은가라는 의문을 야기할 수밖에 없다. 고노에와 도조가 천황을 보필한 자들이라는 점을 강조하면, 사이토가 비판하는 그들의 책임은 곧바로 천황에게 귀속된다.

한편, 1946년 2월 중순에 GHQ/SCAP가 헌법 초안을 제

---

63   斎藤隆夫,「第89回衆議院本会議議事録」, 앞의 출처와 같음, 1945年 11月 28日.

시함에 따라, 일본은 국체(國體)[64]를 변경해야 할 상황에 처했다.[65] 전쟁범죄자에 대한 기소도 이어지는 가운데, 1946년 3월 20일 가까스로 맥아더 총사령관의 군사 비서 펠러스(Bonner Fellers)는 츠키타에게 천황을 불기소한다는 결정을 전했다. 4월에 이 방침이 결정되고, 다음 달 5월 도쿄재판이 시작되었다. 그러나 재판장인 윌리엄 웹(William Flood Webb)이 천황 소추(訴追)에 대한 태도를 바꾸지 않았다. 이러한 상황은 어떻게 해서든 국체를 지키고자 하는 일본에게 전쟁 책임을 추궁하는 것을 곤란하게 했다.[66]

'개전 원인에 대한 인식'의 차이

또 다른 차이점은 '개전 원인에 대한 인식'에 있었다. 예를 들어, 끊임없이 고노에와 도조의 책임을 추궁했던 사이토는 "두말할 필요 없이 대동아전쟁이 어디에서부터 일어났는가를 말한다면, 지나(支那)사변[67]부터였습니다. 지나사변이 없었다면 대동아전쟁은 없었을 것이고, 따라서 대동아전쟁을

---

64 천황제를 말한다.-역주
65 헌법 개정에 관해서는 古関彰一, 『新憲法の誕生』(中央公論社, 1997年). 이후 中公文庫, 현재는 岩波現代文庫에서 『日本国憲法の誕生』으로 재간행(2009年).
66 栗谷健太郎, 앞의 책, p.171.
67 루거우차오(蘆溝橋) 사건을 빌미로 중국을 공격하면서 발발한 중일전쟁을 당시 일본은 지나사변(支那事變)으로 칭했다.-역주

일으킨 도조 장군에게 전쟁 책임이 있다고 한다면, 지나사변을 일으킨 고노에 공작에게도 전쟁 책임이 없어서는 안 될 것입니다"라고 했다. 여기에는 **중일전쟁 원인론**이라고 할 역사관이 나타나지만, 중일전쟁에 대한 비판으로 의원직을 사퇴할 수밖에 없었던 사이토의 개성도 반영되어 있었다.

아시다 히토시는 이와 다른 논의를 전개한다. 아시다에 따르면 전쟁은 "만주사변의 전후 조치를 잘못했던 일에 기인"한다. "제국이 만주사변의 결말을 평화적으로 처리하고, 국제적인 고립을 피하기를 원하는 한 (…) 당시 타협을 원한 영국 및 장제스(蔣介石) 정부 그리고 만주 문제에 무관심했던 프랑스, 이탈리아와 전후 조치와 관련된 협정을 맺은 다음 미국 및 소연방과의 교섭에 착수함이 마땅하다 믿는다." 이를 제쳐둔 채 "국제적인 고립"을 강화하고, 독일, 이탈리아와 결탁해서 "동아시아 문제를 세계 제패 투쟁과 관련시킨 데다가 지리적 조건에 의해 상호 원조 작전은 거의 불가능하게 끝"났다고 한다. 다시 말해, 아시다의 주장은 **만주사변 이후의 고립 외교 원인론**이다. 만주사변 이후 외무성을 그만두고 정치가로 변신한 아시다는 이를 일관되게 주장했으며, 거기에 아시다의 개성이 있었다.[68]

---

68 芦田均,「感想」,『芦田均関係文書』書類の部 161. 이는 말년에 정리한 감상이라고 생각된다. 해당 부분은 아래와 같다. "'이 질문서에 있는' 만주사변까지 거슬러 올라가 비견(卑見)을 말한 점은 (…) 패전 후 지금에 이

그리고 전쟁조사회에서 활발하게 논의를 개진한 사람 중에 바바 츠네고가 있다. 바바의 기본적인 의견은 전쟁을 시작한 그 자체가 잘못이었다는 입장으로, 일본이 '세계 정세'에 정통하지 못했다는 결점을 그 배경으로 자주 지적했다. 그리고 그것은 **전전의 언론에 대한 압박이 원인**이었다는 것이다. 또 '패전의 원인' 즉 개전 이전에 일본이 국제적으로 고립되었던 원인을 생각하는 것이 '평화국가 건설'을 이끈다고 했다. 그 전제는 역시 언론의 자유라고 바바는 말한다. 요시다의 평화국가론을 언론계의 입장에서 말한 것이 바바였다.[69]

역사 속의 태평양전쟁, 국제관계 속의 태평양전쟁

제4부회에 속한 메이지 시대 연구자 와타나베 이쿠지로의 논의는 위의 논의와 결을 조금 달리한다. 그는 **메이지 이후의 역사 속에서 과거를 반성해야 한다**고 생각하면서, 후에 『태평양전쟁의 역사적 고찰(太平洋戦争の歴史的考察)』을 정

르러 처음으로 세간에 발표하고 싶어서가 아니다. (…) 나의 특별한 지론(特論)이다. 회고하자면 만주사변을 계기로 관직에서 물러난 1932년 이래 한결같이 이 주장을 고집했고, 질풍노도의 미래에서 나의 조국을 구하고 싶다고 염원해왔다."

69 「戦争調査会第4部会第1会議事録速記録」(1946年 4月 23日)에서 바바의 발언을 참조. 広瀬順皓編, 『戦争調査会事務局書類』全6巻, pp.251-288.

리했다.[70]

와타나베에 따르면, 전쟁조사회에서는 전쟁이 "우리 군부의 전횡과 편견에 의해 야기된 전쟁"이라는 것에 "논의가 집중되는 양상이었다." 그러나 그는 "이러한 논의에는 많은 의문과 유감을 가질 수밖에 없었다." 왜냐하면 "적어도 한 나라의 흥망이 걸린 대전쟁이 대내외 정세(관찰은 잘못되었을지도 모른다)의 지지 없이, 일부 계급이나 사람들에 의해서 일어날 수 있는가. 기만과 선전만으로 국민들이 움직이는가"라는 의문을 씻어낼 수 없었기 때문이다.[71]

그렇다면 와타나베의 역사관은 어떠한 것인가. 무엇보다도 "이번 전쟁을 우리나라 역사의 전개 속에서 바라보고 그 원인과 화근을 메이지 유신의 역사 속에서 혹은 일본의 민족성 속에서 발견하려고 한" 와타나베는 "같은 일이 전에는 국가 발전의 원인이 되고, 후에는 국가 멸망의 원인이 되었다는 점에 특별한 흥미를 가지고 고찰을 하"게 되었다고 한다.[72]

와타나베는 해외로의 발전에 대한 왕성한 의욕이 메이지 시기의 발전을 지탱했지만, 그 후 국내 정치 체제의 후진성이 대외적 모험을 촉진했고 만주사변 이후 일본의 착오를 만

---

70 渡邊幾治郎, 『太平洋戦争の歴史的考察』, 東洋経済新報社, 1947年.
71 위의 책, pp.1-2.
72 위의 책, p.4.

들었다고 한다. "메이지 유신의 홍업(洪業), 새로운 일본 건설 중에 (…) 혹은 일본 민족의 성격, 국토, 인구에서 비롯된 생활 문제 중에 국가의 발전, 융성의 특수한 원인이 있었고, 또 이번 전쟁의 원인과 참패의 중대한 화근이 존재했다"라고 하며,[73] "이전의 성공은 이후의 실패가 되고, 이전의 번영 원인은 이후의 참패 원인이 되어, 오늘날의 불행을 초래했다"고 했다. 그는 대외 관계에는 "극히 신중한 준비가 필요하다. 만약 이를 남용한다면 그 폐해를 이루 헤아릴 수 없다 (…) 만주 사변 이후의 우리 국내외 정치에는 이 혼용과 남용이 너무 많았던 것으로 생각된다"고 평가하고, 지도자의 착오와 '국민의 지도 원리' 상실이 전쟁의 원인이라고 생각했다.[74]

메이지 이후 대륙으로의 발전이라는 일종의 공격성을 국가 발전의 기초로 하는 한편, 그것이 전쟁의 원인이며 패전이라는 참사의 이유라고 여기는 발상은 다른 사람에게서도 보였다. 사실 바바가 그중 하나였다. 바바는 제3부회와 제4부회의 합동부회에서 와타나베에게 역사적 시야에서 전쟁을 파악하도록 촉구했던 인물이었다. 그때 바바는 다음과 같이 말했다.

---

73 위의 책, p.34.
74 위의 책, pp.132-133.

1873년(메이지 6년) 정한론(征韓論) 시대에 사이고(西鄕) 등이 정한론을 주장한 것도 역시 대륙 발전의 의미였다. 대륙 발전, 민족 발전이라는 것에는 어딘가로 팽창한다는 하나의 본능이 있을 수밖에 없다고 생각한다. 이를 한마디로 제국주의라며 배격해야만 하는 것인가, 만일 그것을 제국주의라고 한다면 모든 나라가 제국주의이다. 따라서 전쟁의 원인은 모든 나라에게 공통적으로 있다고 보는지, 아니면 일본 민족 특유의 성질인지, 그러한 이야기를 (와타나베로부터) 듣고 싶다.[75]

또한 바바가 1920년대의 대중국 정책에 대해서 언급한 것도 흥미롭다. 바바는 "만주와 중국 주변에서 일본인이 나쁜 짓을 했을지 모르지만, 중국인에게 일본인도 험한 꼴을 당했다 (…) 만주사변을 일으키기 전에 오히려 당당하게 국제연맹 등에 호소하여 일본인이 얼마나 압박당하고 있는가를 밝혔다면, 어쩌면 만주사변을 일으키지 않고 뭔가 더 좋은 선택을 하지 않았을까 싶다. 어쩌면 중일전쟁도 피할 수 있었을지도 모른다"[76]라고 말했다. 필자는 아직 보지 못했으나, 『도미마스의 「태평양전쟁론」(富舛嘱託「太平洋戦争論」)』

---

75 「戦争調査会第4部会第1会議事録速記録」, p.255.
76 위의 글, p.270.

(1946년 3월 작성)에서는 만주사변을 야기한 책임의 일단이 1920년대 미국과 중국의 정책에 있으며, 다른 한편으로는 1930년대의 일본에도 군의 폭주와 마츠오카 요스케(松岡洋右) 외상이 추진한 외교상의 과오가 있다는 논의가 전개되고 있다고 한다. 이와 궤를 같이하는 것으로, 이것은 **국제관계 속에서 전쟁의 실상**을 파악하고, 당사국 간의 책임을 따지겠다는 발상이었다.[77]

마치며

앞에서 검토한 바와 같이 제국 시대 일본에도 다양하고 풍부한 지성이 가득 차 있었다. 그러한 지성은 전쟁을 냉정하게 파악했고 그로부터 실수를 반성하고자 하는 시도를 일찍이 시작했다.

그러나 이는 결국 실현되지 않았다. 첫째로, 그 무렵부터 일본의 여론은 제국 시대의 일본정치에 잠재하고 있던 풍요로운 지성을 모두 부정해갔기 때문이다. 이는 도쿄재판 사관의 영향일지도 모르고, 이른바 '파시즘 사관'이 대두한 결과일지도 모른다. 1946년 2월 스탈린의 '모스크바 선거인 집회

---

77   油井正臣,「占領期における『太平洋戦争』観の形成」,『史観』130冊, 1994年, p.7.

연설'[78]은 세계대전을 '자본주의 국가들 간의 전쟁'에 더해 '반파시즘 전쟁'으로 규정하고, 특히 후자를 제2차 세계대전의 가장 큰 특징으로 간주했다. 또 1948년 1월부터 연재된 잡지『조류(潮流)』의 파시즘 연구(공동 연구 '일본 파시즘과 그 저항선')는 당시 이 파시즘 사관에 접근한 아카데미즘의 상징이었다. 그들에게 이끌린 지식인층은 올드 리버럴리스트의 다양성과 가능성을 모두 부정하게 되고, 올드 리버럴리스트들도 '뉴 리버럴리스트'들의 일종의 야만성으로부터 거리를 두기 시작했다.[79]

둘째로, 일본이 거대한 변화의 갈림길에 서 있었던 바로 그때, 정부에게는 역사인식 문제를 둘러싼 '세 번째 길'을 선택할 여유조차 없었던 점도 지적할 수 있다. 실제로 전쟁조사회는 제1차 요시다 시게루 내각 시기였던 1946년 9월 30일에 소련과 영연방(오스트레일리아)의 반대로 폐지되지만, 전쟁 조사가 다음 전쟁을 위한 준비로 이어지는 것 아니냐는

---

78 이 연설은 1947년 4월에『世界週報』에서 번역되어 平野義太郎,「スターリン議長の第2次世界大戦に対する思想」(『戦争と平和の史的分析』, 八雲書店, 1949年)에 소개되고 있다.

79 이 연재에는 辻清明,「割拠に悩む統治機構」나 丸山真男,「軍国支配者の精神形態」등이 게재되어 있다(『潮流』1949年 5月号). 전체주의 국가와 다른 고노에의 새로운 체제의 다원성이나 나치 지도자와 비교한 지도력의 결함을 이해하면서, 여기에 '일본형(日本型)'이라는 특수한 파시즘의 탄생을 보려는 논의에는 강한 논리성이 느껴지는 한편, 도쿄재판이나 스탈린 사관의 영향도 느껴진다.

의혹은 꽤 이른 시기부터 있었던 것으로 보이며, 요시다도 같은 해 8월에는 내부적으로 이미 폐지를 결정하고 있었다.

결국, 신생 일본은 담담하게 도쿄재판을 받아들이고 샌프란시스코 강화를 체결하는 길을 선택했는데, 마지막으로, 이 길로 신생 일본을 이끌었던 요시다 스타일의 강한 영향력을 지적하고 싶다.

요시다는 "전쟁은 이긴 모양새도 좋아야 하지만, 패배한 모양새도 좋아야 한다. 생선은 도마 위에 올려진 후에는 칼이 닿아도 꿈쩍도 하지 않는다. 그런 식으로 패배한 모양새를 잘 보여 달"라는 스즈키 간타로(鈴木貫太郎)의 충언을 잊지 않았다고 한다.[80] 일본을 국제사회로 복귀시키고 세계에 자랑할 만한 풍요로운 국가로 이끈 요시다 외교는 올드 리버럴리스트들의 생각과 시도를 잘 알면서도, 역사인식 문제에 대해서는 '전승국의 틀'을 전면적으로 받아들였다. 그런 의미에서 요시다는 이 문제에 대한 화근을 미래에 남겼다고 할 수 있을지도 모른다.

그러나 우리는 일본이 그러한 상황을 받아들였기에 가까스로 국제사회에 복귀할 수 있었다는 것을 알고 있다. 또 일본을 둘러싼 정치상황은 1948년경부터 급속히 일본 부흥에 유리해졌다. 냉전이 아시아로 파급되면서, 수년 전까지만 해

---

80   吉田茂, 『回想10年』第1卷, 新潮社, 1957年, pp.116-117.

도 서로를 매도하고 민족의 흥망을 걸고 싸운 미일 양국이 견고한 동맹국으로 변화했다. 전쟁의 밑바탕에 있었던 여러 주장과 차이를 어떻게 총괄할 것인가는 더 이상 문제가 되지 않았다. '요시다 시게루의 시대'라는 것은 결과론적이지만 역사인식 문제에 대한 자주적 총괄을 회피하는 선택을 하고, 그것으로 족했던 시대였다.

단, 요시다에게는 패전 전후에 이미 지적되고 있던, 일본이 아시아 민족주의에 잘못 대처했다는 인식이 결여되어 있었다는 것도 사실이다. 1953년 1월, 이승만이 일본을 방문했을 때, 요시다는 "과거의 잘못은 일본의 군국주의자들 때문이었습니다. 앞으로는 그러한 일이 절대 없다고 확신합니다"라고 말했다고 한다. 그 배경에는 "일본의 한국 통치가 한국 국민에게 고통만을 줬다는 것은 사실에 크게 반한다. 오히려 일본이 한국의 경제 발전과 민생 향상에 기여한 면을 공정하게 평가해야 한다"라는 생각이 있었다. 요시다는 중국 문제에 대해서도 동일하게 생각했을 것이다. 반복하지만, 전전 일본의 대아시아 정책의 과오를 자각하는 시데하라 및 시게미쓰와의 커다란 차이가 거기에 있었다.[81]

또, 요시다는 시데하라와 시게미쓰가 전후에 시도한 '외

81　中西寛,「吉田茂のアジア観 近代日本外交のアポリアの構造」,『国際政治 吉田路線の再検証』第151号, 2008年, p.25.

교의 자율화'에도 그다지 관심을 보이지 않았다. 전전의 외교적 잘못을 반복하지 않기 위해 총리를 사임한 시데하라는 중의원 의장이 된 후 샌프란시스코 강화 직전에 국가에 대한 마지막 봉사로 자유당과 사회당을 뛰어넘는 초당파 외교를 제창했다. 시게미쓰는 개진당(改進黨) 총재에 취임하자 요시다와 초당파 외교 체제를 구축하려고 했다. 그러나 마찬가지로 외교관 출신이었던 요시다는 이러한 시도에는 냉담했다. 왜냐하면 전후 일본 정치에서 가장 중요한 것은 '다수의 장악'이었고, 그 다수는 요시다의 손에 쥐어져 있었기 때문이다.

또, 시데하라의 초당파 외교가 중단된 것은 요시다의 사회당에 대한 혐오 때문이었으며,[82] 하토야마 내각에서 시게미쓰가 추진한 일소 교섭을 '기괴한 교섭'이라고 부르고, 소련과의 교섭을 '국치'라고 하는 데 거리낌이 없었던 것도 지적해두고자 한다.[83] 요시다의 반소·반공주의는 전후에 더 강렬해졌다. 그러한 요시다의 정치 자세는 보혁 대립 시대의 전형적인 '보수'의 모습이었다. 그리고 이와 같은 정치

---

82 시데하라와 시게미쓰의 초당파 외교에 관한 시도는 武田知己,「戦後日本の外交政策決定と政党の政策調整機能－研究史・理論・方法論－」(奥健太郎・河原康子編,『自民党政治の源流 事前審査制の史的検証』, 吉田書店, 2015年)과 拙稿,『重光葵と戦後政治』第2部를 각각 참조.

83 吉田茂,『回想10年』第4巻, pp.188-189.

대립이 이른바 역사인식의 보혁 대립과 중첩되어가는 것이 1950년대였다. 또한, 다름 아닌 '요시다 시게루 시대'의 일면이었다.

제2장 사토 에이사쿠의 시대
—고도 경제성장기의 역사인식 문제

무라이 료타(村井良太)

시작하며

교과서 문제, 총리의 야스쿠니신사 참배 문제, 일본군 '위안부' 문제라는 역사인식 문제가 국제 문제로 의식된 지도 이미 오래되었다. 그러나 그 전후사를 풀어내는 데 있어 시기에 따른 변화는 중요한 의미를 가진다. 역사인식 문제는 그때그때의 일본 상황과 국제 상황에 좌우된다. 지난 장에서 소개한 요시다 시게루(吉田茂) 시대에 이어 본 장에서는 1960년대 초반부터 1970년대 후반경의 사토 에이사쿠(佐藤英作) 시대를 다룬다.

1950년대, 일본은 패전 후의 재출발과 함께 특정한 역사인식의 수용을 강요받았다. 그리고 전전과 전시의 경험을 토대로 해 강요된 역사인식을 스스로 수용하고 외교관계의 회복과 배상에 힘썼다. 한편, 1980년대에는 야스쿠니신사 문제가 국제적으로 이슈화되면서 역사인식 문제는 외교 문제로 분출되었고 그 양상은 현재까지도 이어지고 있다. 이 시기 눈부신 경제 부흥을 이룩한 일본은 오키나와 반환을 실현함과 동시에 국제사회에서 어떻게 살아갈 것인가, 고도 경제 성장 후의 진로를 다시 한번 고민하게 된다.

일본의 역사인식 문제는 네 가지의 영역으로 구분할 수 있다. 첫째는, 제국 일본을 전쟁으로 해외의 영토를 상실한 '절첩된 제국(折りたたまれた帝国)'(浅野豊美 2008)으로 규정하며 자기 성찰을 하는, 내적인 역사인식이다. 전몰자 위령 문제가 대표적이며 이후 교과서 문제로 표면화되는 전쟁에 대한 기억의 문제가 있다. 둘째는, 제국 그 후에 대한 인식이다. 일본은 패전 후 침략전쟁에 대한 반성에 그치지 않고 근대 이후 식민지 제국으로서 걸어온 길을 부정했다. 거기에서 과거 지배한 대만, 한반도, 만주국[関東州], 남양군도(南洋群島)와 같은 대일본제국의 지역 및 과거 신민과 그 후의 관계가 문제가 되었다. 셋째로는, 아시아 국가들과의 화해문제이다. 일본으로부터 전쟁의 피해를 정면으로 입은 중국, 전쟁터가 되거나 점령당했던 동남아시아 국가들, 인도, 필리핀, 오스트레일리아 등과 관련이 있는데, 전전에는 식민지였으나 전후에는 독립한 국가도 많다. 넷째로, 일본과 자신도 식민지 제국이었던 유럽과 미국 등 교전국들과의 화해문제이다. 샌프란시스코 강화체제를 미국이 주도했기 때문에, 이는

전후 국제질서와의 친화성을 묻는 논점이 되었다. 어느 한 영역에 한정해서 문제를 생각하면 그 전체적인 맥락이나 잠재적인 요소를 간과할 우려가 있다.

요시다는 패전 직후 아침 일찍 일어나 걷다가 절벽 위에서부터 눈이 닿는 데까지 펼쳐진 불그스름한 그을음 자국을 보고 "이것들이 언제쯤 정리가 되어 집들이 가지런히 갖춰질까? 20년 후에도 어려울지 모르겠군"이라고 중얼거렸다고 한다(麻生 1998, 337). 요시다가 대일평화조약 수락연설에서 발언한 '낡은 일본의 잔해 가운데'에서 태어난 '새로운 일본'은 20년을 지나 어디로 향했던 것인가(データベース, 『世界と日本』). 본 장에서는 당시의 시대적 문맥 속에서 일본의 역사인식을 이해하기 위한 실마리를 모색하고자 한다.

1. 60년 안보 이후의 일본과 자기 성찰의 진전 – 전후, 냉전, 고도 경제성장 1960~1964년

전후처리 문제에 대한 실무적 대응

돌이켜 보면 1960년대에는 두 가지 신화가 있다. 하나는 경제 대국이라는 신화이며, 다른 하나는 자유민주당의 황금시대라는 신화이다. 두 가지 모두 결과론이라고 할 수밖에 없으며 동시대 당사자들의 이해와는 거리가 있다. 1955년에 결성된 자유민주당은 1993년까지 일관되게 정권을 잡았으나, 1958년 고도 경제성장을 향해 한 걸음 내딛는 상황에서 벌어진 1960년 안보소동(安保騷動)[1]이라는 일대 사건으로 정치적 불안을 드러냈다. 야당인 일본사회당은 노동자들의 지지를 배경으로 국민 합의의 한쪽 날개를 담당하는 강력한 반대당이었다. 게다가 안보소동은 신안보조약[2]의 연장이 논의될 1970년을 향한 보혁 대립의 재시발점이 되기도 했다. '1955년 체제'[3]로 불리던 자사 양대 정당 대립은 요시다의 계보를 잇는 이케다 하야토(池田勇人), 사토 에이사쿠 등이 미일협조를 기반으로 하는 경제노선을 따라가면서 좌우로부터의 지속적인 불만과 비판에 직면하고 있었다.

1960년 안보소동 이후 먼저 추진된 것은 냉전을 배경으로 한 미국, 서유럽 국가들과의 관계 강화였다. 1961년 8월에 동서 대립의 상징이 된 베를린 장벽이 만들어지고, 1962년 10월에는 쿠바위기가 발생했다. 1961년 1월에 발족한 존 F. 케네디(John Fitzgerald Kennedy) 정권은 미일의 유대 회

---

1 안보소동(安保騷動)은 전후 일본에서 가장 규모가 큰 시위로 1959년부터 1960년에 발생 한미일 안보조약 개정 반대 투쟁이다. 안보투쟁으로도 불린다.-역주
2 신안보조약의 정식명칭은 '일본국과 미합중국 간의 상호협력 및 안전보장조약'으로 1960년 1월 19일 미국 워싱턴에서 체결하여 같은 해 6월 23일 발효되었다.-역주
3 1955년 체제는 1955년에서 1993년까지 38년간 지속된 보수정치세력인 여당 자민당과 진보정치세력인 야당 일본사회당 간의 1과 1/2정당 구도를 말한다.-역주

복에 노력했다. 미국은 일본의 안보소동을 서방 진영의 약한 고리로 경계하고 일본과의 경제관계 강화를 도모하며 일본과 서유럽 국가들과의 관계 구축을 알선했다(吉次 2009). 이는 일본에 있어서 평화조약에 이어 경제를 통한 화해가 실질적으로 진전되고 있음을 의미했다.

또한 이케다 정권은 태국특별엔(円)문제, 미국 점령지역 구제기금(Government and Relief in Occupied Areas, GARIOA)·점령지 경제부흥자금(Economic Rehabilitation in Occupied Area, EROA) 문제, 버마와의 배상 재검토 협상, 한국과의 대일청구권 협상 등 전후처리 문제에 지속적으로 대응했다(大平 2010, 62-72). 대일평화조약 체결 시 냉전이라는 국제 상황이 일본에 유리하게 작동한 측면도 있었다. 그러나 무엇보다 제1차 세계대전 후 독일의 과대한 배상이 제2차 세계대전의 원인이 되었다는 반성에서 일본이 '존립가능한 경제'를 유지할 수 있도록 전쟁 배상에 제한을 두었다(データベース, 「世界と日本」, 北岡, 2015). 일본은 버마, 필리핀, 인도네시아, 남베트남과 협정을 맺고 1955년부터 1976년까지 배상을 행했다. 또한 같은 시기에 라오스, 캄보디아, 태국을 시작으로 전후처리의 일환으로 배상 대신 경제협력이나 지불 등의 준배상을 실시하여 문제 해결에 힘을 기울였다.

이어서 1962년에 시작된 싱가포르, 말레이시아와의 혈채(血債)문제를 언급하고자 한다(佐藤 2008, 池田 2004). 2월 싱가포르에서 일본 점령기에 희생된 유골이 대량으로 발견되었지만 일본 정부는 중국인[華人] 살해에 대한 사실 여부를 다투지 않았다. 이케다 총리는 일본을 방문하고 있던 싱가포르 자치정부의 리콴유(李光耀)에게 '진심 어린 유감의 뜻'을 표명했다(佐藤 2008, 47). 다른 한편, 일본이 싱가포르에서 철수한 후, 싱가포르를 재지배하고 있던 영국이 배상청구권을 포기하자 일본은 법적인 청구권은 더 이상 존재하지 않는다는 입장을 취했다. 이후 싱가포르와 말레이시아 연방의 합병문제에서도 일본에게 유리한 해결을 이끌어내기 위해 협상을 거듭했다. 이후 사토(佐藤栄作) 정권기인 1966년과 1967년에 무상공여와 차관을 합쳐서 문제가 되었던 '완전하고 최종적인' 해결에 합의했다.[4] 법적인 해결에 대한 신념과 더불어 다른 지역에서도 발생할 수 있는 균형문제, 현지의 정치 상황에 기인한 결과였다.

배상을 둘러싼 여당과 야당의 대립은 단순하지 않았다.

---

4   사토 내각의 시나 에쓰사부로 외상은 1966년 싱가포르 방문 이후 국회에서 "혈채문제, 즉 전쟁 중에 화교가 대량으로 학살당한 한을 아직 일본에 대해 가지고 있습니다. 어떻게든 매듭을 짓고 어떤 식으로든 배상을 하라고 말하는 겁니다"라며 문제를 정리한 다음 "여러 재정상 사정은 있으나 이는 큰 문제로, 내가 그곳에 있는 동안 일본에서 이 문제를 검토한 결과 무사히 원만하게 수습되었다"라고 보고했다. 「第五二国会閉会後参議院外務委員会議録」(国会会議録の閲覧には国会会議録検索システム, 1966年 11月 18日)를 이용했다. 이하 같음.

사회당은 정부의 배상에는 죄의식이 결여되었다고 비판했다. 예를 들어 일본태국특별엔협정(日タイ特別円協定, 1955년 7월 9일 체결)이 '배상을 의미한다'며, 사회당은 지급하려는 정부에 대하여 '동남아시아에서 패권을 확립하려는 일본 제국주의의 적극적인 자본 수출의 한 형태'라며 반대했다(月刊社会党編集部 1975, 9). 애초에 사회당은 샌프란시스코 강화조약을 체결할 당시 '비무장, 평화국가'를 강조하는 한편 "일본 국민 생활의 안정을 위해서 더 이상 배상을 부담해서는 안 된다"고 주장하면서 배상 '중지'를 요구했다(日本社会党政策審議会編 1990, 42-43). 이는 일본의 새로운 탄생을 중시하는 자세이긴 했으나 상대국의 생각과는 거리가 있었다(北岡 2015 참조).

자기 성찰의 전개와 짓눌린 공동체

한편, 패전 이후 시간이 경과하고 고도 경제성장이 이루어지는 가운데 자기 성찰에도 변화가 나타났다. 고도 경제성장이 시작되면서 사람들의 생활은 점차 빈곤에서 벗어나게 되었다. 전후, 구조를 탐구하는 마르크스주의 사학이 일본 역사학계의 주류가 되었다. 다른 한편 정치학에서는 마루야마 마사오(丸山真男)의 영향으로 근대를 지향하며 일본의 특수성과 잔존하는 전근대적인 요소가 비판을 받았다(福永·河野 2014). 이에 대해 역사 연구자이기도 한 라이샤워(Edwin

Reischauer) 미국대사가 1961년 일본에 부임하면서 일본의 근대화를 평가하고 신흥국 모델로 간주하는 논의를 시작했다(Reischauer 1965).

역사는 이야기[物語]가 아니다. 이 시기에 앞의 전쟁에 대한 실증연구도 진전했다. 1962년부터 1963년 사이 일본 국제정치학회에서 『태평양 전쟁에의 길(太平洋戦争への道)』(전 7권, 별권 자료편)을 간행했으며, 만주사변 전야부터 미일전쟁 개시까지의 경과가 학술적으로 탐구되는 가운데 침략의 작동원리가 명확해져 갔다(日本国際政治学会 1962-1963). 일본은 대일평화조약에서 도쿄재판 등 연합국이 추진한 전범재판을 받아들였지만, 자유로운 역사 연구는 침략 계획이나 시기 등 '공적인' 역사와 때로는 대립하고, 때로는 보완한다. 또 '그 전쟁'으로 불리는 앞의 전쟁을 어떻게 이해할 것인가에 대해서도, 이 시기 다양한 논의가 이루어졌다. 하야시 후사오(林房雄)는 1963년부터 1965년 사이에 '대동아전쟁 긍정론(大東亜戦争肯定論)'을 발표했으며(林 2014), 이에나가 사부로(家永三郎)는 어떤 역사인식을 다음 세대에 가르칠 것인가에 대한 고민으로 1965년 교과서 검정에 대한 소송을 제기했다(家永 2003).

위령문제도 진전을 보였다. 전전과 전중에 전몰자 위령의 중심 시설이었던 별격관폐사(別格官幣社) 야스쿠니신사는 점령 개혁으로 정부와의 관계를 단절하고 종교 법인으로

서의 존속이 허락되었다.[5] 유족들에게 우선적인 문제는 생활이었으며,[6] 다음으로 국가의 협력하에 야스쿠니신사에 합사가 진행되었다. 여기에는 B, C급 전범[7]이 모두 포함되었다. 상징적이긴 하나 해외에서 유골을 수집하는 작업도 이루어졌다. 1959년에는 치도리가후치(千鳥ヶ淵) 전몰자 묘지가 조촐하게 설립되었다.[8] 이케다 정권은 1963년 8월 생존자 서

---

5   전후 일본의 정치와 위령을 둘러싼 문제의 경위는 선행 연구의 정리도 포함했다(村井 2006 참조). 그 밖에 赤澤 2005; 泰 2010; 伊藤 2009; 每日新聞,「靖国」, 取材班編(2015) 등 많은 귀중한 성과가 있다. 사료는 国立国会図書館調査立法考査局 1976 및 国立国会図書館調査及び立法考査局 2007 참조.

6   전몰자에 대해서 우선 문제가 된 것은 생활문제로, 1952년에는 '전상병자 전몰자 유족등 후원법(戰傷病者戰没者遺族等援護法)'이 공포되어 유족 연금과 조의금이 지급되었다. 1953년에는 연금법 개정으로 공무부조료가 부활했다. 일반적인 구군인은 대부분 전쟁의 희생자로 자리매김되어 경제적인 구제는 전범 수형자로까지 확대되었다. 일본 정부는 전범을 국내의 형에 처하지 않는 법무사자(法務死者)로 분류하면서 경제적 구제 대상에 포함했다(村井 2006). 이에 비해 야스쿠니신사에 합사했을 때는 전범, 더 나아가서 A급 전범과 B, C급 전범의 차이가 강하게 인식되었다(伊藤 2009).

7   전범(戰犯)은 전쟁 범죄(war crime) 또는 전쟁 범죄자(war criminal)의 줄임말이다. 1946년 5월부터 1948년 11월까지 약 2년 반에 걸쳐 열린 도쿄 재판(극동국제군사재판)에서 일본의 전범은 A급 전범(평화에 반한 죄), B급 전범(전쟁 범죄), C급 전범(인도에 반한 죄)으로 분류되어 처벌되었다.-역주

8   치도리가후치 전몰자 묘지에는 당초 '무명 전몰자의 무덤'으로 모든 전몰자를 위령하는 상징적인 시설이 세워질 것으로 기대했으나, 야스쿠니신사와 일본유족회 등의 요구로 어디까지나 무명무연고 유골을 거두는 시설로 한정된 경위가 있다(村井 2006, 伊藤 2009).

훈을 결정하고 다음 해 1964년 1월부터는 GHQ(연합국 총사령부)가 1947년 4월에 정지시켰던 전몰자 대상 서훈을 재개했다. (GHQ로부터) 독립을 회복한 직후 1952년에 신주쿠교엔(新宿御苑)에서 일본 정부가 주최한 전국 전몰자 추도식을 1963년에는 히비야공회당(日比谷公会堂)에서 개최했다. 종전 당시 해군 중위로 일본유족회 사무국장을 지낸 도쿠가와 마사토시(德永正利) 참의원 의원은 1963년 "현재 일본은 평화헌법을 제정하고 있으며 더 이상 전쟁은 하지 않는다는 성명을 발표하고 있는데 이 또한 하나의 뒷받침이 될 거라 생각한다"며 전국 전몰자 추도식을 매년 계속하도록 요구하고, '국민 모두의 의식'이라는 점을 고려하여 국회의사당이나 황궁(皇居) 앞 광장 등을 후보지로 거론했다.[9] 전국 전몰자 추도식은 이후 매년 개최되어 1964년에는 야스쿠니신사 경내에서 열렸으나, 국회에서 문제를 삼자 1965년 이후에는 일본무도관에서 개최되었다.[10]

---

9 「第43国会参議院社会労働委員会議録」, 1963年 3月 5日.
10 1959년 치도리가후치 전몰자 묘지를 준공했을 때, 쇼와 천황이 참석하여 전몰자 추도식을 가졌으며, 유골 수집단이 유골을 가지고 돌아갈 때마다 전쟁터였던 곳에서 추도식을 거행했다[야마모토 센타로(山本浅太郎) 정부위원의 설명. 「第43国会参議院社会労働委員会議録」, 1963年 3月 5日; 国立国会図書館調査立法考査局 1967 참조]. 즉, 1963년 7월에 니시무라 에이이치(西村英一) 후생대사는 중의원 사회노동위원회에서 '장래 히비야공회당에서 계속해서 진행할지, 또는 다른 장소에서 할 것인지는 나중의 일이지만, 어느 쪽이든 종교적인 장소는 역시 적당하지 않다. 의식이 종교

사토는 1964년 자서전에서 본인의 전쟁 경험을 언급하며 "전쟁 당시를 떠올리면 참담한 패전의 흔적뿐이다. (…) 당시의 비참한 상황은 내가 말하지 않아도 누구나 알고 있다"고 기록했다(佐藤 1964, 172-175). 체험은 장소나 연령, 지위에 따라 다르지만 사토가 볼 때 패전의 흔적은 국민이 공유한 경험이었다.

2. 한일국교정상화와 베트남 전쟁 – 70년 안보를 향하여 1965~1969년

한일국교정상화

1964년 10월에 개막한 도쿄올림픽에서 일본은 전화로부터의 부흥을 세계에 피력하고, 쇼와 천황도 명예 총재를 역임하며 국제무대에 복귀했다. 그러나 10월 16일에 중국이 핵실험을 하였고 베트남에서는 8월 통킹만사건을 거쳐 이듬해인 1965년 2월에는 미국이 북베트남을 폭격하기 시작했다.

그 가운데 1965년 6월, 사토 정권하에서 한일기본조약이 조인되어 국교정상화가 이루어졌다. 예비교섭부터 14년이 걸렸으나 최대 현안이었던 청구권문제는 냉전을 의식한 미국의 강한 압박으로 이케다 정권의 오히라 마사요시(大平正

적이지 않아도 적당하지 않다"고 생각했다.

芳) 외상과 김종필 한국 중앙정보부 부장 사이에서 무상공여 3억 달러, 유상차관 2억 달러, 상업차관 1억 달러 이상의 준배상을 하는 것으로 합의되었고, 최종적으로 상업차관이 3억 달러 이상으로 확대되었다(李·木宮·浅野 2011, 木宮·李 2015). 금액과 관련해서는 한국의 요청에 맞추려 노력했으며 다른 한편으로 '완전하고 최종적인' 해결이 확인되었다. 이와 함께 1965년 2월에는 시나 에쓰사부로(椎名悦三郎) 외상이 서울 김포공항에서 "양국 간의 기나긴 역사 가운데 불행한 시기가 있었던 것은 진심으로 유감이며 깊이 반성한다"고 말했다(椎名悦三郎追悼緑刊行会 1982, 49).[11]

조약과 관련해 한국과 일본 내에서 강한 반대가 있었다. 한국에서는, 박정희 전 대통령에 대한 '저자세' 대일외교라는 비판을 억제하기 위해 계엄령이 발동되었으며 일본에서는, 1970년을 의식하면서, 남북분단을 고착화시키는 군사적 성격을 가지는 것이 아니냐는 비판이 있었다. 이른바 한일

---

11   한일공동코뮈니케(1965년 2월 20일)에서는 "이 외무부 장관은 과거의 어느 시기에 양 국민 사이에 불행한 관계가 있었기 때문에 발생한 한국 국민의 대일감정에 대해서 설명했다. 시나 외무대신은 이 외무부 장관의 발언에 유의하여 이러한 과거의 관계는 유감이며 깊이 반성한다고 말했다. 시나 외무대신은 성실하게 한일회담을 추진하여 양국 간 새로운 우호관계를 수립하는 것이 정의와 평등과 상호 존경을 기반으로 양 자유국민의 번영을 야기한다는 강고한 신념을 피력했다"고 기술했다(データベース,「世界と日本」).

국회는 자민당과 사회당 양당의 전면 대결이 되어, 사회당은 개인의 재산청구권과 관련해 '근거를 가지고 해결할' 것을 요구하며 '한일조약 불승인 선언'을 제출했다(日本社会党政策審議会編 1990, 504-506). 사토는 9월 26일 가나자와(金沢)에서 국정에 관한 공청회, 이른바 '일일 내각'에서 '일본은 자유를 지키고 철저히 평화를 따르는 국가'라고 말하며, 한일국교정상화에 대해 "과거 일본의 행적에 대해 우려가 남아 있거나 또는 과거와 같은 방향으로 가는 것은 아닌가 하는 불신, 불안 등이 이 협상을 어렵게 했다고 생각한다"고 말했다(内閣総理大臣官房 1970, 66). 발언 직후인 9월 30일 인도네시아에서 9·30사건이 발생하면서 지역 정세가 크게 바뀌어갔다(宮城 2008).

'평화국가' 일본의 국민 위령을 찾아서 - 베트남전쟁의 그림자

1965년 8월 오키나와를 방문해 "오키나와가 조국으로 복귀하지 않는 한 일본의 전후는 끝나지 않는다"고 발언한 사토 총리는 1967년 8월, 와카야마(和歌山)에서 있었던 '일일 내각'에서 전몰자 추도식의 감상을 말하며 "이제 전쟁의 상처는 일본 어디에서도 찾아볼 수 없다. 굳이 얘기하자면 전국의 전몰자 영령, 그 앞에 섰을 때 처음으로 과거 전쟁의 상처를 느낀다"고 말하며 "민주주의 정치를 기반으로 경제 번영에 매진하는 '평화국가' 일본을 지켜야 한다"고 설명했다

(内閣総理大臣官房 1970, 150).[12] 한편, 베트남전쟁은 일본인 들의 반전 의식을 상당히 자극했는데, 대학분쟁[13]이 장기화 하는 가운데 좌우대립도 첨예화했다.

이처럼 혼란스러운 상황에서 1967년에는 요시다 시게루 의 국장(國葬)이 전후 걸어온 길을 되돌아보는 계기가 되었 고, 1968년에는 '서구의 문물'을 소화, 흡수한 발자취와 '커 다란 희생'을 반성하며 미래를 전망한다는 의미로 메이지 100주년 기념식이 거행되었다(内閣総理大臣官房 1970, 213-215). 메이지 100주년 기념식 행사에서는 신헌법 20년을 축 하해야 한다는 비판이 강력히 제기되었지만, 이를 계기로 많 은 역사자료집이 간행되고 정치적 입장의 차이와 연구자의 국적을 넘어선 실증적인 논의가 촉진되었다. 자료도 확대되 어 1968년 8월 잡지『생활의 수첩(暮らしの手帳)』제96호는 「전쟁 중의 생활상 기록(戦争中の暮らしの記録)」이라는 특집 을 통해 독자의 체험을 모았다(暮らしの手帳編集部 1969).

그러는 동안, 위령문제는 야스쿠니신사의 국가 관리와 관 련해 진전되었다. 1966년 4월, 야스쿠니신사 국가 수호[護

---

12 사토는 1966년 4월에 제막한 오키나와 미나미카제하라무라히후의 언 덕(南風原村悲風の丘)의 위령비에 휘호했다(吉田 1976, 201).
13 대학분쟁은 1960년대 말 일본 사회운동의 일부로 1968년부터 1969 년 사이에 몇몇 일본 대학들에서 발생한 학생시위로, 1968년 중반 전학 공 투회의를 결성하게 된다. 1969년 대학의 운영에 관한 임시조치법 시행으로 시위대가 해산되고, 그후 시위는 약화, 소멸된다.-역주

持] 전국 전몰자 유족대회가 개최되었고 일본유족회가 모은 '야스쿠니신사 국가 수호 청원 서명'에는 최종적으로 2,347만 424명이 참여했다. 붉은 종이[赤紙][14]라는 은어가 있을 정도로, 병사는 국가에 의해 일상생활로부터 강제적으로 분리되어 전장으로 보내졌다고 알려져 있었다. 해외에서의 유골 수집 작업도 1968년 재개되었다. 그러나 이와 같은 진혼(鎭魂)에 대한 배려는 정교분리원칙의 해석을 둘러싸고 헌법 문제와 충돌했다. 위령의 중심 시설인 야스쿠니신사를 관습적으로 당연하게 여기는 국민이 적지 않은 한편, 노동조합과 시민운동 등 헌법을 강력히 옹호하고 군국주의나 국가주의의 부활을 우려하는 층이 있었고, 그 외에도 전쟁 중의 경험으로 신앙의 자유를 중시하는 종교단체 등, 좌우대립으로는 끝나지 않는 강력한 반대가 있었다. 반대파의 활동 중심에는 사법에 의한 구제를 요구하는 재판 투쟁이 있어, 쓰지친사이(津地鎭祭) 소송, 미노오츄우곤히(箕面忠魂碑) 소송, 이와테 야스쿠니(岩手靖国) 소송 등 관련 소송이 많이 발생했다. 또 헌법과 관련해서는 1957년 설치된 헌법 조사회의 최종보고서가 1964년 7월에 제출되었으나, 사토는 헌법의 존재 방식 여부를 국민과 함께 생각해나가고 싶다면서 헌법 개정 문제를 미뤄둠으로써, 결과적으로 헌법 정착을 촉진시켰다.

---

14 붉은 종이란 소집 영장의 속칭이다.-역주

야스쿠니신사 창립 100주년을 맞이한 1969년, 자민당 의원들이 야스쿠니신사 법안을 제출했지만, 헌법의 틀 안에서 어떻게 국가수호를 도모할 것인가와 관련해, '야스쿠니신사'라는 이름을 남기지만 종교단체가 아니며, 전몰자 등의 결정은 '정령(政令)에서 정한 기준에 따라 야스쿠니신사의 신청[申出]에 기반하여 내각총리대신이 결정'하고, '야스쿠니신사는 내각총리대신이 감독한다'라는 민주적 통제에 따르도록 되어 있다(国立国会図書館立法考査局 1968, 146; 150).

3. 중일국교정상화와 70년 안보 후의 헌법 논쟁 1970~1975년

중일국교정상화

오키나와 반환 합의를 이끈 사토 정권은 1970년 6월에 안보조약 자동 연장을 실현해 70년 안보문제를 극복했다. 같은 해 오사카 만국박람회에서는 '인류의 진전과 조화'를 발신하며 '전쟁을 알지 못하는 아이들(戦争をしらない子供たち)'이라는 노래가 불렸다. 시간이 흘러 세대의 상승과 변화는 현저했다. 한편, 11월에는 복귀를 앞둔 오키나와 주민들이 패전 후 처음으로 국정참가선거를 치렀는데, 이때 자민당은 '지하에 잠든 전쟁 희생자들'을 언급하며 "미국 통치하의 위령의 날은 올해가 마지막입니다. 지하에서 잠든 영령들에

게 전쟁이 없는 평화로운 세계를 구축하겠다고 모두가 맹세했습니다. 내년부터는 일억 동포와 손을 잡고 세계평화를 구축하기 위해 노력을 할 수 있습니다"라고 하면서 지지를 호소했다.[15] 선거용이었으나 사토가 말하는 바와 다르지 않았다. 고도 경제성장을 거쳐 국력을 높인 일본의 '군국주의 부활'을 우려하는 소리가 대내외에서 나오는 가운데, 사토는 "경제 대국은 되어도 군사 대국은 되지 않는다"는 길을 선택하고 미일협조를 한 '비핵 전수방위 국가'를 주창했다(村井 2015).[16] 사토는 또한 "일본이라는 국가의 존재 이유가 인류를 풍요롭게 하는 것이라고 세계로부터 언제나 인정받을 수 있는, 그러한 국가를 건설해나가고 싶다"고 연설했다(内閣総理大臣官房 1970, 321).

1971년 가을 쇼와 천황은 황태자 시절 이후 50년 만에 유럽을 방문했다. 영국 왕실은 이례적으로 가터훈장(The Most Noble Order of the Garter)을[17] 비롯하여 전쟁 중 박탈했던 명예를 모두 회복시켰다(君塚 2014). 그러나 마차에 코트를 던진 사람이 있었고, 네덜란드에서는 차에 보온병이 던져졌다. 정부 간의 법적 해결로는 끝나지 않는 뿌리 깊은 문제를

---

15 『選挙資料 1970年』, 沖縄県祖国復帰協議会文書, 沖縄県公文書舘蔵.

16 「第六四国会参議院子算委員会議録」, 1970年 12月 15日.

17 영국 최고 권위의 훈장으로 1348년 에드워드 3세가 만든 잉글랜드 기사단 훈장이다.-역주

다시금 각인시킨 여행이었다.

　다나카 가쿠에이(田中角栄) 정권이 성립한 1972년 9월, 중국과 국교정상화가 이루어졌다. 일본은 중화인민공화국 정부를 중국 유일의 합법정부로 승인하고, 중국은 전시 배상 청구를 포기했다. 배경으로는 미중 관계의 극적 개선이 있었다. 중일공동성명은 '일본 측은 과거에 일본국이 전쟁을 통하여 중국 국민에게 중대한 손해를 끼친 것에 대하여 책임을 통감하며 깊이 반성한다'고 기술했다(データベース「世界と日本」).[18] 일본에서는 야당도 여론도 중국과의 국교정상화를 환영했으나 자민당 내에는 중화민국 처리를 둘러싼 이견이 있었고, 고도 경제성장을 이룩했다고는 하나 중국에 끼친 막대한 피해를 고려하면 배상 포기는 협상의 전제일 수도 있다는 의견도 있었다. 다른 한편, 중국 정부는 소련과의 전쟁 위기를 심각하게 받아들여 미일 양국과의 관계 개선을 필요로 하고 있었다. 그래서 일본과의 화해에 적극적이지 않은 자국민에 대해 "일본 군국주의자의 중국 침략은 일찍이 중국 인민에게 커다란 재난을 가져오고, 동시에 일본 인민에게도 큰 피해를 끼쳤다"라며, "광범위한 일본 인민과 극소수의 군국

18　다나카 총리가 저녁 식사 자리에서 "유감이지만 과거 수십 년에 걸쳐 중일관계는 불행한 경과를 지났다. 우리나라가 중국 국민에게 막대한 폐를 끼친 것에 대해서 나는 다시금 깊은 반성의 염을 표명하고자 한다"고 말했으나 폐[ご迷惑]라는 표현이 문제가 되었다(服部 2011, 135).

주의자"를 구별하여 설명했다(村井 2006, 江藤 2014).

점령하 '대동아전쟁'이라는 명칭이 부정되고 '태평양전쟁'이 사용되었지만, 점차 동아시아에서의 가해 책임이 중시되고 또 피해자로 간주된 국민에게 가해 책임이 물어졌다. 혼다 가쓰이치(本多勝一)는 1972년 중국 전선에서의 일본군의 전쟁범죄를 고발한 『중국 여행(中国の旅)』을 발표했다(本多 1981). 1974년 1월 다나카 전 총리가 동남아시아 국가를 방문했을 때 반일시위와 마주쳤다. 이와 같은 국민 전체의 가해 책임 의식은 역사적 사실의 이해와 대국화 과정에서 스스로를 경계하는 데 기여했으나 한편, 문제의 구분 방법이 틀릴 경우 역설적으로도 지도자의 책임을 가볍게 만드는 논리를 내포할 수도 있었다. 1974년 사토 전 총리는 노벨 평화상을 받았다. 또 같은 해에 제럴드 포드(Gerald Ford) 미국 대통령이, 이듬해인 1975년에는 영국 엘리자베스 여왕(Elizabeth Alexandra Mary)이 일본을 방문했다.

야스쿠니신사를 둘러싼 진혼과 헌법 의식의 충돌

야스쿠니신사 법안은 1969년부터 1974년까지 매년 제출되었으나 모두 폐기되었다. 1974년의 심의 과정에서는 중의원 법제국이 '야스쿠니신사 법안의 합헌성'을 발표하여 의심의 여지없이 합헌이라고 하는 한편, '2배 2박수 1배'라는 신도 형식의 예배를 고집하지 않는 등 철저하게 종교성의 배제를 요구했다. 이때 자민당은 단독 채결로 중의원을 통과시켰으나, 참의원에서 재차 폐지되었다(国立国会図書館調査立法考査局 1967 171-178, 村井 2006).[19] 직후 실시된 중의원 의원 선거에서는 여야당 백중(伯仲) 국회가 탄생했다. 이에 귀족회나 신사 본청 등의 추진자는 미래의 국영화를 목표로 하면서도 천황이나 외국사절 공식 예방 등 공식 참배에 중점을 두었다.

1945년 8월 이후도 쇼와 천황과 역대 총리의 참배는 이어졌다. 전후 30주년이 되던 1975년, 미키 다케오(三木武夫) 총리는 처음으로 8월 15일 종전기념일에 참배했다. 미키 총리는, 합사자 수에서 이미 압도적이긴 하였으나, 메이지 이래 역사를 갖게 된 야스쿠니신사를 제2차 세계대전과 다시 강력하게 연결시켰다. 한편, 미키 총리는 위헌이라는 의구심을 피하기 위해 '사인(私人)'으로 참배했다고 강조하고, '공인'으로서의 치도리가후치 전몰자 묘지에 대한 참배와 구별했다. 이것은 참배가 공적인가 사적인가 하는 새로운 논점을 야기해 국내 논쟁을 한층 더 복잡하게 만들었다.

1975년 가을 쇼와 천황은 미국을 방문해 '내가 깊이 슬퍼

---

19 이 시기, 야스쿠니신사 법안이 성립되어 국영화하면서 일본의 국가주의나 보수성이 비판을 받았다. 한편, 정부가 합사자 결정에 관여하는 방식으로 A급 전범 합사는 없었던 것으로 보인다. 역사는 역설로 가득하다고 말할 수 있다.

하는 그 불행한 전쟁'이라고 말했다(高橋 2011, 359). 귀국 후 11월 21일, 쇼와 천황은 야스쿠니신사를 참배하고 사적 참배라고 설명했다. 국민들 사이에서 논쟁이 그치지 않는 가운데 쇼와 천황의 마지막 참배가 이루어졌으며, 이후 천황은 야스쿠니신사를 참배하지 않았다.

4. 다음 시대의 태동 – 야스쿠니신사 A급 전범 합사라는 사회 반란 1975~1980년

반성을 바탕에 둔 대국 노선

1975년 4월 베트남전쟁은 종결되었으나 동아시아에서 전쟁은 끊이지 않았다. 1978년 12월에는 베트남이 캄보디아를 침공하고 다음 해 1979년 2월에는 중국이 베트남을 공격했다. 또 12월에는 소련이 아프가니스탄을 침공하여 신냉전이 시작되었다. 요동치는 국제정세 속에 1975년 11월 서방측 선진국 정상회의에 참가한 미키 총리는 "일본은 어떠한 어려움에 직면해도 자유와 민주주의를 지키는 국가"라고 했다(データベース『世界と日本』).

또한 후쿠다 다케오(福田赳夫) 정권은 1977년 8월 동남아시아 정책에서 일본은 군사 대국이 되지 않을 것이며, '마음과 마음의 관계를 중시하는 자세'를 보였다(후쿠다 독트린). 다음 해 1978년 8월에는 중일 평화 우호조약을 체결하고 10

월에는 비준서 교환을 위해 덩샤오핑(鄧小平)이 일본을 방문했다. 후쿠다 총리는 환영 연회의 인사에서 "진심으로 유감입니다"라고 말했으며, 덩샤오핑도 이를 받아들였다. 이때, 덩샤오핑은 최신식 공장 시설을 견학했으며 신닛테츠(新日鉄)의 이나야마 요시히로(稲山嘉寛) 회장과 적극적으로 기술 이전을 추진하여 중국의 경제 발전을 헌신적으로 뒷받침했다(ヴォーゲル 2013, 449, 458).

그리고 이어지는 오히라(大平) 정권에서는 환태평양연대 구상이 '대동아공영권의 재현'이라고 비판받을 것을 우려해, 오스트레일리아가 주도하도록 하고 중국에게는 서둘러 엔 차관을 공여하여 개혁개방노선을 지원했다.

종교 법인 야스쿠니신사의 독자 노선

그런데 이렇게 정부와 사회에서 전쟁과 관련한 화해의 분위기가 무르익어가는 한편, 1979년 4월 19일 신문보도를 통해 국민들은 이미 지난해 야스쿠니신사에 도조 히데키(東条英機) 등 A급 전범이 합사되었다는 사실을 알게 되었다. 전범 합사에는 후생성 엄호국(掩護局)의 구(舊) 군인 그룹이 적극적이었으며, 1966년에 모든 미합사자의 제신(祭神) 명패가 야스쿠니신사로 보내졌다. B, C급 전범 합사가 거의 완료된 후인 1970년 야스쿠니신사 숭경자(崇敬者) 대표자 모임 합사를 결의했으나, 쓰쿠바 후지마로(筑波藤麿) 궁사(宮司)

의 판단으로 시기를 연기하고 있었다. 그런데 1978년 쓰쿠바 후지마로가 급사하자, 후임인 마쓰다이라 나가요시(松平永芳) 궁사가 급히 합사를 단행했다. 마쓰다이라는 "나는 취임 전부터 '일본이 전부 나쁘다'라는 도쿄재판 사관을 부정하지 않는 한 일본의 정신 부흥은 이룰 수 없다고 생각했다"고 회고했다(村井 2006, 佐藤 2008, 每日新聞「靖国」取材班編 2015).

야스쿠니신사는 합사에 즈음하여 이례적으로 비밀주의를 택하고, 종교 법인으로서 독자적인 길을 걷기 시작했다. 오히라 총리는 보도 직후 춘계 예대제(例大祭)에 참배했으나 당시 국내외적으로 특별히 문제의 구도가 바뀐 것은 아니었다. 또한, 2006년에 특종으로 보도된 도미타 아사히코(富田朝彦) 전 궁내청 장관의 메모에서 쇼와 천황이 합사에 반대하였으며, 이후 참배를 하지 않았다는 점이 밝혀졌다(御厨 2011, 泰 2010).

마치며

이 시기, 전후처리는 배상은 물론 한일과 중일 국교정상화에 따라 북한을 제외하고 법적 해결의 전망이 이루어진 한편, 헌법론의 형태로 국내에서의 논쟁이 고조되면서 다음 시대의 국제문제화를 준비하게 되었다. 서론에서 일본의 역사인식 문제에 대한 네 가지 영역을 제시했으나 표면으로 드러난 것만이 문제가 아니다. 국가 간 화해의 배경에는 각각의 지역적이면서 개인적인 경험이 있으며 미래가 있다. 정치가 만능은 아니지만 이 시기에 정부와 사회를 포함해서 화해를 이루고자 하는 분위기가 무르익어갔다는 점에도 주목해야 한다.

일본에서는 종종 '전후 70년'이라고 말한다. 패전 이후 70년, 일본이 전쟁으로 복수를 하기는커녕 또 다른 전쟁을 주체적으로 일으키지 않고 지내왔다는 사실은 일본은 물론 지역과 세계에게도 가치 있는 일이다. 그러나 다른 한편으로 이 말은 '전후'가 마치 단조로운 하나의 시대라도 되는 것 같은, 마치 그렇게 있어야만 한다는 착각을 불러일으키고 있는 것은 아닌가. 시대마다 환경이나 문제의 변화는 분명하며, 또 국제사회와 사람들의 의식도 시대와 함께 변화한다. 일본 안에도 지역이나 입장에 따라 상이한 '전후'가 존재하며, 같은 동아시아 지역에서조차 '전후'라는 시간의 흐름은 서로 다르다. 역사인식 문제를 정치문제나 외교문제로 안이하게 바꾸지 말고, 또 경시하지 말고 신중함을 바탕으로 화해와 협조를 매일 이루어가는 동시에 국내외적으로 상호 신뢰가 유지되고 확대되기를 바란다.

이를 위해서는, 국민들이 사실과 문맥에 대해 이해하는 것을 토대로 국가의 이성과 국민감정 간의 균형을 모색하면서 국민 합의와 내외의 조화를 이루는 정당 정치의 역할이 크다고 할 수 있다.

본 연구는 JSPS 자료비 JP15H03325 성과의 일부이다.

제3장 나카소네 야스히로의 시대
─외교 문제화하는 역사인식

사토 스스무(佐藤晋)

시작하며

정치가 개인의 역사인식

나카소네 야스히로(中曽根康弘)의 '대동아전쟁'에 관한 개인적인 인식의 특징은 아시아에 대해서는 침략전쟁이었던 반면, 미국·영국·프랑스에 대해서는 국가의 생존을 건 방위전쟁이었다는 '이분법'이다. 특히 중국에 대한 침략은 '대중국 21개조 요구'(対華二十一ヶ条要求)의 연장선상에 있다는 비판적인 이해를 보이며, 만주사변 등 현지의 군부가 도쿄의 불확대 방침을 어기고 행동을 확대한 것을 나카소네는 침략의 증거라고 한다. 동남아시아에 대한 행동도 '아시아 해방'이 동기가 아니라 자원 획득을 목적으로 한 '틀림없는 침략행위'였다고 이해한다. 이와 같은 인식을 나카소네는 가지고 있었기 때문에 총리 재임 시 야스쿠니 문제·교과서 문제라는 역사인식 문제가 발생했을 때 아시아 국가들에게 양보로 해결을 모색할 수 있었다.

그 후, 1993년에 비(非)자민 연립정권을 맡은 호소가와 모리히로(細川護熙)는 총리 취임 당시 기자회견에서 '지난 대전'에 대하여 '침략전쟁, 잘못된 전쟁이었다고 인식한다'는 취지를 분명하게 밝혔다. 그 배경으로는 과거 일본의 행동으로 피해를 입은 국가가 이를 분명히 침략으로 받아들이고 있으며, 많은 일본 국민도 같은 인식을 가지고 있다는 것을 제시했다. 호소가와는 개인적으로는 '지난 전쟁'은 우선은 중국과의 전쟁이며, '한반도와 동남아시아 국가들에 대한 진격'이라 생각하고 있었다. 일본이 자국의 이익을 추구하기 위해 일방적으로 공격한 결과 이들 국가에 많은 희생자가 발생했기 때문에 침략전쟁이었음을 부정할 수 없다는 것이다. 그러나 '지난 대전'이 '미일전쟁'이라는 인식은 희박했던 것 같다.

이 점은, 이시하라 신타로(石原慎太郎)의 경우와 비교하면 그 의미가 중요하다. 이시하라는 전쟁에서 미군 전투기의 기관총 사격을 받아 도망치던 중 미군기의 공격이 그쳤다고 생각하여 머리를 들었을 때 일장기(日の丸)를 붙인 일본군 전투기가 미군기를 몰아내고 있었던 일을 자신의 국가주의 의식이 형성되는 계기였다고 말하였다. 즉 강한 국가가 있어야만 국민 개개인의 목숨도 지켜진다는 의식이 이때 형성된 것이다. 이시하라에게 있어 '지난 대전'이란 미일전쟁이었다. 동일하게 '총 뒤의 일본인(銃後の日本人)', 즉 출정하지 않고 본토에서 미군의 공습 피해를 입은 대부분의 일본인에게 있어 '지난 대전'이란 '미일전쟁'이며, 이에 따라 자신이 전쟁의 피해자라는 의식이 만들어졌다.

호소가와는 총리 취임 직후인 8월 15일 야스쿠니신사를 참배하지 않았다. 그 이유로 정교분리 위반이라는 의혹과 A급 전범을 합사한 야스쿠니 참배는 '일본이 여러 기회에 표명해온 과거 전쟁에 대한 반성'에 '오해와 불신'을 줄 수 있다는 점을 들었다. 도쿄 재판의 판결을 샌프란시스코 강화조약으로 받아들인 국가의 총리가 A급 전범을 신으로 모시는 야스쿠니신사를 참배한다는 것은 '국제사회'에 '설명이 안 되는'일이라 여겼다. 물론 '해결'과 악화 방지는 별개이나, 이처럼 국제적인 관점을 우선하는 총리는 대체로 역사인식 문제를 악화시키지 않는다고 볼 수 있다.

역사인식 문제의 '해결'이란

이러한 호소가와에게 정권을 넘겨준 것은 미야자와 기이치(宮沢喜一)였다. 사실, 미야자와는 후임인 호소가와에게 총리의 자리를 내어줄 때 '중국의 군사대국화·경제대국화'에 대해 '상당한 우려'를 나타내면서 주의를 촉구했다. 미야자와 기이치는 총리 재임 시 싱가포르의 리콴유(Lee Kuan

Yew) 총리 등에게도 괄목할 만한 경제발전을 지속하는 중국이 장래에 일본과 동아시아의 안전보장에 미칠 영향에 우려를 표명했다. 미야자와 내각 때 이루어진 것이 1992년의 천황 중국 방문이다. 일본 측의 목적은 중일 우호 교류 촉진이었다. 이 방중에 대해서 미야자와는 "상하이(上海) 등지에서는 자연스럽게 민중이 가까이 다가오는 등 상당히 좋은 분위기로, 방중은 좋았다"고 회고하였다. 상하이 현지의 "여러 부류의 시민들 표정은 누구나 부드러웠고 진심으로 환영하고 있다는 것이 전해졌다. 천황의 마음도 시민 한 사람 한 사람과 통하고 있는 모습", "더할 나위 없이 자연스러운 우호 교류의 모습이었다"는 등의 보고도 사실 그대로였을 것이다. 이 방중에서 대국화·강대국화되어 가는 중국과의 관계를, 역사인식 문제도 포함하여 근본적으로 해결해두고자 하는 미야자와를 비롯한 추진파의 의도를 읽을 수 있다. 그러나 앞서 언급한 대로 호소가와에 대한 미야자와의 발언을 생각할 때 여전히 중국에 대한 우려는 불식되지 않은 것 같다. 한편, 본 장에서 다루는 나카소네는 보다 단기적으로, 즉 중국 내에 존재하는, 당시의 '친일세력'을 온존시키려는 의도에서 역사인식 문제에 대처했다.

개인적인 역사인식이 역사인식 문제와 관련한 외교정책에 반영된 것이 사실이라고 해도, 각각의 사례를 검토하면, 자신의 인식을 넘어선 차원에서 그때그때의 국제 환경을 고려한 외교적 대응을 했다고 할 수 있다. 즉, 자신의 역사인식과는 다른 '인식'에 기반한 외교가 필요하다는 판단하에 외교정책이 실행된 경우도 있었을 것이다. 본 장에서는 이와 같은 일본 측 정부 지도자의 '표면상'의 역사인식이 당시의 외교문제를 진정시키는 데 어떻게 기여했는가를 고찰하고자 한다. 나아가 외교상의 역사인식 문제는 당연히 일본 측 인식이 국제적으로 문제가 되면서 비로소 불거지는 것이지만, 본 장에서는 문제화된 후에 일어나는 대처 방법의 잘못이 그 후 역사문제의 장기화와 심각성에 영향을 미친다고 생각한다. 이에 오늘날 역사인식 문제의 장기화와 심각성의 선례라고 할 수 있는 스즈키 젠코(鈴木善幸) 내각 때의 '제1차 역사교과서 문제' 이후 일본 정부의 대응을 살펴보고자 한다.

원래 그때그때의 외교상 해결은 단순한 임시변통의 '불끄기'에 지나지 않으며, 근본적인 역사인식 문제 해결에는 이르지 못한다. 이는 1960년대 중반의 '혈채(血債)'[1] 문제 해결의 한쪽 당사자였던 리콴유가 "일본은 평화적이며 비군사적이지만, 결코 진심으로 뉘우치며 사죄하지는 않는 국가이다"라고 만년에 신랄한 비판을 한 사실에서도 명백하다. 여

---

1   싱가포르는 1965년 8월 영국으로부터 독립을 달성한 이후 일본에 배상을 요구하였으며, 이에 일본이 응해 1967년 9월 21일 '경제협력협정'이 체결되었다.-역주

기서 쟁점은 본 장에서 다루는 역사인식 문제처럼 복잡하고 뿌리 깊은 문제를 완전히 해결하지 못하는 외교는 실패인가 아닌가 하는 점이다. 본 장의 입장에서는 수십 년 아니 수 년일지라도 국가 간 관계를 개선시킨 외교를, 다시 말해서 그것이 비록 부분적인 해결밖에 못했다고 오늘날 비판받고 있더라도, 완전한 해결의 전망이 없다면 수년 동안이나 정상회담도 개최하지 못하는 상태보다는 '성공했다'고 간주한다. 역사인식 문제도 그때그때 당사국이 처한 국제환경에 의해 규정된다고 생각하기 때문이다. 역사인식 문제도 끊임없이 변화하는 국제환경 아래에 놓인 외교문제 가운데 하나에 불과한 것이다.

1. 역사인식 문제의 '기점' – 제1차 역사교과서 문제

중국과 제1차 역사교과서 문제

1970년대는 일본 측의 역사인식이 외교 문제화하지 않은 시대였다. 여기에서 다음과 같은 문제가 제기된다. 역사인식 문제가 현재화하지 않았기 때문에 우호 관계가 이어진 것인지, 우호관계가 있었기 때문에 역사인식이 문제가 되지 않았는지이다. 양자 간의 인과관계를 단정하기 위해서는 신중한 접근이 필요하나, 본 장을 집필 중인 현 시점에서는 후자의 입장을 취한다. 왜냐면, 역사적으로 볼 때 한국이 일본을 '필요'로 했던 박정희 시대, 중국이 일본을 '필요'로 했던 1970년대에는, 역사인식 문제는 전혀 없었다고 말해도 좋을 만큼 '문제'가 되지 않았기 때문이다.

한편, 1980년대는 역사인식 문제가 현재화한 시대였다. 그러나 이와 동시에 중일·한일 간 우호관계가 유지된 시대이기도 했다. 여기에서의 문제는, 이 시기의 역사인식 문제가 양 국가 간 관계 전체를 저해할 정도로 심각한 것은 아니었는지 혹은 심각한 역사인식 문제를 부정할 정도로 중일·한일 간의 우호관계를 유지할 필요가 있다고 양국 지도자들이 생각할 만한 요인이 있었는지 하는 점이다. 이 물음에 대해서도 본 장에서는 후자의 입장을 취한다. 그것은 일본 측에도 중국·한국 측에도 상대가 필요한 절박한 요인이 존재했기 때문이다. 그것이 어떤 요인들이었는지 차례로 검토하고자 한다.

1982년 6월 26일, 일본의 조간신문들은 고등학교의 일본사(日本史) 교과서를 문부성이 검정한 결과, 중국에 대한 일본의 '침략' 부분이 '진출'로 변경되었다고 보도했다. 이 기사는 지금은 오보로 인정받고 있지만 중국 내에서는 대일 비판 캠페인이 전개되고 중국 정부도 일본 정부에 강력하게 항의하는 등 중일관계가 크게 흔들렸다. 특히 5월부터 6월까지 자오쯔양(趙紫陽) 국무원 총리가 일본을 방문하여 스즈키

(鈴木) 총리와 '평화우호', '평등호혜', 장기안정'이라는 '중일 우호 3원칙'에 합의한 직후였기에 이러한 중국의 대응은 일본을 놀라게 했다.

당시에는 중국의 대외정책이 '독립자주'로 전환되고 있었다. 덩샤오핑(鄧小平)은 그때까지 소련의 위협에 대한 대항을 우선과제로 두고, 어지간한 문제에는 눈을 감은 채 미국과의 관계 개선을 추구하던 정책에서 벗어나고자 했다. 덩샤오핑이 문제로 삼은 것은 레이건(Ronald Wilson Reagan) 미국 정부의 대만정책, 즉 무기 매각이었다. 중국은 미국의 방침에 반발했으나, 같은 해 8월 17일에 발표 예정이던 미중 공동선 교섭에서는 대폭적으로 양보할 수밖에 없게 된다. 덩샤오핑은 협상이 진행되고 있던 7월에 미국과 제휴 해소를 결단했다. 그리고 태도의 전환, 즉 미국에 대한 강경한 태도는 협상 이외의 다른 방법으로 선명히 할 필요가 있었다. 이에 중국은 미국에 종속적인 일본에 대해 강경한 태도를 보임으로써 대내외에 중국의 국익을 옹호하는 강경한 태도를 강조하고자 했다.

마스오 치사코(益尾知佐子)에 따르면, 덩샤오핑은 7월 29일 일본의 역사인식 문제 관련 회의에서 일본에서 발생한 교과서 문제를 이용해 일본 측의 "과거의 행동을 침략이 아닌 것으로 해버리고 싶다"는 목적을 가진 '관점에 반박하라'는 지시를 직접 내렸다. 한편, 에토 나호코(江藤名保子)에 따르면 일본이 교과서 문제는 내정문제로 '타국의 간섭을 받지 않는다고 주장하고 있는 점에 초점을 맞추어 반박을 추진하라'는 지시가 있었다고 한다. 대만에 대한 미국의 무기 매각을 중국의 내정문제라고 비판하고 있던 중국으로서는 일본 국내의 역사교과서에 나타난 역사인식을 내정문제라고 하여 중국의 항의를 물리치려는 움직임에 위험을 느끼고 보다 강경하게 조치했다고도 볼 수 있다. 7월 24일에 갑자기 시작되어 9월에 수습된 중국의 대일 비판 캠페인에는 이러한 배경이 있었다.

이러한 사정을 파악하지 못한 일본 정부는, 9월 중국 방문을 준비하고 있던 스즈키 총리의 주도하에 조기 해결을 모색했다. 교과서 재개정에 비판적인 문부성의 반대도 있었으나, 8월 26일 미야자와 키이치(宮沢喜一) 관방장관이 아시아 주변 국가들과의 우호를 위해 비판을 고려하여 정부 책임하에 교과서의 기술을 시정하겠다는 '미야자와 담화'를 발표했다. 이는 즉각 수정은 하지 않으나 빠른 시일 내에 검정 기준을 수정하여 예정보다 앞당겨서 교과서를 검정한다는 것을 의미했다. 이 미야자와 담화를 받아들여 중국도 비판을 멈췄다. 그 후 검정 기준에서 "인근 아시아 여러 나라와의 근현대의 역사적 사상을 다룰 때에는 국제 이해와 국제 협조의 견지로부터 필요한 배려가 있어야 할 것"이라는, 이른바 '근린제국조항'이 추가되었다. 지금까지 이 조항으로 인해 불합격한 교과서는 없다고 하나, 집필자들이 이 조항에 부합하도록 배려했을 가능성은 있다. 이상과 같이 일본 정부 내에서는 문부성을 중심으로 검정 제도의 견지를 주장하며 외국의 개입으로 교과서 내용을 정정해서는 안 된다는 세력도 있었다. 그러나 스즈키 총리, 미야자와 관방장관 등은 주변 국가들과의 관계를 고려하여 시정을 주장하는 외무성을 중심으로 한 세력을 지지함으로써 미야자와 담화가 발표될 수 있었다. 이처럼 외무성이 주장하는 대외배려를 우선시함으로써 일시적으로 문제는 진정되었다.

한편, 중국-베트남 전쟁을 겪은 중국은 같은 해 9월 당대회에서 '자주독립 대외정책'을 내세웠다. 에토(江藤)가 말한 것처럼 역사교과서 문제는 중국 국내를 애국주의로 단결시켜 공산당 지배의 정당성을 높이기 위한 수단, 대일 역사인식 문제라는 편리한 수단을 덩샤오핑으로 하여금 '발견'하게 만든 것일 수도 있다. 적어도 대외적으로 말하면, '언제든지 일본을 견제하는 상황'을 만들어낼 수 있다는 점에서 분명히 성공했다. 그 후 일본에서 '군국주의적'인 움직임이 나타난 것으로 보일 경우 역사인식 문제를 지적하여 일본에게 지속적으로 '경고'하는 구도가 고정화한다. 그러나 이것은 단순히 중국 측이 일본을 추궁하기 위한 수단이라기보다는 중국으로서도 중일관계를 유지하기 위해 하는 것이었다. 이에 대해서는 다음 장에서 야스쿠니 문제를 통해 확인하고자 한다. 또한 일본도 중국 측의 우호·친선 의도를 의심하지 않으며 중일관계를 재조정하기 위해 하는 어쩔 수 없는 필요한 과정으로 보았다.

한국과 제1차 역사교과서 문제

1980년 광주 사건을 빌미로 민주 운동가 김대중에게 사형 판결을 내린 한국 정부에 대해, 스즈키 정권은 김대중 사형에 반대하고, 처형할 경우에는 경제 원조의 동결을 포함한 대한관계를 재검토한다고 경고했다. 이에 대해 전두환은 일본의 내정 간섭을 비난했다. 기무라 칸(木村幹)에 따르면 전두환은 정권 발족 당시부터 '사실상 식민지 지배에 대한 제2의 배상'으로 60억 달러 차관을 요구하고 있었다고 한다. 표면상으로는 북한의 위협에 대항하기 위한 원조 명목으로 한국 측이 요구해 왔지만 이에 대해 일본은 안전보장 문제와 경제 원조를 분리하고자 했다. 거기에 소노다 스나오(園田直) 외상이 "돈을 빌리는 쪽이 거만한 것은 이상하다"고 발언해 한국 측의 반감을 샀다.

이 시기에 발생한 것이 앞서 서술한 제1차 역사교과서 문제였다. 한국에서는 초기에는 거의 반응을 보이지 않았으나, 중국이 7월 하순에 강력하게 항의하기 시작한 것이 국내에 알려지자 한국 내에서도 거센 반발이 일어났다. 일본의 경제 대국화와 군국주의 대두를 염려하고 있는 가운데 교과서 문제가 지대한 관심을 끌게 되었다. 그러나 이 항의도 미야자와 담화를 계기로 진정되었다.

1982년 11월 나카소네 야스히로는 총리에 취임하자 구육군참모로 이토추(伊藤忠) 상사의 상담역이었던 세지마 류조(瀨島龍三)를 한국에 특사로 파견했다. 세지마가 구체적인 사항을 정리한 후, 다음 해 초 일본의 총리로서는 나카소네가 처음으로 한국을 방문하여 전두환 대통령과 경제협력 규모에 합의했다. 나카소네는 대통령이 주최한 저녁 만찬회에서 인사말의 일부를 한국어로 하는 등 개인 외교를 연출하며 반일 감정을 완화시키고자 했다. 또 1984년 9월, 전두환 대통령이 방일했을 때, 쇼와(昭和) 천황은 '불행한 과거'가 있었던 것에 대해 '진심으로 유감'이라고 표명했다. 이 '유감'이라는 단어는 나카소네가 궁내청 장관에게 삽입하도록 지시했다고 한다.

나카소네는 한국과 중국의 경제발전에 기여함으로써 북한과 소련의 위협으로부터 일본의 안전을 지키고자 했다. 말하자면 동북아시아에 반공의 '아시아의 벽'을 구축하고자 한 것이었다. 그를 위한 일본의 원조가 양국의 발전에 어느 정도 공헌했는지는 명확하게 측정할 수 없으나, 나카소네의 이러한 의도가 당시의 역사인식 문제를 최소화하는 데 공헌한 것은 분명하다.

2. 나카소네 정권의 역사인식 문제

나카소네 총리의 야스쿠니신사 공식 참배

스즈키 내각을 계승한 나카소네 총리가 1985년의 종전기념일에 한 야스쿠니신사 공식 참배는 아시아 국가들과의 사이에서 커다란 외교 문제가 되었다. 그때까지 야스쿠니신사에는 오히라 마사요시(大平正芳)·스즈키 젠코(鈴木善幸) 두 총리도 참배했으며, 1978년 10월에 비밀리 이루어진 A급 전범의 합사가 1979년 4월에 밝혀진 후였다. 또한 종전기념일의 야스쿠니 참배도 미키 다케오 총리가 총리 시절인 1975년에 했으며, 스즈키 젠코는 2년 연속해서 종전기념일에 참배했다. 따라서 나카소네의 참배가 문제가 된 것은, 논리적으로 봤을 때, 이것이 공식 참배였기 때문이다. 원래 야스쿠니신사는 국가를 위해서 목숨을 잃은 병사들을 그 사후에 '영령'으로 모시기 위한 시설로, 전쟁터로 향하는 병사들을 '사후에 신으로서 모신다'는 말로 '설득'하는 국가적 장치였다. 따라서 나카소네는 전후라 할지라도 공식 참배를 하지 않는 것은 '국가가 영령에 대해 계약위반을 하'는 것이라 생각하고, 한 번은 단행하고자 결의하고 있었다. 그러나 A급 전범 합사라는 현실이 어려운 상황을 야기한다.

에토(江藤)의 연구에 따르면, 나카소네가 종전기념일에 야스쿠니신사를 공식 참배한 것에 대하여 중국은 처음에는 그다지 중시하지 않을 방침이었다고 한다. 일본 정부도 사전에 중국을 비롯한 아시아 국가들에게 이번 공식 참배는 군국주의를 고취하는 것은 아니라고 설명했고, 당시 나카에 요스케(中江要介) 주중 대사도 "공식 참배가 중일 간에 큰 문제가 될 거라고 아무도 생각하지 않았다"고 회상했다. 그러나 이 문제에 불을 붙인 것은 9월 18일에 발생한 천안문 광장에서의 학생 데모였다. 자연스럽게 발생한 반일 시위가 국내의 권력 투쟁이나 역사문제와 결부될 것을 우려한 중국 정부는 일본 정부에 강경한 비판을 전할 수밖에 없었던 것으로 보인다. 사실, 후야오방(胡耀邦)은 12월 8일 나카에 요스케 주중 대사와의 회담에서 "또다시 야스쿠니신사 참배가 있다면 큰일이며, 지도자의 입장이 상당히 곤란해진다. (야스쿠니에 전범이 합사된) 그 상태로는 중국인을 납득시키기 어렵다"고 호소했다.

한편, 나카소네 총리는 중국에서 '선진적이고 친일적'인 지도자 후야오방이 실각하면, 세계와 일본의 이익에 막대한 영향을 미칠 수 있다고 우려했다. 그리하여 나카소네는 참배 전에 A급 전범을 분사하도록 야스쿠니신사를 움직이려 꾸준히 노력하였으나 실패로 끝났다. 그 결과, 나카소네 총리는 가을의 예대제(例大祭)에는 참배하지 않고, 1986년 이후는 종전기념일도 포함하여 총리 재임 기간 동안 참배를 자제했다. 여기에는 때마침 발생한 제2차 교과서 문제도 영향을 미쳤다. 중국 측은 1986년 6월 7일 일본 정부에게, 일본 측의 일부세력이 작성해 검정을 통과한 교과서의 기술에 대한 시정을 요청했다. 이때는 외무성이 중심이 되어 한중 양국을 만족시킬 수 있는 수정안을 고안해 수정한 뒤에 검정을 통과시켰다. 중국 측도 더 이상의 수정을 요구하지 않았으나 일본에 대한 불신은 점차 심화되었다.

그 후, 1987년 1월 총서기에서 해임된 후야오방은 야스쿠니 문제와 관련한 양국 분쟁의 배후에 '중일 양국을 이반시키려는 제3국이 있는 것이 문제'라며, 소련의 중일 이간 공작을 의심했다. 후야오방은 소련의 위협에 대항하기 위해 일본을 아군으로 두는 것을 긴요한 외교 목표로 생각했다. 이와 같은 지나치게 '친일'적인 태도가 실각의 한 원인이라고 보는 견해도 뿌리 깊으나, 자오쯔양에 따르면 후야오방의 해임은 개혁개방 이래 지나친 사상적 자유주의를 단속하려는 덩샤오핑이 '반자유화운동'을 누차 시사했음에도 불구하고, 후야오방이 이를 계속 방치하면서 양자 간 관계가 악화된 결과라고 한다. 그 결과 덩샤오핑이 후야오방의 해임을 결정한 1986년 여름부터 후야오방의 제안을 모조리 장로가 반대하여 '무엇 하나도 제대로 할 수 없는 상태'가 되어 있었다. 따라서 후야오방이 지나치게 친일적이라고 비판을 받는 가운데, 반일 세력의 비판에 힘을 실어주는 야스쿠니 참배는 피해야 한다고 생각한 나카소네의 판단은 정확하지 않았다고 말할 수 있다. 나카소네가 어떤 행동을 취하든 후야오방의 실각은 이미 결정되어 있었기 때문이다. 그러나 오히려 이러한 잘못된 정보가 바른 행동을 초래했다고도 할 수 있다. 나카소네·후야오방 각자의 정세 인식이 잘못되었다 해도 두 사람의 인식은 소련의 위협에 대항하기 위해서 중일제휴가 없어서는 안 된다는 점에서 일치하고 있었다. 나카소네·후야오방의 우호는 말하자면 중소 대립을 배경으로 한 '중일 우호'였다. 앞서 나카소네 내각은 제2차 엔차관 제공을 결정하고 있었으나 여기에는 제1차 때와 마찬가지로 중국의 개혁개방을 지원하고 서방 측으로의 편입과 온건화를 꾀함과 동시에 전쟁 책임의 청산이라는 의미도 있었다. 나카소네는 1984년 3월 중국을 방문했을 때 일본의 대중경제협력에 대하여 사의를 표명하는 후야오방에게 "오히려 송구하며, 대중협력은 전쟁으로 커다란 피해를 끼친 것에 대한 반성의 표명으로 당연한 것이다"라고 말했다. 이처럼 장기적인 중일제휴를 위해 과거의 부정적 유산을 청산할 필요성을 나카소네는 인식하고 있었다.

제2차 역사교과서 문제(1986년)

그와 같은 배경 속에, 1986년 5월에 제2차 교과서 문제가 발생한다. '일본을 지키는 국민회의'편 고교용 일본사 교과서가 검정을 통과한 것에 대하여 한국의 언론과 여론이 강하게 반발했다. 그 직후에 중국 정부도 이의를 표명했다. 이미 문부성은 검정 통과까지 여러번에 걸쳐 정정을 요청하고 있었으나, 중한의 비판에 처한 나카소네의 지시로 추가적인 수정을 요구했다. 다른 한편, 외무성은 출판사에 출판 단념을 제안했다. 결국, 검정 기일이 지난 이후의 문부성의 수정 지시를 집필자 측이 받아들여 7월 7일 새롭게 검정 통과가 통지되었다. 나카소네 총리가 문부성에 재검토를 지시하고, 외무성도 많은 수정을 주장한 배경에는 내셔널리즘적인 여론을 억제해 중한 양국과의 관계를 유지하고 싶다는 정부의 판단이 있었다.

이처럼 이례적인 조치로 문제는 일시적으로 진정되었으나, 같은 해 7월 후지오 마사유키(藤尾正行) 문부상이 도쿄재판을 비판하는 등, 이른바 '후지오(藤尾) 발언' 문제를 일으켰다. 이것은 9월에 발행된 『문예춘추(文芸春秋)』에서 후지오가 도쿄재판을 비판하고 한일합병은 한국 측에도 책임이 있다고 주장한 문제였다. 이에 한국과 중국은 반발했지만, 나카소네 총리가 후지오 문부상을 재빠르게 파면시킴으로써 문제가 진정되었다.

그러나 일본 측이 필사적으로 중일관계가 악화될 만한 싹을 뽑아내는 일에 주력하고 있던 반면, 에토에 따르면, 덩샤오핑은 1986년 11월경까지 우호를 기조로 해온 대일외교를 '적당(適度)한' 대외 외교로 전환하기로 결정하고 있었다. 이 것은 다음 해 1월의 후야오방 실각보다도 앞선 일이다. 그 이유로 에토는, 경제협력 면에서의 대일 불만과 거듭되는 역사인식 문제로 인한 불신감을 들고 있다. 게다가, 당시 일본의 경제대국화가 군국주의 부활에 대한 중국의 두려움과 결부되었을 가능성이 있는 점도 오늘날 중국의 대국화를 보는 일본인의 시점과 비교하여 흥미롭다. 한편, 나카소네 정권 측에서는, 후야오방이 실각했음에도 불구하고, 역사인식 문제를 진정시킨 일련의 조치로 중일 간의 우호 기조는 유지되었다고 판단하고 있었다.

마치며

지금까지 본 장에서는 역사인식을 이야기하는 것이 이미 개인적인 심정의 토로가 될 수 없으며, 필연적으로 외교적인 영향을 고려할 수밖에 없게 된 시대를 다루어보았다. 스즈키 내각부터 나카소네 내각을 중심으로 한 1980년대에 있어서는 단기적인 고려, 더 나아가 장기적인 고려에 입각해, 일본 정부가 장래 위협이 될 중국과의 사이에 분쟁의 씨앗을 남기는 것은 바람직하지 않다고 생각해, 역사인식 문제에 자제하면서 대처했다.

'나카소네 야스히로 시대'의 정치가와 외교관에게는 그러한 자각이 있어 이를 위한 대책도 정치적으로 가능했으며, 외교상의 결과도 어느 정도는 전망할 수 있었다. 그러나 정부와 외무성의 노력에도 불구하고 그 결과는 지금에 와서 보면 만족할 만한 것은 아니다. 그 원인은 무엇인가.

여기에서 '미일전쟁'의 기억, 그리고 화해와 관련된 일화를 소개하고자 한다. 1945년 2월 19일 미군의 이오지마(硫黃島) 상륙부터 1개월 정도 치열하게 전개된 전투에서 일본 측 사망자는 약 1만 8천 명, 미국 측 사망자는 약 7천 명이 넘었다. 미일 양국의 군인, 사투를 벌인 미 제5해병대와 일본 측 생존자가 1970년에 이오지마 섬에서 재회했다. 이 행사는 이후에도 이어졌으며 1985년 40주년에는 당시의 레이건 대통령으로부터 메시지가 도착했다. 이 격전지에서 재회한 양국 군인의 표정에서는 과거에 대한 후회나 원한을 느낄 수 없었다. 이것은 무슨 까닭인가. 함께하던 전우가 죽고 스스로도 죽음과 늘 함께했던 상황에 처하게 만든 적을 이토록 간단히 용서할 수 있는 이유는 무엇인가. 여기에 전후 동맹국이 된 양국 관계의 친밀함이 영향을 미치고 있다고 말할 수 있지 않겠는가. 만약 그렇다면 전쟁이 가져온 원망 등의 감정이 사라졌기 때문에 국가 간 관계가 개선된다기보다는 국가 관계가 우호적으로 되면서 과거 역사가 초래하는 감정이 망각되고, 적어도 문제가 되지 않는다는 쪽이 더 타당할지도 모른다.

이같이 보면, '나카소네 야스히로의 시대'의 역사인식 문제는 심각했으나 중국과 한국이 아직 일본과의 우호관계를 필요로 하고 있었기 때문에 외교적인 노력으로 해결할 수 있었다고 말할 수 있다. 그 후 점차로 한국이 경제성장을 이루고 냉전의 종언과 함께 소련이 붕괴했다. 최대 적이었던 소련이 소멸한 것과 때를 같이하여 중국의 위협적인 고도성장이 시작되었다. 그 결과 양국이 일본을 필요로 하는 정도가 현저하게 저하되었다. 이 시기에도 천황 방중에 대한 미야자와 총리의 대응 및 호소가와 총리의 사죄 성명과 같이 아시아 국가들과의 역사적 현안을 불식시키기 위한 노력이 계속되었다. 아니 오히려 중국이 대국화함에 따라 그 필요성은 한층 더 인식되었다. 그러나 1990년대는 이미 미봉적인 대응이 효과를 낼 수 있는 시대가 아니었다. 한국은 물론 중국에 있어서도 반일 여론의 영향력은 강해졌으며, 정부 정상 간의 우호를 확인하는 정도로는 억제할 수 없게 되었다.

1980년대에 있어서 역사인식의 차이로 인해 발생한 외교 문제를 어떻게든 해결로 이끌었던 국제환경은 21세기에는 이미 존재하지 않는다. 분명 앞으로 북한의 정세가 긴박해지거나 미중관계나 중러관계에 큰 변화가 발생하면 한중 양국이 일본과의 제휴를 모색할 수도 있다. 그러나 그러한 동아시아 긴장상태는 지역적 안전보장의 관점에서 일본에게 바람직하지 않음에 틀림없다. 따라서 그와 같은 요행에 의존하지 말고 착실히 외교 관계를 개선해나갈 필요가 있다. 다만, 이러한 노력은 점점 더 곤란해지고 있다. 앞서 서술한 바와 같이 1980년대의 역사인식 문제의 제기는 아시아 국가들이 일본의 '우경화'와 '군국주의화'를 확인하기 위한 도구이며, 그것을 일본 측 지도자들도 필요한 조정과정으로 받아들이고 있었다.

그러나 오늘날 일본 측 당국자들은 그렇게 느끼지 않으며, 상대국 내 반일 여론 대책과 지지 획득을 위한 도구로 받아들이는 상황이다. 그렇다고 해서, 전면적인 해결을 전망할 수 없다면 정상 간 외교도 하지 않겠다는 태도로는 미래가 없다. 만일 몇 퍼센트 정도라도 관계 개선이 가능하고 그로 인해 중기적인 우호 관계를 구축할 수 있다면 '나카소네 야스히로 시대'를 본받아 관계 각국의 지도자들이 여론의 압력을 진정시키면서 자기 억제적인 외교를 전개할 필요가 있을 것이다.

제4장 오키나와와 본토의 간극
—정치 공간의 변천과 역사인식

다이라 요시토시(平良好利)

시작하며

"서로 다른 전후(戰後)의 시간을 살아왔군요." 이 말은 2015년 9월 7일 오키나와현(沖縄県) 나고시(名護市) 헤노코(辺野古)의 미군 신기지 건설을 두고 정부와의 집중 협의가 끝날 즈음에, 오나가 다케시(翁長雄志) 오키나와현 지사가 스가 요시히데(菅義偉) 관방장관에게 꺼낸 말이다. 오나가의 발언은 신기지 건설을 추진하려는 정부와 이에 반대하는 오키나와현과의 협의가 결국 결렬되었음을 말해줄 뿐만 아니라, 현재의 정부와 오키나와현의 관계를, 아니 더 넓은 의미에서 현재 본토와 오키나와가 어떠한 관계에 있는지를 상징적으로 보여준다고 할 수 있다.

아시아·태평양전쟁에서 유일하게 주민까지 휩쓸린 극도로 치열한 지상전을 경험했고, 그 후 일본에서 분리되어 27

년간 미군의 통치를 받았으며 일본 복귀 후에도 광대한 미군 기지가 집중되어 있는 오키나와는 분명 본토와는 별개의 전후를 걸어왔다고 할 수 있다. 그러나 중요한 점은 일개 현의 지사가 이 정도 발언을 할 정도로 양자 간 감정의 골이 깊다는 사실이다. 오키나와 측에서 보면, 앞서 언급한 전후 오키나와가 걸어온 발자취에 대한 정부와 본토 측의 몰이해, 무관심에 대한 탄식이지만 정부를 비롯한 본토 측에서는 그러한 오키나와의 행동을 이해하기 어려운 것이 현재의 상황일 것이다.

다른 장에서 고찰하듯이, 한일·중일 간에는 위안부 문제와 야스쿠니신사 참배 등 이른바 '역사인식 문제'가 외교상의 심각한 문제로 제기되고 있지만, 오키나와의 경우는 "역사인식" 그 자체가 커다란 정치적 쟁점이 되고 있는 것도 아니며, 애초에 한일·중일과 같은 국가 간의 문제도 아니다. 오키나와와 관련해서는 역시 미군기지가 최대 쟁점이며, 이를 두고 정부와 오키나와현이 대립하고 있는 것이다. 이 '기지문제'와 관련한 정치 과정 속에서 오키나와 측은 과거의 여러 사건, 예를 들어 오키나와 전투와 전후 토지 몰수의 역사, 또는 다수의 미군 관련 사건·사고의 역사, 나아가 류큐(琉球) 왕국 시대와 류큐 처분(류큐 병합)의 역사 등을 환기하면서, 이를 배경으로 정부에게 문제를 제기하거나 스스로 행동에 나서온 것이다.

따라서 한일·중일 간의 문제와 오키나와·본토 간의 문제는 서로 위상은 다르지만, 양자 간에 꼬여버린 관계를 풀어내고 관계를 재구축해야 한다는 공통과제가 있다. 본 장에서는 전후 70년을 지나면서 오키나와와 본토의 간극이 이정도까지 깊어진 이유가 무엇인지를, 역사의 커다란 맥락에서 검토하고, 이러한 맥락 속에 오키나와의 역사인식을 생각하고자 한다. 특히 오키나와에서 '보수'와 '혁신'의 정치적 틀이 형성, 전개, 변모하는 과정에 주목하여, 오키나와의 정치 공간이 어떻게 변모하였는지, 변모한 오키나와의 정치 공간이 본토와 어떠한 관계를 가지는지에 대해 고찰하겠다.[1]

1. 냉전기 오키나와 정치와 본토와의 관계

미국 통치기의 정치 공간

1945년에서 1972년까지의 27년간, 오키나와는 일본에서 분리되어 독자적인 정치 공간을 형성하게 된다. 1950년대에 오키나와에는 류큐 민주당, 오키나와 사회대중당, 오키나와

1　본 장은 문제의 소재를 명확히 하기 위해, '보수', '혁신'의 정치적 틀을 사용하지만, 그 실태를 더욱 깊게 분석함으로써 오키나와 정치의 특질을 한층 더 잘 이해할 수 있을 것이다. 또한 본 장은 '본토와 오키나와', 또는 '정부와 오키나와'라는 시각을 가지고 분석하는데, 이에 더해 앞으로 기지가 있는(또는 이전에 기지가 있었던) 도도부현(都道府縣)과의 비교 분석도 필요하다고 생각한다.

인민당이라는 3개의 주요 정당이 있었다. 이들 세 정당은 미군 권력과의 거리와 저항의 정도에 따라 일정한 차이가 존재했지만, 정책적 거리는 그다지 떨어져 있지 않았고 때로는 세 정당이 손을 잡는 경우도 있었다. 미국의 군용지 정책에 반대하여 3당이 하나가 되었고 각종 단체와도 연대하여 '섬 단위(島ぐるみ)' 투쟁[2]을 전개해낸 것이 그 전형적인 예이다.

이 시기 오키나와와 본토의 관계는 거시적으로 보면 일종의 '국민적 일체감'으로 뭉쳐 있었다. '섬 단위' 투쟁 때 상경한 오키나와 대표단이 정부에 '강력한 보호'를 요구하자, 시게미츠 마모루(重光葵) 외상이 "이것은 일본의 문제이며, 국민, 민족의 문제이다. 오키나와 주민의 요망은 민족의 문제로서 해결하지 않고 그냥 둘 수 없다"고 대답하면서 문제 해결에 임한 것이 그 좋은 예이다.

이리하여 본토와 분단된 오키나와였지만 '섬 단위' 투쟁을 계기로 양자의 관계는 급속하게 깊어지게 된다. 중요한 점은 이에 따라 '보혁(保革) 대립'이라는 본토의 정치적 틀이 오키나와에 유입되었다는 사실이다. 1959년에는 류큐 민주당의 후신으로 오키나와 민주당이 결성되어, 본토의 자민당

2   1956년 오키나와 토지에 대해 미군정이 강압적인 군용지 정책을 펼치자, 이에 반발한 오키나와 도민들이 펼친 대규모 반기지 사회운동을 말한다. 섬 단위 투쟁에 참여한 오키나와 현민 수는 16만에서 40만 명에 이르며 이는 주민의 20~50%가 참여한 대규모 사회운동이었다.-역주

과 우호 관계를 맺었다. 또한 같은 해에 일본 경영자협회의 지원 아래 오키나와 경영자협회가 발족하여 오키나와의 경제계가 오키나와 자민당을 지원하는 구도가 형성되어갔다. 한편, 그때까지 '중도 정당'의 성격을 가지고 있던 오키나와 사회대중당은 서서히 '좌경화'하였고, 오키나와 인민당은 일본 공산당과의 관계를 강화해갔다. 1958년에는 일본 사회당의 우호 정당으로서 오키나와 사회당도 결성되었으며, 오키나와 사회대중당, 오키나와 인민당, 오키나와 사회당의 세 정당이 스스로를 '혁신' 정당으로 규정하게 된다. 게다가 이 시기부터 본토 노동조합의 지원 아래 오키나와에서도 주요 노동조합이 연이어 결성되며, 이러한 노동조합들이 혁신 계열의 세 정당을 지지하는 구도가 탄생하기 시작했다.

그러나 여기서 주의해야 할 점은, 본토의 영향을 받았다고는 하지만 오키나와의 '보혁 대립'은 본토와는 다른 내용을 가지고 있었다는 사실이다. 자본주의 국가인 미국의 직접적인 통치를 받고, 게다가 미일안보조약도 적용되지 않았던 오키나와에서는 자본주의와 사회주의라는 체제 선택의 문제와 미일안보조약에 대한 찬반 대립의 문제가 애초부터 쟁점이 되지 않았다. 그러던 중 최대 과제였던 일본으로의 복귀 방법과 관련해 양자가 대립하였다. 일본, 미국, 오키나와 삼자 간의 대화를 통해 점진적인 일본 복귀를 진행하고자 하는 오키나와 자민당과 대중 운동을 통해 미일 양국 정부를 압박하여 복귀를 실현하려는 혁신 세력이 대립하는 구도였다.

　이러한 대립의 밑바탕에는 두말할 것도 없이 정부와 자민당을 신뢰하여 양자 간의 제휴를 중시하는 오키나와 자민당과, 정부와 자민당에 대한 불신을 드러내며 본토 혁신 세력과의 제휴를 중시하는 오키나와 혁신 세력 간의 입장 차이가 있었다. 오키나와에서 정부·자민당에 대한 불신이 표면화되어가는 것은 실은 이 같은 보혁 대립의 정치 구도가 유입되고 나서부터이다.

　무엇보다 이처럼 보수와 혁신이 대립하는 구도가 형성되었다고는 하지만, 그래도 오키나와는 미군 통치로부터 벗어나는 것이 최대의 과제였고, 그 배후에는 '조국 일본'에 복귀한다는 이른바 내셔널리즘이 존재했다. 바꿔 말하자면, 이 시기의 오키나와는 통합성을 가진 내셔널리즘의 기반 위에 이데올로기적 대립이 겹쳐 있는 정치 공간이었다고 하겠다. 또한 본토에서도 오키나와 반환의 방향성을 두고 보수와 혁신이 대립하면서도, 양쪽 다 "오키나와를 찾아온다"는 이른바 내셔널리즘이 작용하고 있었다는 점을 간과할 수는 없다.

일본 복귀 이후의 정치 공간

　최대 과제였던 일본 복귀가 실현되는 1972년을 전후로 오키나와에서는 본토 정당과의 계열화가 본격화하였다. 오키나와 자민당은 자민당 오키나와현련(沖縄県連)으로 전환했고, 한편 혁신 세력은 이른 시기에 오키나와 사회당이 사회당 오키나와현 본부로 전환한 데 이어, 오키나와 인민당은 공산당 오키나와현 위원회로 전환하게 된다(오키나와 사회대중당은 계열화되지 않고 지역 정당의 길을 걸었다). 나아가 노동조합을 비롯한 각종 민간단체도 본토와의 계열화를 진행하였다.

이러한 변화 속에 오키나와에서도 미일안보조약과 미군기지 등을 둘러싸고 보혁의 이데올로기적 대립이 전면화되었다. 혁신 진영이 미일안보 폐기와 미군기지 철수를 주장하는 것에 대해, 보수 진영은 미일안보로 일본의 평화와 안전이 보장된다는 인식을 보이는 동시에, 평화와 안전을 유지하기 위해서라도 일정 한도 내에서 미군 기지를 수용하는 태도를 보였다.

중요한 점은 보혁 대립의 맥락 속에서 일본 정부와 대립하는 혁신 진영의 역사인식도 정착되어갔다는 사실이다. 즉, 오키나와전에서 오키나와는 본토를 위한 '희생양'이 되었고 또 전후는 강화조약으로 버림받았으며(제2의 류큐 처분), 나아가 72년의 오키나와 반환은 주민의 의사를 무시한 채 이루어졌다는(제3의 류큐 처분) 인식이다. 이에 대해 보수 측은 체계적인 역사인식을 제시하지 않았지만, "전후 오키나와의 특수성에서 발생한 피해자 의식에서 벗어나"지 않으면 안 된다고 주장했다. 그러나 이와 같은 혁신 진영의 역사인식은 그 이후 '극복'되기는커녕 복귀 후 40여 년이 지난 지금도, 정부와의 대립이 깊어지는 가운데 한층 더 확산되고 있다.

다만 여기에서 유의해야 할 점은, 미일안보 등 국가 차원의 문제에 대해서는 보수와 혁신이 대립했지만 지역 차원의 문제에서는 때로는 초당파적으로 대응하거나 혹은 동일한 방향성에서 각자가 대응하는 경우가 있었다는 점이다. 우선, 초당파적 행동으로는 때때로 발생하는 미군 관련 사건·사고에 대한 대응이 있다. 살인, 강간, 폭행 등 미군의 흉악범죄와 미군기 추락 사고 등이 일어날 경우 현 의회, 시정촌(市町村) 의회에서 각 당이 당파를 넘어 손을 잡고, 만장일치로 항의 결의 등을 채택하는 것이 하나의 예이다.

또한 양자가 동일한 방향성을 보인 것으로는 미군기지의 정리 축소와 오키나와의 자립적 경제발전 이 두 가지를 들 수 있다. 기지의 전면 철수를 주장하는 혁신 측과 일정 범위에서 기지를 용인하는 보수 측 간에 차이는 있지만 모두 기지의 정리 축소를 지향한다는 점에서 두 세력 간에 차이는 없으며, 나아가 기지의존경제[3]로부터의 탈각을 지향한다는

---

3   오키나와 미군기지의 군용지료(地料), 기지종사자 소득, 미군·군속·가족 등의 수입 등에 의존하는 오키나와의 경제 구조를 뜻한다. 오키나와는 미군정하에 있는 동안 일본 본토의 전후 부흥과 고도경제성장에서 배제

점에도 양자 간에는 차이가 없다.

물론 그렇다 해도 분명 혁신 진영이 기지문제를 더 중시했고, 보수 진영이 경제 문제를 더 중시한 것은 확실하다. 당시는 미소가 격렬하게 대립하던 냉전 시대였고, 그러한 가운데 기지 반환도 좀처럼 진전되지 않았으며, 더욱이 기지경제로부터의 탈각도 여전히 현실적인 정치 의제의 범위에 들어와 있지 않았기 때문에 오키나와의 정치 공간은 경제 부흥을 우선하는 보수의 주장에 적합한 공간이었다고 할 수 있다. 실제 정치는 일본 복귀 후의 1972년부터 1978년까지 야라 쵸뵤(屋良朝苗)·다이라 고이치(平良幸市)의 혁신계 현정(県政)이 이어졌고, 그 후 1978년에서 1990년까지는 보수의 니시메 준이치 현정이 이어졌는데, 모든 지사들이 본토와의 격차를 시정하고 경제 부흥에 힘을 쏟은 것은 이러한 과제를 안고 있던 정치 공간이었기 때문이었다.

특히, 3기 12년에 걸쳐 현정을 담당한 니시메는 자민당 중의원(1970년에서 1978년까지) 경험과 인맥을 활용하여 오키나와의 과제에 적극적으로 임했다. 여당 자민당 가운데서도 특히 오키나와에 지속적인 관심을 가진 세력은 오키나와 반환을 달성한 사토 에이사쿠가 속했던 파벌, 즉 다나카파

되면서 미군기지에 의존하는 소비형 경제 구조가 정착되었고, 일본 본토로 복귀한 이후 본토와의 격차 시정, 민간 주도의 자립형 경제가 과제로 떠올랐다.-역주

[田中派, 이후 다케시타파(竹下派)]였다. 최대 파벌에 속해 있던 니시메는 그야말로 시대에 딱 들어맞는 인물이었다.

2. 냉전 종결 후의 오키나와 정치와 본토와의 관계

보혁의 접근

그러나 이러한 상황은 미소 냉전이 종결된 1990년대에 들어서면서 변화를 맞이한다. 첫째로, 기지의 정리 축소를 요구하는 현민들의 의식이 높아졌다. 미소 냉전이 끝났음에도 불구하고 왜 오키나와에 이토록 대규모의 기지가 존속하지 않으면 안 되는가라는 의문이, 특히 1995년 미군 병사에 의한 소녀 폭행사건[4] 발생 이후, 현민들 사이에서 크게 싹트기 시작했다. 둘째로, 기지가 대규모로 반환될 가능성이 보이기 시작했다. 5,000헥타르의 기지를 반환한다는 1996년의 SACO 보고[5]가 상징하듯이 기지는 움직이지 않는다는 고

---

4   1995년 9월 오키나와 주둔 미군이 12세의 오키나와 거주 일본 여중생을 폭행하고 납치했다. 범행을 한 미군들은 미일지위협정으로 일본 경찰 측에 인도되지 않은 채 미국으로 귀국했다. 이에 그동안 억눌려 있던 오키나와 주민들의 반미, 반기지 감정이 폭발하였다.-역주
5   미일 간에 오키나와 기지 문제를 논의하는 고위급 협의 기관인 '오키나와에 관한 특별행동위원회(Special Action Committee on Okinawa, SACO)'가 1996년 12월 2일에 발표한 보고서로 오키나와현 내의 11개 미

정 관념이 사라지고, 기지 반환이 현실의 과제로서 사정거리 내에 들어왔다. 그리고 세 번째는 기지 경제의 비중이 대폭 줄어들었다는 점을 들 수 있다. 일본 복귀 당시에는 실제 15%를 차지했던 기지 관련 수입이 5%까지 저하되었다.

이리하여 지금까지 경제를 중시해온 보수 진영도 기지 반환을 좀 더 현실적인 과제로 시야에 넣기 시작했고, 다른 한편 기지 문제를 중시해왔던 혁신 진영도 반환 후의 경제 문제를 보다 구체적으로 지켜보면서 양자의 거리가 사실상 가까워졌다. 이처럼 오키나와의 정치 공간은 기지의 정리 축소와 경제 진흥을 동시에 추진하는 것을 과제로 삼는 공간으로 나아갔다. 실제 정치는 1990년부터 1998년까지는 혁신의 오오타 마사히데(太田昌秀) 현정이, 그 이후에는 이나미네 게이치(稻嶺惠一), 나카이마 히로카즈(仲井眞弘多)로 보수 현정이 이어졌는데, 그들이 추구해야 할 과제는 2010년대 이르기까지 약 20년간 같았다.

따라서 냉전이 끝난 이후 보수와 혁신 간의 구체적인 쟁점은, 후텐마(普天間) 기지를 나고시 헤노코로 이전하는 것을 수용할 것인가 하는 한 가지로 사실상 좁혀지게 되었다. 여기서 주의할 점은 이전을 수용하자는 보수조차도 결코 무

군 관련 시설 약 5,002헥타르(당시 오키나와 내 미군 관련 시설의 21%)를 반환할 것을 권고하고 있다. 그 외 훈련 이전 및 소음대책 조치, 미일지위협정의 재검토 등을 권고하고 있다.-역주

조건 수용이 아닌, '사용 기한'을 붙인 이른바 조건부 수용을 주장했다는 사실이다. 즉, 현내로의 이전을 거부하면 정부와의 관계가 나빠져, 오키나와 진흥 예산 등에 부정적인 영향이 미친다고 우려한 보수였으나, 그러한 보수조차도 기지의 고정화는 절대 받아들일 수 없었으며, '사용 기한'을 붙이는 것이 한계선이었다. 미군 관련 사건·사고와 토지의 강제 몰수 등 광대한 미군 기지가 있음으로 발생하는 수많은 '부조리'를 경험해온 오키나와에서는 '사용 기한'이 달린 이전조차도 현민의 이해를 얻는 것이 상당히 어려웠다.

한편 본토 측으로 시선을 돌리면, 1990년대 후반부터 오키나와 문제에 대응한 것은 다나카파의 계보를 잇는 게이세이카이(経世会) 다케시타파 출신의 하시모토 류타로(橋本龍太郎) 총리와 가지야마 세이로쿠(梶山静六) 관방장관, 그리고 후임인 오부치 게이조(小渕恵三) 총리와 노나카 히로무(野中広務) 관방장관이었다. 그들이 북부진흥책 등을 연이어 제시하는 동시에 오키나와 측의 이해를 얻으면서 신중하게 헤노코 이전에 임했기 때문에 당시 이나미네 현지사도 아슬아슬한 선에서 정부와 보조를 맞추어 나갈 수 있었다.

그러나 세와카이(清和会) 출신의 모리 요시로(森喜朗)와 고이즈미 준이치로(小泉純一郎)가 정권을 잡으면서 오키나와를 대하는 정부의 방식도 크게 변화한다. 특히 이나미네 현지사가 헤노코 이전을 지연시키고 있다고 보았던 고이즈미정권은 결국 이나미네와의 대화를 중단하고 헤노코 연안 이전으로 방침을 대폭 변경했다. 오키나와와 본토 간 감정의 골이 깊어지기 시작한 것은 사실 이때부터이다.

보혁의 제휴

그러나 2010년대에 들어서면서 이러한 상황은 다시 한번 크게 변하기 시작한다. 2009년에 민주당 정권이 탄생해, 후텐마 기지의 '현외 이전'을 모색했기 때문이다. 지금까지 '고뇌에 찬 선택'으로 '현내 이전'을 용인했던 오키나와의 보수는 이러한 움직임을 받아들여 결국 '현외 이전'으로 방향을 틀었다. 게다가 8개월에 걸친 우여곡절 끝에 결국 헤노코 이전으로 회귀한 하토야마 유키오(鳩山由起夫)가 총리직을 사임한 후인 2011년 2월, 해병대의 억지력은 '하나의 구실(方便)'이었다고 스스로 고백했고, 다음 해 2012년 12월 안보 전문가인 모리모토 사토시(森本敏) 방위상이 "(후텐마 기지의 대체 시설은) 군사적으로는 오키나와가 아니어도 괜찮다"고 공언하면서, 지금까지 오키나와의 보수를 지탱했던 논리 중 하나가 붕괴되었다. 즉, 국가의 평화와 안전을 위해서라면 일정 한도 내에서 미군 기지를 받아들인다는 입장을 취했던 오키나와의 보수였지만, 이제서야 현내 이전의 근거였던 해병대의 '억지력'이란 도대체 무엇이었는가, 왜 본토에도 대체 시설을 건설할 수 있는데 오키나와만 부담을 져야 하는가라는 의문과 불신을 하기 시작했다.

또한 경제면에서 봐도 광대한 미군 기지가 이제는 경제 발전의 '장애 요인'이 되고 있다는 인식이 오키나와의 보수들뿐만 아니라 많은 현민들 사이에서 확대되기 시작한다는 점이 중요하다. 예를 들어, 미군 기지가 철거된 나하시(那覇市)의 신 도심지구는 반환 전과 비교해 직접적인 경제 효과는 32배에 달하며, 더욱이 고용자 수도 실로 93배나 증대되었다. 이러한 현상은 기지가 철거된 다른 지역에서도 유사했으며, 지금까지 보혁에 관계없이 추구해온 기지에 의존하지 않는 자립적 경제 발전의 전망이 모두에게 분명하게 보이기 시작한 것이다.

게다가 주목할 점은 이러한 경제 발전이 실은 오키나와 진흥 예산이 삭감되었던 시기에 실현되었다는 점이다. 이 예산은 아이러니하게도 정부와 대립했던 오오타 혁신 현정 때인 1998년도에 최고치인 4천7백억 엔에 달했고, 역으로 정부와 협조적이었던 이나미네·나카이마 양 보수 현정하에서는 사실 2천억 엔대까지 삭감되었다. 정부와 협조해 예산을 획득하고, 그를 통해 현민의 지지를 얻어 자신들의 권력을 유지해왔던 오키나와 보수로서는, 기대고 있던 기반 자체가 흔들리고 있었다.

그리하여, 지금까지 조건부 현내 이전을 수용했던 보수조차 태도를 크게 바꿔, 현내 이전에 반대하는 초당파적 움직임이 오키나와에서 탄생했다. 보혁의 이데올로기적 대립과 계열화의 시대를 거쳐 형성된, 이른바 제2의 '섬 단위'라고도 할 수 있는 움직임이었다.

3. 새로운 정치 공간으로

'올(all) 오키나와'의 기반

이 같은 일련의 초당파 행동을 보수 측에서 주도한 것은 당시 나하시 시장이었던 오나가 다케시였다. 오나가는 초당파 움직임에 대해 다음과 같이 말한다. "자민당(정권) 때에도 민주당(정권)으로 바뀌어도 결과적으로 오키나와에 기지를 두었다. 올(all) 재팬으로 오키나와에 기지를 두는 것으로 되어버렸다. 올 재팬에 대해서는 올(all) 오키나와로 결속하지 않으면 안 된다."

이러한 '올 오키나와'의 기반에는 오나가가 말하는 오키나와인(ウチナ-チン)으로서의 '정체성'이 작용했음이 틀림없다. 오키나와인의 정체성을 소중히 하고, 지금까지의 열등감을 떨어내고, 기개를 가지고 오키나와 건설에 매진해야 한다고 현민들에게 호소한 것은 오키나와 보수 정계의 보스라 불리던 니시메 준이치였다. 예를 들어, 그는 1970년의 국정 선거 때 "복귀로 인해 오키나와가 또다시 일본 제일의 빈곤한 현이 되어서는 안 된다. 본토 사람(일본인, ヤマトンチ

ㄱ)에게 질 수 없다는 기백을 백만 현민들이 가질 때, 비로소 일본 제일의 현이 될 것"이라고 역설했다. 또한 슈리성(首里城)[6] 복원에 나서고, 전통문화의 계승·발전을 위해 현립예술대학을 창설하여 오키나와 문화의 존속·발전에 힘을 쏟은 것도 다름 아닌 니시메였다.

이러한 점을 생각하면 오키나와 사람으로서의 '자부심'을 역설하고, 오키나와 말(しまくとぅば)의 존속·계승을 추진한 오나가의 움직임은 기존의 오키나와 보수로부터의 이탈이라기보다는, 오히려 니시메적인 오키나와 보수 전통을 계승한 것이라 할 수 있다. 무엇보다 니시메는 본토에 대한 불신감보다 "따라잡고 앞지르자"는 대항 의식이 강했었는데, 오나가는 이 "따라잡고 앞지르자"라는 시대 상황을 헤쳐 나갔기 때문에 오히려 본토에 대한 불신과 불만을 노골적으로 드러냈다는 것이 다르다면 다른 점이다.

한편 현외 이전을 요구하는 오키나와의 민의가 소홀하게 되는 상황이 이어지는 가운데, 혁신 진영이 호소한 '자기 결정권'의 주장, 즉 "오키나와의 일은 오키나와 스스로가 정한다"는 주장이 오나가의 정체성론과 뒤얽히면서 오키나와에

---

6   슈리성은 오키나와에 1429년부터 1879년까지 존재했던 류큐(琉球) 왕국의 왕궁이자 통치 행정기관이었다. 1945년 오키나와 전투로 잿더미가 되었다가 1992년 오키나와 본토 복귀를 기념하여 국영공원으로 복원되었다.-역주

서 힘을 얻기 시작했다. 미군의 통치 아래 자치권을 확대해 왔던 역사와 류큐 왕국시대의 역사 등이 다양한 형태로 서로 연관되어, 오키나와에서는 '자립'과 '자치'를 요구하는 움직임이 활발해졌다. 오키나와 특별 자치주에서 오키나와 독립까지, '자립'의 방향성에 대해서는 논하는 사람에 따라 차이는 있으나 그 바탕에는 기지 문제를 근본적으로 해결하지 않는 일본 정부에 대한 분노는 물론이고, 이 문제에 대해 몰이해, 무관심한 일본 전체에 대한 불만 및 초조함 같은 것이 있었다고 할 수 있다. 또한 기지가 오키나와에 집중된 이유에 '구조적인 오키나와 차별'이 있다는 언설이 오키나와 주민들에게 설득력 있게 받아들여진 것도 이즈음이다.

이 시기에 이르러 오키나와의 정치 공간은 헤노코 이전 저지, 오키나와의 '자립'과 '자치' 실현까지도 과제로 삼는 공간으로 전환하며, 이를 추진해온 혁신 진영의 주장에 적합한 공간이 되어갔다. 그러나 흥미로운 점은 이러한 '혁신적' 정치 공간에서 주도권을 잡은 것이 혁신 측이 아니라, 변화하는 현실에 스스로를 적응시킨 오나가를 비롯한 보수 일부와 경제계 일부였다는 점이다. 그리고 이나미네·나카이마의 보수 현정 시기에 쇠퇴했던 혁신 세력은 오나가 세력들과 함께함으로써 되살아났다.

이후 '올 오키나와'의 흐름에서 이탈하여 정부·자민당과의 제휴에 매달렸던 오키나와의 자민당이, 헤노코 이전이 최대 쟁점이 된 국정 선거에서 모조리 패한 사실은 오키나와의 정치 공간이 이제는 현내 이전을 인정하지 않는 단계까지 도달했다는 점을 잘 말해주고 있다.

무너져간 대화의 토대

한편, 이러한 오키나와 측의 주장과 행동은 본토에서 봤을 때 이해하기 어려웠다. 그 배경의 하나로는 냉전이 종결되면서 보혁 간의 이데올로기 대립이 종언을 맞이하고, 나아가 당사자였던 혁신 세력이 쇠퇴하는 가운데, 본토의 정치 공간이 이른바 '보수적'으로 변화한 점을 들 수 있다. 냉전 종결 후에 보혁이 접근해 점차 '혁신적'인 정치 공간으로 전환해갔던 오키나와와는 정반대의 방향이다. 따라서 '우경화'해 가던 본토 측에서 보면 오키나와의 정치 공간은 이질적으로 보이기 시작하고, 역으로 '좌경화'해 가던 오키나와 측에서는 본토의 정치 공간을 이해하기 어려워지면서, 양자의 대화를 가능케 하는 토대 자체가 무너지고 있었다.

예를 들어 2007년에 고교 역사교과서 검증을 둘러싼 양자의 대립 등은 이러한 맥락에서 보아야 제대로 이해할 수 있다. 이것은 오키나와전에서 일어났던 '집단 자결'이 일본군의 명령·강제·유도 때문이었다는 기술이 문부과학성의 검증 과정에서 삭제·수정되자, 오키나와 측이 강력하게 반발한 사건이다. 이렇게 '오키나와전 인식'을 둘러싼 대립은 정확하게 교육 기본법의 개정, 방위청(庁)의 성(省)으로의 승격, 그리고 헌법 개정 국민투표법의 제정 등을 연이어 추진하며 보수색을 선명히 한 제1차 아베 신조(安倍晋三) 정권 시기에 일어났으며, 나아가 '난징 사건'과 일본군'위안부'를 둘러싼 역사 논쟁이 활발하게 일어났던 시기에도 해당된다.

이러한 상황 속에서 오키나와에서는 검정의견서의 철회를 요구하며 현내 41개의 모든 시정촌 의회가 의견서를 가결하고, 현의회도 두 번에 걸쳐 만장일치로 의견서를 가결했으며, 나아가 초당파적인 현민 대회가 11만 명(주최 측 발표)이나 되는 사람들을 모아서 개최되었다. 흥미로운 부분은, 현민 대회의 실행 위원장을 맡은 것이 자민당의 나카사토 도시노부(仲里利信) 현의회 의장이며, 나아가 나카이마 지사까지 참가했다는 점이다.

실행 위원장을 맡은 나카사토 도시노부는 다음과 같이 술회하고 있다. "당시는 제1차 아베 정권. 난징 대학살의 유무조차 확실하지 않다든지, 종군위안부 문제를 흐지부지하게 하려는 흐름이 있었다. … 역사가 왜곡될 수 있다는 위기감을 강하게 느꼈다." 국내에서 유일하게 주민이 연루되어 극도로 치열했던 지상전이 펼쳐진 오키나와에서는 일본군에 의한 주민 살해와 방공호 추방 등의 사례도 많이 있었는데, 그와 같은 자신들의 전쟁 체험과 전쟁 인식을 부정하는 듯한 움직임이 나타나면 보혁에 상관없이 강력하게 반발하고 저항한다. 오키나와가 '순국미담'과 일본군의 재평가를 받아들일 수 없는 것은 이러한 전쟁 체험과 전쟁 인식이 있기 때문이다.[7]

오키나와와 본토의 관계를 생각하는 데 있어 하나 더 중요한 점은, 1950년대부터 1960년대에 걸쳐 양자 간에 충만했던 '국민적 일체감' 즉 내셔널리즘이 일본으로 복귀한 지 40여 년이 지난 지금 점점 쇠퇴하고 있다는 사실이다. 오키나와에서의 독립론의 부상과 본토 일부에서의 오키나와에 대한 혐오 발언 등은 이러한 맥락에서 파악해야 보다 적절하게 이해할 수 있을 것이다.[8]

이처럼 이데올로기적 대립도 소멸되고, 나아가 오키나와와 본토를 이어주던 내셔널리즘도 쇠퇴하는 가운데 나타난 것이 '올 재팬'과 '올 오키나와'라는 이분법의 구조인 것이다.

---

7   오키나와 측의 '오키나와전 인식'이 이러한 형태로 정착되기까지의 과정은 본 장에서 말하는 정치 공간의 변화 및 세대 변화 등과의 상관관계를 고려하면서 보다 심도 있게 검토해야 할 과제이다.

8   1950년대에서 1960년대에 걸쳐 충만했던 내셔널리즘은 대체 어떠한 성격이었으며, 언제, 무엇을 기반으로 형성된 것인가. 또한 이러한 내셔널리즘이 전후 70년을 거쳐 쇠퇴했다고 생각되는 이유는 무엇인가. 이러한 질문은 필연적으로 전전 내셔널리즘 본연의 모습과 그러한 내셔널리즘이 전후에 지속·변모·단절되는 문제를 제기하는 동시에 전후 내셔널리즘이 도대체 무엇이었는지를 생각하는 데 필요한 본질적인 문제의식을 품고 있다고 생각된다. 앞으로 필자가 임해야 할 큰 과제 중에 하나이다.

4. 오키나와와 본토의 대립을 극복하기 위해

전후 일본이 해결하지 못한 것

그렇다면 전후 70년이 지나면서 이처럼 오키나와와 본토의 간극이 깊어진 이유는 도대체 무엇인가? 최대의 원인은 국토 면적의 겨우 0.6%밖에 되지 않는 오키나와에 주일 미군기지(전용시설)의 70.6%(16,800헥타르)가 집중되어 있는 상황을, 즉 기지의 과중 부담을 전후 일본이 해결하지 못한 것에 있다고 생각한다.

애초에 미군 기지에 대한 일종의 '부정적' 이미지는, 아직 전국 각지에 기지가 많이 있었던 1950년대와 1960년대의 일본 본토에서도, 예를 들어 기시 노부스케(岸信介)와 사토 에이사쿠(佐藤英作) 등의 보수 정치가들과 외무 관료, 또는 사회당과 공산당을 중심으로 하는 혁신 세력들도 정도의 차이는 있지만 모두 공통으로 가지고 있었다. 미일강화조약 발효 당시 1,352,000헥타르의 미군 기지가 있었던 본토에서는, 1950년대 말부터 기지가 급격하게 없어지기 시작해 1980년대에는 8,500헥타르까지 감소했다(현재는 7,750헥타르). 그리하여 본토에서는 미일관계에 들러붙어 있던 '부정적' 감각도 점차 옅어졌고, 이른바 '긍정적' 이미지를 가진 '미일 동맹'이라는 말이 정착되어갔다.

그러나 여기서 생각해야 할 것은 애초에 이 '미일 동맹'의 기반이 되는 미일안보조약의 본질이 '물건과 사람의 협력'이라는 점이다. 일본이 미국에 기지(물건)를 제공하고, 미국은 일본에게 군대(사람)를 제공하는, 즉 미국에게 기지를 제공하는 대신에 미국이 일본을 지켜주는 것이 이 조약의 본질이다. 이를 고려하면 기지라는 가장 중요한 '알맹이'의 대부분이 오키나와 지역에 제한(국지화)되어 본토에서는 보이지 않게 되고, 그 알맹이를 방치한 채, '미일 동맹'은 심화·발전해간 것이다. 나아가 본토에서 기지가 축소되고 있던 1950년대 후반에 본토에서 오키나와로 이주한 미 해병대가 헤노코를 시작으로 북부 지구의 대규모 토지를 새롭게 접수했고, 그 해병대 기지가 지금은 오키나와 미군 기지의 72%(13,400 헥타르)를 차지하고 있다는 점을 생각하면, 이것이 가지는 의미는 결코 작지 않다.

오키나와에서 본 전후 일본

이러한 미일안보조약과 미군 기지의 역사를 토대로 오나가 다케시는 다음과 같은 '근본적인 물음'을 본토에 제기하고 있다. "도대체 오키나와가 일본에게 어리광을 부리는 겁니까, 아니면 일본이 오키나와에게 어리광 부리는 겁니까!" 오나가의 직설적인 호소는 지금까지 국가의 안전을 위해 기지를 일정 범위 내에서 수용해온 오키나와의 보수에게서만 나올 수 있는 말이다. 이와 동시에 지금까지 본토 측이 잘 보지 못했던, 아니 본토가 보려고 하지 않았던 전후 일본의 안전보장체제를 폭로하고 있는 것이다.

따라서 국가의 안전을 유지하기 위한 부담(책임), 즉 기지 제공이라는 부담의 대부분을 오키나와에게 떠맡긴 채, 그것과 정면으로 마주하지 않고 '미일 동맹'과 안전보장에 대해 논하는 것은 지금까지 적극적이었든 소극적이었든 그 '부담'을 짊어져온 오키나와 보수에게 실로 현실성이 없게 보인다.

그리고 다른 한편에서 오나가는 헌법 9조로 일본의 안전이 보장된다는 호헌파도 강력히 비판한다. 오나가는 말한다. "복귀 후에도 오키나와에 과중한 기지를 부담시킨 채, 헌법 9조로 일본이 지켜지고 있다던가 전쟁을 하지 않겠다고 말한다. 환상과 허구에 일본 국민들이 안주해버리고 있다." 즉, 오키나와의 과중 부담 해소에 본격적으로 나서지 않은 채 그 현상에 '안주'하고 있는 양쪽의 모습을 오나가는 모두 비판하고 있는 것이다.

마치며

이상 본 장의 논의에서 도출할 수 있는 결론은 이렇다. 전후 70년이 지난 지금, 오키나와와 본토의 관계는 이미—헤노코 이전을 둘러싼 대립을 넘어—양자가 발 디디고 있는 정치 공간, 그 자체가 달라진 단계까지 도달한 건 아닌가이다. 그리고 그 정치 공간의 차이가 만들어진 최대 이유는 전후 일본이 오키나와의 과중한 기지 부담을 근본적으로 해결할 수 없었기 때문이라는 것이 필자의 견해이다. 따라서 지적으로도 실천적으로도 앞으로 중요한 과제는 이 과중한 기지 부담을 해소하지 못한 전후 일본의 안전보장체제를 어떻게 극복할 것인지, 또 오키나와와 본토의 정치 공간을 어떻게 재구축할 것인지의 문제라 할 수 있다.[9]

오나가는 다음과 같이 말한다.

"왜 지금 역사를 되물어야 하는가? 그것은, 지금 실제로 오키나와에서 기지가 비정상적인 형태로 존재하고 있기 때문입니다…. '류큐 처분 때도 이랬다' '전쟁 중에도 이랬다'고 몇 번이고 역사를 되새김하고, 거기에서부터 사안에 대한 판단을 도출하지 않을 수 없습니다. 만약 기지가 없어진다면 우리들은 과거를 잊을 수 있을 것입니다."

---

9   필자는 다른 논고(『Journalism』, 2015年 9月)에서 오키나와의 과중 부담을 해소하기 위한 새로운 안전보장체제의 모습에 대해 논하고 있다. 또한 정치학자인 아메미야 쇼이치(雨宮昭一)는 본토 쪽의 기지 수용이 실현되지 않음으로써 "오키나와 사람들 vs 본토 사람들이라는 새로운 이항 대립"이 탄생했다고 지적함과 동시에 이를 극복하기 위해서는 "올 오키나와, 올 본토의 새로운 분석, 재구성이 지적 과제"라고 말하고 있다(雨宮, 「戦後の越え方と共同主義」, 『獨協法学』第100号, 2016年 8月).

그렇다면 우리들은 오키나와가 '과거의 이야기를 꺼내지 않아도 되는 상황'을 만들 수 있을 것인가? 그것은 이러한 과제들을 어떻게 풀어나갈지에 달려 있다.

II

역사인식과의
화해를 향해

제5장 역사화해는 가능한가
―중일·한일·미일의 시각에서

호소야 유이치(細谷雄一)·가와시마 신(川島真)·
니시노 준야(西野純也)·와타나베 쓰네오(渡部恒雄)

2015년은 제2차 세계대전의 종료 70주년, 대중21개조(対華二十一ヶ条) 요구 제출로부터 100주년, 청일전쟁의 종료 120주년, 한일국교정상화 50주년, 그리고 '아베 담화' 발표로 분기점이 거듭되는 해였다. 이러한 상황을 바탕으로 아베 담화가 발표되기 직전인 2015년 7월에 중국, 한국, 미국, 유럽의 전문가들이 모여 역사를 풀어나가며, 일본의 진로를 생각하는 좌담회를 가졌다.

1. '용서하지 않는다, 잊지 않는다'에서 '용서하지만 잊지 않는다'로

호소야 이번 주제는 "역사화해는 가능한가" 입니다. 저의 답변은 간단합니다. 아마 불가능하겠죠. 그러나 그렇게 말해버리면 이야기가 끝나버리죠. 따라서 먼저 역사화해란 무엇인가. 무엇이 쟁점이며, 무엇이 화해를 어렵게 하는가. 이를 극복하기 위해서는 어떠한 지혜를 짜내야 할 것인가에 대해 생각하는 시간을 갖도록 하겠습니다.

먼저 각자 자신의 문제의식부터 말씀해주시길 바랍니다. 우선 중일관계에 대해 가와시마 신(川島真) 선생님부터 부탁드리겠습니다. 가와시마 선생님은 아베 신조(安倍晋三) 총리의 전후 70년 담화(아베 담화)와 관련해 제언한 '20세기를 되돌아보고 21세기의 세계 질서와 일본의 역할을 구상하기 위한 유식자 간담회'(21세기 구상 간담회)의 위원이십니다. 또 중일역사공동연구 외부 집필자를 역임하시고, 사사가와(笹川) 중일우호기금 등에서 양국 역사 연구자 간의 대화에도 관여, 종사해오셨습니다.

가와시마 역사연구자가 역사의 화해, 역사인식 문제에 관여하는 것은 어떤 의미로는 올바르지 못한 일입니다. 그러면서도 저는 여러 흐름에 관여를 해왔습니다. 그 가운데 얻은 교훈 또는 고민이 있습니다.

실은 역사가 간의 대화는 나름대로 이루어져 왔습니다. 중일역사연구도 그렇습니다. 그러한 의미에서 역사인식에 관한 역사연구자 간의 대화 경험은 아주 많이 축적되어 있습니다. 그러나 역사 연구자끼리의 대화가 가지는 사회적 의미를 생각하면 그때부터는 의문이 생깁니다.

예를 들어, 중일역사공동연구에서도 역사연구자 간의 대화에 근거한 보고서가 양국 정부에 제출되면, 정부, 그중에서도 중국 정부가 비판적인 의견을 말하기 시작합니다. 그 연구를 공동으로 추진한 중국 정부로서는 공개할 수 없는 내용이 포함되어 있다는 것입니다. 그래서 정부 요구대로 보고서에는 특정 부분이 비공개로 설정되어버리고, 그 결과 보고서는 원형을 유지할 수 없게 됩니다. 이렇게 원형을 변경한 보고서가 공개되고, 그것이 언론에 보도되면 보고서의 내용은 한층 더 다른 내용으로 변해버립니다. 언론은 그렇게 벌레 먹은 보고서를 비교 검토하여 중일 간의 차이점에 주목해 보도를 해버립니다. 중일 역사학자 간에 대화 단계에서는, 동일한 역사 서술을 지향하지 않고, 차이가 있는 것을 당연하다고 생각했는데 말이죠. 보도의 단계에서 대화의 과정 등은 사장되는 것입니다. 이게 하나의 예인데, 역사인식을 둘러싼 대화에서는 역사가와 정부, 언론, 사회 각자의 차원에 따라 역사문제의 위상이 다르다는 문제에 직면합니다.

　또 여기에, 요즘에는 어려운 요소가 가중되고 있습니다. 예를 들어, 지금 중국은 난징대학살과 '위안부' 관련 역사 자료를 '세계의 기억'(세계기록유산)에 신청하고 있어, 올해 (2015년) 9월 유네스코에서 심의가 진행될 것입니다. (유네스코는 2015년 10월 10일, 중국이 신청한 일본군에 의한 난징대학살에 관한 자료를 세계기록유산에 등재하겠다고 발표했다. 함께 신청한 '위안부'문제 자료는 등록이 보류되었다).[1] 국내외에서 역사를 둘러싼 정책이 전면에 나오고, 다양한 대외 홍보, 선전 선동이 진행되고 있습니다. 이러한 상황은 우리 역사연구자들이 무엇을 할 수 있을지 고민하게 만듭니다.

'화해'를 연구하는 사람들 간에는 "상대를 용서하지만, 상대가 행한 행위는 잊지 않는다"가 화해의 첫걸음이라는 논의가 이루어지고 있습니다. 중일 그리고 한일은 그러한 단계에 도달하지 못하고 있습니다. 중국은 정치에서도, 사회 차원에서도 "용서하지 않는다, 잊지 않는다"는 상태이며, "용서하지만 잊지 않는다"의 단계에 도달하기에는 상당히 어려울 것 같습니다.

호소야 한일관계는 어떻습니까. 올해 2015년은 한일국교정상화 50주년에 해당하고, 이와 관련해서 도쿄, 서울, 제주도 등에서 여러 회의가 열렸습니다. 니시노 준야(西野純也) 선생님은 그러한 회의에 가장 많이 참석한 연구자이시지요.

---

1   2016년 5월 한국, 일본, 중국 등 8개국의 민간단체들과 영국의 임페리얼 전쟁박물관이 일본군 '위안부'문제 관련 자료 2,744건을 모아 세계기록유산 등재를 공식 신청했으나, 일본은 이에 반발하였다. 일본은 유네스코 분담금의 납부를 연기하는 강경 대응에 나섰고, 일본의 압박을 받은 유네스코는 2017년 10월 '대화를 전제로 하는 등재 보류' 판정을 내렸다.-역주

니시노 저는 역사학이라기보다는 오히려 동아시아, 특히 한반도를 둘러싼 국제정치를 전문으로 하며, 이와 함께 사료를 바탕으로 현대사를 연구하고 있습니다.

중일, 한일, 미일 간의 역사화해 문제를 생각해보면, 한일만의 다른 점이 있습니다. 일본과 한국은 엄밀한 의미에서 교전국이 아니었다는 점입니다. 일본에서 전후 70년을 생각할 때 하나의 쟁점은 제2차 세계대전을 어떻게 평가할 것인가입니다. 그러나 한국에서는 제2차 세계대전의 의미 부여 이상으로 일본의 식민지 지배, 즉 1910년의 병합조약에서 1945년의 제2차 세계대전 종전까지 약 35년간을 어떻게 평가할 것인가가 쟁점이 되어왔습니다.

1965년 6월 22일에 한일기본조약이 조인되고, 같은 해 12월에 국교가 정상화되었습니다. 이때 식민지 지배의 문제에 관해, 양국은 애매한 형태로 결착을 지었습니다. 즉, 동 조약의 제2조에서 "1910년 8월 22일(병합조약 체결일) 이전에 대한제국과 대일본제국 간에 체결된 모든 조약 및 협정이 이미 무효임이 확인된다"고 하였습니다. 일본은 1910년 조약은 본래 합법이었지만 1965년 현재는 무효가 되었다고 해석함으로써, 합법적으로 식민지 통치를 행했다는 입장을 취하고 있습니다. 한편 한국은 조약 체결 자체가 무효이며, 식민지 지배는 위법이라고 주장하고 있습니다. 결국 1951년부터 1965년까지 이어진 협상에서 이러한 인식의 차이를 좁히지 못한 채, 한일 쌍방이 자국 국회에 설명할 수 있는 형태의 '이미 무효'라는 문구로 결착되었습니다. 이에 더해 한국에서는 한일기본조약 안에 이른바 반성과 사죄의 문구가 전혀 들어가 있지 않은 것이 문제가 되었습니다.

그러나 1998년에 오부치 게이조(小渕恵三) 총리와 김대중 대통령이 서명한 한일공동선언이 나왔습니다. 나는 이것으로 한일 간에 형식적인 역사화해는 달성되었다고 봅니다. 앞서, 역사화해는 "용서하지만 잊지 않는 것"이라는 지적이 있었습니다. 오부치 총리는 "통절한 반성과 마음에서의 사죄"를 표명하고, 김대중 대통령은 이를 평가해, '과거의 불행한 역사를 극복하고 화해와 선린우호협력에 근거한 미래지향적인 관계를 발전시키는 것'이 중요하다고 말했습니다. 즉, 한국 측이 '관용의 정신'을 표명한 것입니다.

그럼에도 불구하고, 왜 지금까지 문제가 지속되고 있는가. 한일 양국에 사정이 있는데, 오늘은 주로 한국의 사정을 소개하겠습니다.

호소야 이어서 미일관계에 대해 부탁드리겠습니다. 와타나베 쓰네오(渡部恒雄) 선생님은 1995년부터 약 10년간 미국 워싱턴 D.C.의 싱크탱크에서 근무한 경험을 가지고 계셔서, 미국 정책 결정자들의 속마음을 읽을 수 있는 일본에서 몇 안 되는 중요한 연구자이십니다.

와타나베 저는 미일관계, 안전보장을 분석·연구하고 있습니다. 역사가도 외교사가도 아니기 때문에 미국인들이 역사문제를 어떻게 보고 있는지, 그리고 미일동맹이 국제질서에 어떻게 기능하고 있고, 역사인식과 어떻게 연결되는지를 중심으로 이야기하겠습니다.

일본, 중국, 한국, 미국 중에서 어느 나라가 가장 다른가. 그것은 미국입니다. 제2차 세계대전 이후 지금에 이르기까지 미국은 세계 질서의 유지자이며 패권국입니다.

일본이 역사인식에 대해 말할 때 주의해야 할 점은, 자학적이어서는 안 된다는 생각에 도쿄재판 등을 부정하면 미일동맹과 미국의 패권 부정으로 이어진다는 점입니다. 그러면 미일관계가 삐걱거리기를 바라는 세력이 그 부분을 공략하게 됩니다. 일본은 미국이 현 상태의 질서를 유지하는 데 있어 중요한 국가이며, 지난 전후 70년간 이익을 공유해왔는 사실을 잊어서는 안 됩니다. 그것을 잊으면 자신이 바라지 않은 방향으로 이야기가 전개되어버립니다. 기존의 국제관계를 부정하여 스스로 무덤을 파는 일이 없도록 주의해야 합니다.

미국과 유럽의 주요 언론들이 최근 들어 주목한 것은 일본의 '역사수정주의자'가 1930년대 중국에 대한 일본의 침략 행위를 정당화할지 여부였습니다. 일본 내에 일부 그렇게 생각하는 사람들이 있는 것은 부정할 수 없는 사실입니다. 어떤 국가든 과거를 정당화하려는 사람들은 있습니다. 일본은 표현의 자유가 담보된 민주주의 국가로, 그러한 발언도 규제를 받지 않습니다.

일본이 현실적으로 주변국에 위협이 되는 군비 확대나 확장적 행동을 하고, 기존의 국제질서에 힘으로 도전하려는 징후가 있다면 '역사수정주의'에 민감해지는 것은 이해할 수 있지만, 현실은 그렇지 않습니다. 또한 아베 총리를 '역사수정주의자'라고 낙인찍는 기사들도 보입니다. 그러나 아베 총리 자신은 보수적 심정을 가지고 있지만, 한편으로는 제2차 세계대전 이후의 국제질서를 구축해온 미국과의 동맹관계를 강력하게 지지하는 정치가입니다. 기존의 국제질서에 도전하기는커녕 오히려 그 유지를 강력하게 지지하는 입장입니다.

'역사수정주의'가 문제가 되는 것은 과거의 침략행위를 정당화함으로써 미래의 국제질서에 대한 도전을 정당화할 우려가 있기 때문입니다. 그러나 현재, 아시아 지역에서 기존의 국제질서를 힘으로 변경시키려 한다는 우려의 대상은 일본이 아니라 일본의 역사인식을 혹독하게 비판하는 중국이라는 역설적인 상황이 존재한다는 점에 유의할 필요가 있습니다.

그리고 역사화해에는 끝이 없습니다. 앞으로도 때때로 역사인식 문제가 분출할 것이라고 각오해야 할 것입니다. 그리고 문제가 발생했을 때는 자국의 생존과 국제관계에 어느 정도 영향을 미칠지도 살펴보고 냉정하게 대처할 필요가 있습니다.

올해 2015년 2월 그리스가 독일에 대해 제2차 세계대전 중에 나치 독일이 강요한 전시융자를 반환하라고 독촉했습니다. 점령에 대한 손해로서 현재 그리스가 가지고 있는 공적 채무의 절반에 해당하는 1,620억 유로를 청구할 권리가 있다고 주장한 것입니다. 이를 알게 된 많은 사람은 그리스의 요구에 위화감을 느꼈을 것입니다. 그렇지만 독일은 담담하고 냉정하게 "법률적으로 정치적으로 이미 해결되었다"고 대처했습니다. "그런 것은 애초에 한 적이 없다"고 안이한 자기 정당화에 빠진다면 다른 흐름이 만들어졌을지도 모릅니다. 냉정한 대처 방식은 배워야 한다고 생각합니다.

호소야 선생님이 모두에서 말씀하셨듯이, 역사화해는 간단하게 해결되는 것이 아니라고 생각합니다. 그렇다고 해서 포기할 것이 아니라 자국의 불이익을 최소화하기 위해 어떻게 해야 하는지를 생각하는 게 앞으로의 과제라고 봅니다.

2. 제2차 세계대전의 인식 방법 – 역사인식의 다양한 위상

호소야 처음부터 중요한 시사점을 제시해주셨습니다.

지금부터 네 가지 질문을 하겠습니다. 그중 세 가지는 2015년 1월 아베 총리가 연두 기자회견에서 말한 것입니다. 올해 역사인식을 생각하는 데 이 세 가지 요소를 생각할 필요가 있다고 생각합니다.

첫째는, 지난 대전에 대한 깊은 반성을 어떻게 총괄할 것인가. 이것은 주변국들도 깊은 관심을 보이고 있습니다.

둘째는, 전후 70년 일본은 어떠한 길을 걸어왔는가. 어떻게 역사인식 문제를 극복하려 했으며, 화해를 추진해왔는가.

셋째는, 첫 번째, 두 번째 질문을 토대로 지금부터 일본은 어떠한 정책을 펼쳐야 하는가.

그리고 네 번째는, 제가 덧붙이고 싶은 것인데, 8월에 나올 역사인식과 관련해 '아베 담화'에 기대하는 점을 말씀해주시길 바랍니다.

그렇다면 먼저 지난 대전을 중일, 한일, 미일 각각의 관계에서 어떻게 인식하는 것이 좋은지, 중일관계부터 부탁드리겠습니다.

가와시마 앞서 니시노 선생님이 정치 차원에서의 화해에 대해 말씀하셨습니다. 중일관계에서도 비슷한 국면이 있습니다. 1995년의 무라야마 담화, 그리고 2005년의 고이즈미 담화가 나왔을 때, 중국이 즉각적으로 반응하지는 않았지만, 2007년 4월 12일 원자바오(温家宝) 총리는 일본 국회 연설에서 두 담화를 높이 평가한다고 분명히 회답했습니다. 이로써 정치가의 발언 차원에서는 중일관계에서도 어느 정도 화해가 이루어졌다고 말할 수 있습니다.

한편 또 다른 계열, 즉 1972년의 중일공동성명, 1978년의 중일평화우호조약, 1998년의 중일공동선언, 그리고 2008년의 전략적 호혜관계의 포괄적 추진에 관한 중일공동성명까지 네 개의 기본 문서가 있습니다. 거기에는 1972년의 '반성'이라는 기조가 계승되고 있고, 또한 1998년의 공동선언은 무라야마 담화의 '준수'를 명기하고 있습니다. 이들 문서는 중국과 일본이 합의한 것입니다. '사죄와 반성'을 기조로 하는 두 개의 총리 담화와 '반성'을 기조로 하는 기본 문서라는 두 가지 형태가 중일 간에 있다는 점을 기억해두어야 합니다. 1998년의 공동선언에서는 꼬인 감이 있지만요.

그럼 호소야 선생님의 질문에 대해서 입니다만, 어려운 질문입니다.

역사를 되돌아보면, 근대 중일관계는 1871년의 '청일수호조규(清日修好条規)'로 시작합니다. 청일전쟁까지 청일은 대등한 관계였습니다. 그런데 1895년의 청일전쟁을 거쳐 일본이 대만, 펑후(澎湖)제도를 점령하고 불평등 조약이 체결되면서 불평등한 관계가 됩니다. 그러나 이것으로 청일관계가 전면적으로 악화된 것은 아닙니다. 청일 모두 근대국가가 된다는 공통의 과제를 가졌었고, 근대국가 건설에 앞서 있던 일본이 '근대'의 모델을 중국에게 제공했습니다. 특히 법률과 국가기구, 입헌 군주제 등 근대국가의 틀을 많은 중국 유학생들이 일본에서 흡수하는 모습을 보였습니다.

그러한 근대의 중일관계가 전환하는 것은, 1915년 일본이 중국에게 제시한 대중 21개조(対華二十一ヶ条) 요구였다고 생각합니다. 이후 중국에서 배일 운동, 이른바 반일 운동이 발생하는 등 중일관계가 악화되는 모습을 보입니다. 이러한 흐름 속에서 5·4운동이 일어나게 되는 것입니다.

일본에서는 1920년대부터 워싱턴 체제를 존중하는 시데하라(幣原) 외교를 통해 중국에게 유화적인 정책을 폈다는 평가가 있지만, 중국 측의 역사가들은 전혀 다른 생각을 가지고 있습니다. 일본은 메이지유신 이후 일관된 대륙정책을 가지고 중국을 계속 침략했고, 전쟁을 향해 거침없이 나아갔다는 것이 중국의 시각입니다. 1920년대도 경제침략의 시기였다고 규정하고 있습니다.

이러한 중일 간 역사인식의 차이는 1930년대를 둘러싸고는 더욱 뚜렷해집니다. 중국의 역사가들은 1931년의 만주사변부터 1945년의 종전까지를 '15년 전쟁'이라고 하나로 묶습니다. 이것은 침략을 기조로 두는 시각이지요. 그러나 일본의 연구자들 사이에는 1933년에 '탕구(塘沽)정전협정'으로 만주사변은 끝났으며, 1933년에서 1937년까지는 화해의 흐름도 있었기 때문에 일본의 침략이 계속 이어지지는 않았다는 의견도 많이 있습니다.

어쨌든 중일 간에 크게 차이가 나는 것이 앞의 대전에 대한 인식입니다. 일본에게 대승을 거두었다고 생각하는 중국 측과 미국에게 졌다고 생각하는 사람이 많은 일본 측의 인식 차이는 좀처럼 좁혀지지 않습니다.

유엔에 대한 시각도 상당히 다릅니다. 중국어로 유엔은 '연합국'입니다. 중국은 유엔을 세계대전 때의 연합국 후신으로 보고 있습니다. 중국은 전승국의 중심 구성원으로서 안보리 상임이사국의 지위를 얻었기 때문에, 패전국인 일본이 안보리 상임이사국에 들어가려는 것을 좀처럼 이해하지 못합니다. 전후의 일본이 국제사회에 해온 공헌을 생각하면 충분히 들어갈 자격이 있다고 저는 생각하지만 중국의 논리는 그렇지 않습니다.

그러나 이와 같은 역사인식이 어디까지 실제 외교와 관계되는지는 미지수입니다. 그럼에도 전전(戰前)의 역사 과정을 어떻게 인식할지는 역사연구자 간에 사료를 공유하거나 논의하는 과정에서 어느 정도 좁힐 수 있습니다. 그러나 그 이후, 역사문제를 어떻게 인식하고, 외교상 어떻게 사용할 것인가는 또 다른 문제입니다. 역사인식 문제는 때마다 위상이 달라집니다. 중국에게 역사인식 문제는 개별적이며 고정된 문제가 아니라 국내정책, 경제 상태, 중일관계, 동아시아 관계, 세계정책들과 연동되어 의미가 부여되고 있기 때문에, 시대마다 역사인식 문제의 위상이 변화해왔다는 사실에 유의해야 합니다.

니시노 앞의 제2차 세계대전과 관련해, 한국은 참전하지 못한 것에 대한 유감과 원통함을 지금까지 가지고 있습니다. 한국의 역사박물관 같은 곳에 가면 반드시 있는 것이 '대한민국 임시정부' 전시입니다. 대한민국 임시정부는 1919년 3·1운동을 계기로 만들어진 독립운동단체로 광복군이라는 군사조직을 만들어 참전을 준비했습니다. 그렇지만, 참전하기 전에 일본이 항복했죠. 광복군이 연합군과 같이 일본과 싸웠다면 다른 역사가 있었을지도 모른다는 견해가 지금도 한국 사회에 뿌리 깊게 남아 있습니다.

현실적으로는 대한민국 임시정부의 위상을 두고 논의가 있습니다. 국제적으로는 일종의 정치 단체였을 뿐 정식 정부로 인정을 받지 못했기에 한국 사람들도 상당히 복잡한 심정을 가지고 있습니다.

아까 저는 식민지 지배를 어떻게 볼 것인지가 한일 간에는 중요한 문제라고 말씀드렸습니다. 1965년의 한일기본조약에서는 애매하게 결착되었고, 그것이 1990년대까지 정부 간에는 큰 문제가 되지 않았습니다. 그러나 2000년대에 들어갈 즈음에는 1965년 당시의 체결 방식 자체를 부정하는 인식이 한국 내부에서 힘을 얻게 되었습니다.

1965년 당시를 되돌아보면, 박정희 정권은 권위주의적인 색채가 강한 정권으로, 반대운동을 계엄령으로 억누르고 일본과의 국교를 정상화했습니다. 게다가 한국 국민들이 바라고 있던 일본의 진심이 담긴 사죄를 획득하지 못했으며 이에 더해 경제 협력의 액수도 생각보다 적었습니다. 물론 이를 종잣돈으로 하여 경제 발전을 했다고 한국의 많은 사람이 인정하고 있지만, 그것보다 훨씬 중요한 것을 취하지 못했다는 인식이 강하다고 할 수 있습니다. 그것이 오늘의 한일관계에서 '역사인식 문제'의 시작입니다.

또 한일관계를 생각할 때 하나 더 중요한 점은 1965년 당시 일본이 남북한 중 어느 쪽을 한반도의 정통 정부로 인정할 것인가, 또는 일본은 북한과 외교관계를 가질 여지를 남겨 놓았는가라는 문제가 있었다는 점입니다. 이것은 기본조약의 제3조와 연관되는 문제입니다.

1965년 국교정상화의 시점에서 이러한 문제가 내재되어 있었고, 현재에 와서 논쟁이 분출하고 있습니다. 언제까지 이 상황이 계속될 것인가, 역사화해는 가능한 것인가라는 오늘의 주제와 이어지는데, 아마 완전한 역사화해는 어렵다는 현실을 직시해야 한다고 생각합니다.

다만, 한반도와의 관계에서 말하자면 분단이 해소될 때, 즉 통일 한반도가 나타나면 한국 민족주의의 모습이 변할 것입니다. 그때 일본이 통일 한반도와 어떠한 관계를 만들 것인가라는 관점에서 역사화해 문제에 임해야 하고, 전후 70년과 국교정상화 50주년이라는 시점은 이를 다시 제대로 고찰할 수 있는 중요한 계기라고 생각합니다.

3. 전후 70년의 총괄은 현실에 걸맞은 모습으로

와타나베 역사인식을 둘러싼 중일, 한일관계는 복잡하군요. 이에 비하면 미일관계는 상대적으로 단순합니다. 그러나 일본 측의 심리는 꽤 복잡하죠. 스스로가 어떻게 납득할지가 중요합니다.

예를 들어 대부분의 일본 사람들은 도쿄재판과 관련해서는 패전국 일본이 죄를 추궁당하는 것은 어느 정도 어쩔 수 없다는 감각을 공유하고 있을 것입니다. 한편 미국의 원폭 투하와 도쿄대공습이야말로 대학살이며 국제법 위반인데 죄를 추궁하지 않는 것은 이상하다고 주장하는 사람들도 있습니다.

그리고 일본에는 우파에도 좌파에도 내셔널리스트가 있습니다. 우파의 내셔널리즘은 보수적이고 미일동맹을 지지하고 있습니다. 다만 내셔널리즘은 자신의 과거를 정당화하기 쉽기 때문에 반중, 반한이며 극단으로 치달으면 미국과도 충돌하게 됩니다. 또한 지금 안전보장관련 법안에 반대하는 사람들에게서 많이 보이는데, 좌파의 반미 내셔널리즘이 있습니다. 우파도 좌파도 반미로 연결되는 요소를 가지고 있습니다.

역사문제에 관한 인식을 표명할 때 주의해야 할 것은 앞서 지적한 대로입니다. 미일 간의 인식에 괴리가 생기면 이를 악용하는 세력이 나타날 수 있습니다. 그것은 일본에게, 그리고 세계에도 좋지 않습니다.

일본은 전전에 국제 협조를 지향하는 세계의 흐름을 이해하지 못한 데다가 이를 무시하고 고립된 역사가 있습니다. 그러나 전후 일본은 그러한 길을 걷지 않았습니다. 예를 들어 1970년에 발효된 핵확산금지조약(NPT)은 핵무기 보유국(미, 러, 영, 프, 중) 이외로 핵무기가 확산되는 것을 방지하고 핵군축 교섭을 의무로 규정하는 것으로, 현재 190여 개 국가가 체결하고 있습니다. 일본은 핵무기를 가지려고 한다면 기술적으로 가능하지만 일부러 보유하지 않습니다. 이게 중요한 포인트입니다.

미일관계에서 전후 70년의 총괄은 일본의 총괄을 필요로 하는 부분이 있습니다. 다만 그러한 총괄을 자기 확신만으로, 현실에 걸맞지 않는 방식으로 한다면 판도라의 상자를 열게 될지도 모릅니다. 잘못하다가는 일본이 지금 의거하고 있는 국제질서, 이를 유지하는 미국의 패권과 양립할 수 없는 부분이 나올 것입니다. 우리들이 살고 있는 세계, 인류가 반드시 이상에 부합하지만은 않는다는 점을 인식하고 현실적으로 맞춰가는 것이 필요합니다.

중일, 한일관계가 미일관계와 다른 이유는 전후 화해가 이루어진 시기에 한국도 중국도 민주주의 체제가 아니었기에, 정부 간 합의는 있어도 국민 차원의 논의와 이해가 충분하지 않았기 때문입니다. 미국은 전전, 전후 일관되게 민주주의 국가였고, 일본도 전후는 민주적으로 국민이 자유롭게 논의할 수 있는 환경이 담보되어 민간에서 각각의 역사인식의 차이와 모순 등을 비교적 개방적으로 논할 수 있었습니다. 그런 의미에서 한일,중일의 역사적 화해는 미일에 비해 어려울 것이라고 생각됩니다.

4. 정부 간의 화해와 사회 간의 화해

호소야 아까 제가 언급한 두 번째 질문, "전후 70년 동안 일본은 어떠한 길을 걸어왔는가, 무엇을 했고 무엇을 하지 못했는가"로 넘어가겠습니다. 먼저 전후 70년 동안 중일관계에 대해서는 어떻게 생각하시는지요.

가와시마 2015년 9월 3일 반파시즘 전쟁 승리, 항일전 승리 기념일에 맞춰 베이징에서 군사 퍼레이드가 있을 것이라고 합니다. 왜 9월 3일일까요? 일본이 전함 미즈리 함상에서 항복 문서에 서명한 것이 9월 2일로, 그다음 날에 국민당 정권이 충칭(重慶)에서 항전 승리 퍼레이드를 한 것에서 유래합니다. 국민당을 본토에서 추방한 공산당 정권은 당초 8월 15일을 기념일로 설정했지만, 소련에 맞춰 9월 3일을 대일전 승리 기념일로 정하고 2014년의 전국인민대표대회(전인대)에서 9월 3일을 '항일전쟁 승리 기념일', 12월 13일을 난징대학살의 '국가추도일'로 하는 의안(議案)을 채택했습니다.

제2차 세계대전 이후 현재까지의 역사에 대해 회고해보겠습니다.

1945년 전쟁이 끝났을 때 중국 대륙에는 100만 명 이상의 일본군이 있었습니다. 먼저 중국 측은 일본군들을 무장해제하고 순순히 일본으로 되돌려 보냈는데, 국민당, 공산당 모두 일본군을 적으로 돌리지 않으려 했던 면도 있었습니다.

1949년 10월 1일에 중화인민공화국이 성립하고, 중화민국이 타이완으로 옮기자 세계에는 두 개의 중국 정부가 성립하게 됩니다. 일본이 어느 쪽과 강화조약을 맺어 정식 관계를 수립할지 문제가 되었습니다. 대만의 입장에서는 일본의 승인이 어떻게든 필요했습니다. 베이징 입장에서는 비록 일본이 서방 진영에 들어가 대만을 승인한다 하더라도 어떻게든 베이징과의 관계를 외교관계로 발전시키기를 원했습니다. 그렇기 때문에 대만과 중국 모두 일본을 단죄한다는 자세를 취하기 어려웠습니다. 그러나 다른 한편으로 중국 내에서는 중국이 전승국이기 때문에 전쟁 중의 선동 내용을 바꿀 수 없었습니다. 그 때문에 전후에도 일본을 비판하는 교육을 국내에서 계속한 것입니다.

장제스(蔣介石)는 1945년 전쟁이 끝난 당시부터 '군민(軍民) 이원론'을 제창했습니다. 이것은 전쟁 책임을 일부 군국주의자들에게 돌리고, 대부분의 민간인과 일반 병사들은 피해자라고 하는 것이었습니다. 마오쩌둥(毛沢東)도 이러한 생각을 가지고 있었습니다.

다만 장제스는 대일배상요구를 준비는 하고 있었고, 515억 달러 이상의 청구권을 산출하고 있었습니다. 그러나 미국의 대일점령정책이 전환되면서 연합국은 기본적으로 대일배상을 포기했고, 샌프란시스코 강화조약에서도 많은 국가들이 배상을 포기했습니다. 장제스의 중화민국도 이에 따라 1952년 4월 28일의 일화평화조약에서 대일배상을 포기했습니다.

때마침 동아시아가 냉전에 휘말리던 시기였는데, 중화민국 정부가 '중국 정부'로서 일본의 선택을 받았습니다. 이후 일본과 중화민국 간에는 '이덕보원(以德報怨)'이라는 말이 중시되었습니다. 이것은 덕으로 원한을 갚는다는 뜻으로 일본인들은 장제스의 관대한 정책에 감사함을 표하게 되었습니다. 장제스는 1975년에 서거하는데, 그때까지 일본의 정치가는 장제스를 만나면 그 말을 했습니다. 장제스도 전쟁 이야기는 하지 않았습니다. 이덕보원이라는 '주문'이 적어도 일본의 정치가와 국민당 정부 간에서는 어느 정도 기능하고 있었던 것입니다.

한편 베이징(공산당) 쪽은 일본이 미국과 연대하여 대만을 승인한 것을 비판하며 군민 이원론의 입장을 취했습니다. 그것은 일본의 민간인을 중국 쪽으로 끌어당기고, 베이징 정부를 승인하는 운동을 일으키게 하는 것, 또는 조금 전의 와타나베 선생님의 이야기와 통하는데, 미국에 대항하기 위해 일본 내 반미 운동 및 혁신파와 연대하려 했던 것으로 보입니다. 베이징은 중일 우호 인사와 혁신파와 연대하여, 반미 운동을 지지했습니다. 일본의 중립화 유도는 당시 중국 내에서는 대일 공작으로 정립되었습니다. 이 중일 우호운동에서 역사인식 문제는 반드시 전면에 나오는 것은 아니었고, 보다 전략성이 높은 중일관계와 미중일관계 속에 놓여 있던 것입니다. 이러한 문맥하에서 '중일 우호'라는 표현에도 과거의 역사를 반성하고 현실에서는 중국에 협력한다는 함의가 있었습니다. 이 말도 '주문'이었던 것이겠지요.

그러나 일본에 대해서는 군민 이원론을 말하면서도 중국 국내, 대만 내부에서는 공산당도 국민당도 상당히 강력한 반일 교육을 하고 있었습니다. 이는 앞서 말씀드린 대로입니다. 전쟁에서 이긴 것, 또는 일본을 쓰러뜨린 것을 자신의 정통성의 기반으로 삼아 국내에서는 반일 교육을 하면서도 국민당도 공산당도 동일하게 일본에게는 자기 쪽으로 오길 바란다는 메시지를 보내고 있었던 것이 1950~60년대였습니다. 이 시기 장제스와 일본 사이에는 '이덕보원'이 있었고, 중일 간에는 '중일 우호(운동)'가 있었습니다. 이는 역사문제를 억제하기 위한 상징적인 '주문'으로 일본과 국민당, 일본과 공산당 간에 어느 정도 공유되고 있었다는 점이 중요합니다. 현재 중일 간에 저러한 말들은 좀처럼 보이지 않습니다.

아쉬운 점은 1950~60년대 많은 일본의 전후 지식인들이 전쟁을 후회하고 전쟁 책임론을 논하고 있던 때, 당시 국교가 없었던 중국은 물론이고 국교가 있었던 대만조차 일본 지식인들과의 교류가 충분치 않았고, 동아시아 사람들이 함께하는 화해가 진전되지 않았다는 점입니다.

또한 1952년의 일화강화조약 체결, 1972년의 중일국교정상화 시기에 상대가 민주주의 국가가 아니었다는 점도 지적할 필요가 있습니다. 즉, 일본과 주변국과의 대일강화 정책 결정 과정에서 상대 국가의 국민들과 사회는 참여하지 않았습니다. 중국도 대만도 민주화되지 않았다는 점, 이것이 독일과 다릅니다. 따라서 일본의 주변국들이 민주화되자 시민사회에서 국내적으로도 대외적으로도 다시 한번 전후처리를 해야 한다는 주장이 제기되었습니다. 독재 정권이 한 것은 민의를 토대로 하지 않았기에 무효라는 주장입니다. 일본은 여기에 대응해야 합니다. 일본이 아무리 "법적, 외교적으로 이미 해결되었다"고 말해도 상대는 들어주지 않습니다. 이것이 1980년대 이후 한국, 대만이 민주화되고 중국 사회에서 인민들의 힘이 강해지는 가운데 일본이 직면해야 했던 문제입니다.

1972년에 중일이 국교를 정상화하고, 일본은 1979년부터 중국에게 공적개발원조(ODA)를 시작합니다. 개혁개방을 추진하는 덩샤오핑(鄧小平) 부총리는 "일본은 경제의 스승이다. 그러나 역사를 잊어서는 안 된다"며 역사와 경제라는 두 개의 바퀴를 만들었습니다. 즉, 경제는 일본에게서 배우겠지만 일본과의 역사는 잊지 않겠다는 것입니다. 그러나 1980년대는 일본의 경제, ODA가 차지하는 비중이 컸기 때문에 경제 면에서 일본이 조금 양보하면 역사문제가 해소되는 면이 있었습니다.

그런데 1990년대에 들어 중국에 대한 일본의 경제적 영향력이 약해졌습니다. 그리고 ODA가 축소되고 일본이 가지고 있는 대중 경제 카드가 약화되면서, 역사인식 문제에서 그 카드를 사용할 수 없게 되었습니다. 2000년대 들어와서 카드는 더욱 쓸 수 없게 되었습니다. 이에 더해 중일 우호와 이덕보원이라는 카드도 중일 우호 운동 후퇴 등의 사회 변화와 그 외 요인으로 인해 이미 사용할 수 없게 되었습니다. 그렇게 되자 경제와 역사라는 두 개의 바퀴 중에서 역사 부분만 부풀어 오르게 되었습니다. 역사문제가 전면에 나타나고, 중일 간에는 역사문제와 영토문제가 모든 이슈를 압도하게 되었습니다.

여기에 쐐기를 박은 것이 사법입니다. 애초에 사법의 장에서는 중일국교정상화에 의해 국가 배상은 포기되었지만 민간 배상은 남아 있다고 해석되었습니다. 따라서 민간 배상의 안건에서 배척만 되지 않는다면 민간 원고가 승소할 가능성도 있었던 것입니다.

그런데 금세기에 들어와 도쿄고등법원에서 또 대법원에서도 민간 배상이 포기되었다는 판결이 나온 것입니다. 이것은 큰일입니다. 이제까지 역사의 화해에 일정 역할을 수행해온 사법부가 이후 역사에는 관계하지 않겠다고 말한 것과 마찬가지이기 때문입니다. 사법부가 처리하지 않은 결과 무슨 일이 일어났냐 하면, 이것은 직접적인 인과관계라기보다는 현상으로서 전후하여 발생한 것일지도 모르지만, 일본에서는 역사인식 문제를 정치와 사회가 떠맡게 되었고, 2006년부터 중일 역사공동연구가 시작되어 여러 장소에서 대화가 진행되었습니다. 또한 중국에서 재판이 일어나게 되었습니다.

이처럼 중일 간의 역사문제, 화해의 문제는 대일 공작, 경제관계 등 그때그때의 여러 상황과 얽혀 중일관계 전체에 자리 잡고 있습니다. 한편으로는 대화와 교류의 성과로서 실제 화해가 진전되는 모습도 보입니다. 문제 확대를 방지하는 방식도 어느 정도 기능해왔고, 화해를 위한 교류와 대화, 공동 연구 등의 시도도 있었습니다. 그러나 문제의 확산을 통제하던 조치들이 점점 사라지고, 지금과 같이 관계는 점점 악화되어갑니다. 2007년 4월 12일 원자바오 총리의 국회 연설은 중일 정부 간의 화해가 다다를 수 있는 하나의 도달점을 보여주는 것이었지만, 그 이후 중국도 외교 방침을 크게 전환했습니다. 중일 간의 세력 전이 속에 중국에게 역사문제는 일본을 공격하기 위한 최적의 재료가 되었고, 동아시아에서도 중국의 힘이 일본을 앞서는 것을 여실하게 보여주는 사례가 되고 있습니다. 지금 이 문제를 관리할 수 있도록 지혜를 모아야 하는 상황입니다.

호소야 우리들이 흔히 알기 어려운 부분을 설명해주셨습니다. 전후 70년의 한일관계는 어떠한지요.

니시노 단순하게 말하자면, 기본적으로는 대단히 발전해온 역사였다고 할 수 있습니다.

1945년부터 1965년까지 20년간, 한일 간에는 국교가 없었습니다. 샌프란시스코 강화조약과 같은 시기에 한일 교섭이 시작되었는데, 14년이라는 오랜 시간에 걸쳐 역사인식 문제를 두고 차이가 좁혀지지 않았고, 앞서 말씀드렸듯이 1965년에 애매모호하게 결착된 것입니다. 한일관계를 연구하는 사람들 사이에서는 공유되는 인식인데, 기본적으로 '경제의 논리'와 '냉전의 논리', 바꿔 말하자면 '안전보장의 논리'가 우선되어 역사문제는 뒷전으로 밀렸습니다.

당시 일본 입장에서는 한국의 정치경제적인 안정과 발전이 일본의 안전보장에 필요했습니다. 한국에게는 경제 발전이 절실한 문제였습니다. 즉, 양국의 이해관계가 일치했기 때문에 국교정상화가 실현되었습니다. 오늘날 한국의 발전된 모습을 보면 그 목적이 제대로 달성되었다는 것을 잘 알 수 있습니다. 게다가 1980년대 말에는 민주화를 실현하여 다이내믹 코리아, 또는 '과잉 민주주의'라고 불릴 정도의 사회로 성장했습니다. 그러한 상황 속에서 가와시마 선생님이 말씀하신 문제, 민주화에 성공했기 때문에 발생하는 문제가 한일관계에도 닥쳐왔습니다.

아까 저는 "역사문제가 뒷전으로 밀렸다"고 말했는데, 냉전 종결 후 1990년대에 들어와 일본은 이 문제에 대해 진지하게 임해왔다고 생각합니다. 1993년의 고노 담화, 1995년의 무라야마 담화, 아시아여성기금, 그리고 이렇게 지속된 시도의 하나의 도달점이 1998년 한일공동선언입니다.

2000년대가 되자 다시 역사문제가 큰 주목을 받게 되었습니다. 한국 측 입장에서 볼 때 그 방아쇠를 당긴 것은

2001년 이후 매년 정례화되었던 고이즈미 준이치로(小泉純一郎) 총리의 야스쿠니신사 참배였습니다.

그러나 일본은 2010년, 한일병합조약 100년을 맞이하여 간 나오토(菅直人) 총리대신 담화를 냈습니다. 아쉽게도 일본에서는 제대로 평가를 받고 있지 못하는데요, 당시 민주당 정권의 중요한 과제 중 하나였습니다. 식민지 지배에 대해 한발 더 나아간 형태로 일본의 의사를 표명한 것입니다.

저는 이처럼 한일관계 70년을 인식하고 있습니다. 일본에는 이러한 생각에 동의하는 사람들이 많다고 생각하는데, 한국에는 그렇지 않은 관점이 주류를 이루고 있습니다.

1990년대에 한국의 민주화가 진전되고 1998년에는 김대중 정권이, 2003년에는 노무현 정권이 탄생합니다. 이전까지는 보수 정권이었으나, 진보 정권이 2기 10년 동안 계속되었습니다. 한국 사회에는 그때까지 보수적인 생각, 반공 이데올로기만 허용되었는데, 민주화와 함께 진보적인 생각도 점점 수용이 되었습니다. 지금은 진보, 보수가 한국 사회에서 반반씩을 차지할 정도가 되었습니다.

예를 들어, 2012년 대통령 선거의 득표율을 보면 보수의 박근혜 후보가 51%, 진보의 문재인 후보가 48%로 거의 반반입니다. 예전에 진보 세력은 목소리조차 내기 어려운 상황이었지만 이전과 비교하면 지금은 적극적으로 목소리를 내고 있습니다. 이러한 진보 세력의 중심은 이전 민주 세력입니다. 민주화 세력은 기본적으로 "1965년 당시 박정희 정권의 국교정상화는 꼭 올바르다고 할 수 없다. 당시 국력이 약했기 때문에 어쩔 수 없었다. 그러나 한국은 성장했다. 지금의 국력, 국제적 지위에 걸맞은 방향으로 한일관계를 다시 만들어야 하는 것 아닌가"라는 생각을 가지고 있습니다. 이러한 주장이 한국 사회에서 점점 커지고 있습니다.

이는 한국 사회뿐만 아니라 한국 사법의 움직임으로도 나타나고 있습니다. 2011년 8월 헌법재판소는 일본군 '위안부' 문제의 해결을 위해 한국 정부(행정부)가 더 많은 노력을 해야 한다고 요구했고, 2012년 5월 대법원의 환송 판결은 강제동원문제에 대해 피해자 개인의 배상 청구권을 인정했는데, 이는 1965년 당시의 방식을 재고해야 한다는 사법부의 주장입니다. 한국 사회와 사법부의 문제 제기 속에 한국 정부는 일본과 국가 간의 약속을 어떻게 지켜나가야 할지 굉장히 어려운 입장에 놓여 있습니다.

5. 화해를 뒷받침하는 현실의 이해관계

호소야 말씀을 들으면 들을수록 어려운 문제임을 실감하고 있습니다. 특히 한국의 경우 중국, 미국과 비교했을 때 어려운 요소가 많은 것 같습니다. 경우에 따라서는 이전보다 더 어려워질 수 있습니다. 한층 더 지혜를 짜내야 할 시대에 들어서고 있는지 모릅니다.

와타나베 전후 70년의 미일관계는 전반적으로 양호했다는 것에 많은 사람이 동의하지 않을까요. 그동안 일본은 반미 좌파, 우파 내셔널리즘과 함께하며 고민 속에서도 타협점을 찾아왔습니다.

2015년 6월 독일에서 G7정상회담이 개최되었습니다. 공동선언에서 해양안전보장에 관해 "동중국해 및 남중국해에서의 긴장이 우려되고 있다. (…) 위협, 강제 또는 무력 행사 및 대규모 매립을 비롯하여 현상을 변경하려는 그 어떠한 일방적인 행동에도 강력하게 반대한다"는 문구가 들어갔습니다. 명백하게 중국을 지적하고 있는 것인데, 이 문구는 미국과 일본이 넣었습니다. 이렇게 하여 세계적인 규범이 보강되고 있습니다.

비슷한 흐름은 2014년 3월에 러시아가 G8에서 제외된 것에서도 나타납니다. 러시아가 우크라이나의 크림반도를 병합하자 이에 대항하여 다른 7개국의 정상이 결정했습니다. 미국은 이와 같은 자유주의적인 세계 질서 유지로부터 큰 이익을 얻고 있으며, 이념적인 지지는 물론 힘으로 지탱하고 있습니다. 일본은 미국이 유지하는 질서에 공통의 이익을 가지고 그 이념에 동의하며, 전후 일관되게 협력해왔습니다. 이와 같은 현실에서의 이해관계의 일치도 미일 양 국민의 기본적인 화해를 뒷받침하고 있습니다.

그러나 그렇지 않은 시기도 한때 있었습니다. 제가 뉴욕에서 유학 중이었던 1989년 당시, 현지 일본인 사회에서 진주만 공격 기념일인 12월 7일에 "일본인은 밖에 나가지 않는 것이 좋다"는 말을 들었습니다. 당시는 냉전이 끝나고 미일 무역 마찰이 심각해지면서 미일관계가 나빴던 시기입니다.

미국은 냉전에서 승리했습니다. 소련은 붕괴하고 베를린 장벽도 무너졌습니다. 그런데 미국의 경제력이 약해지고, 반면에 일본, 독일 등 예전의 적대국들은 전성기를 맞이했습니다. 이에 대한 반발 속에 일본 이질론이 나왔습니다. "일본은 진정한 민주주의 국가가 아니다." "집단주의적이고 불공정한 국가"라는 심각한 오해가 언론과 학계에서 나왔습니다. 저는 이러한 오해의 이유를 알고 싶어 미국에 유학했을 정도입니다. 일본 이질론에 반론하기 위한 이론적인 토대를 만들기 위해 정치학을 공부하기 시작한 면도 있습니다.

다만 그때 알게 된 것은 국가 간의 관계 자체가 악화되면 역사인식과 문화 차이와 같은 것들이 동원되어 부정적인 이미지를 만드는 데 이용된다는 것입니다. 역으로 관계가 좋아지면 부정적인 이미지는 불식되지요. 미국의 할리우드 영화도 많은 사람들이 가지는 그와 같은 이미지를 사용하여 만들어집니다. 예를 들어 숀 코네리가 주연한 〈떠오르는 태양〉(1993년 개봉)이라는 영화가 있습니다. 일본 기업이 미국 기업을 매수하고 시장에 진출하는 것이 문제시되었던 1990년대 전반의 캘리포니아주를 무대로 미일의 경제 마찰을 그린 서스펜스 영화인데, 악역 살인범은 일본인 재벌 아들입니다.

제2차 세계대전 전후를 소재로 하는 작품에서는 나치 독일이, 냉전기에는 러시아가, 9·11테러 때에는 아랍이 악역이었습니다. 이미지에 맞춰서 악역도 빙글빙글 돌아갑니다. 그러나 미국은 민주주의 국가이니 흥행이 저조하거나 재미가 없으면 '악역 낙인' 붙이기가 어렵게 되죠. 이것이 민주주의의 좋은 부분이라고 할 수 있습니다.

반면에 민주주의에는 곤란한 부분도 있습니다. 예를 들어 한국계 미국인이 한일 간의 문제를 미국으로 가져가 여러 가지 활동을 하는 것입니다. 미국에서는 당연히 자유니까요. 그렇게 되면 "왜 미국을 무대로 한국이 반일을 하는 거지"라는, 하나의 완충재가 들어간 간접적인 형태로 한일관계가 복잡해집니다. 미국의 민주사회가 가지는 포용적인 부분이 부정적인 측면도 가지고 있는 것입니다.

따라서 미국의 민주주의는 마이너스 부분도 다소 있지만, 크게는 플러스가 되고 있습니다. 그리고 민주주의와 인권을 중심으로 미국인이 공유하는 기본적인 이념은 잘 이해할 필요가 있습니다. 역사인식 문제는 현재 미일 간에는 큰 문제가 되고 있지 않지만, 타이밍이 나쁘면 정치문제가 될 수 있기 때문에 주의가 필요합니다.

6. '아베 담화'에 기대하는 것

호소야 지금까지 세 분의 전문가들이 설명하신 중일, 한일, 미일관계가 지금까지 걸어온 길을 전제로 세 번째, 네 번째 질문, "전후 70년을 맞이하는 올해 양국관계에는 무엇이 필요한가, 일본은 어떠한 정책을 써야 하는가", "아베 담화에 무엇을 기대하는가"에 대한 지혜를 알려주시길 바랍니다.

가와시마 제가 관계하고 있는 위원회 등에는 비밀 의무 등의 제약이 있으니 가능한 범위에서 말씀드리겠습니다.

2014년 내각부의 '외교에 관한 여론조사'를 보면 중국에 대한 일본의 국민감정은 '친근감을 느끼지 않는다'는 사람이 80%를 차지합니다. 오키나와현의 조사에서도 그것보다 더 많은 사람들이 '친근감을 느끼지 않는다'고 하고 있습니다. 한편, 중국 측에서도 거의 같은 비율로 일본에 대해 '친근감을 느끼지 않는다'고 합니다. 상호 국민감정이 악화된 상태입니다. 1980년대의 같은 조사에서 일본의 70%가 중국에 대해 '친근감을 느낀다'고 말했습니다. 중국에도 당시 일본 영화붐이 일었고, 상당히 높은 수치가 나왔습니다. 서로에 대한 국민감정이 역전된 것은 1989년 천안문사건, 1996년의 대만해협 미사일 위기, 그리고 2005년의 반일시위 즈음입니다.

그러나 언론 NPO의 '중일공동여론조사'를 보면 '상대국이 중요하다고 생각합니까'라는 질문에 대해 2014년의 조사에는 일본인의 70%가 중일관계가 중요하다고 답했고, 중국인의 60%가 중일관계가 중요하다고 말하고 있습니다.

즉, 중일관계에 대한 양국의 상호 인식은 "친근감을 느끼지 않지만 중일 양국관계는 중요하다"가 되겠습니다. 이것은 그다지 이상한 관계가 아닙니다. 저 자신은 이전의 '우호' 시대를 그리워하며 친근감을 되찾으려는 노력을 무리하게 하기보다는 일종의 긴장을 품으면서도 신뢰관계를 만드는, 상대를 중요하다고 생각하면서도 제대로 비판적으로 보는 관계가 되는 것이 자연스럽다고 생각합니다.

특히 일본에게 중국은 제1의 무역 상대국입니다. 여러 가지 문제가 있지만 당분간은 일본 경제에서 중요한 상대가 될 것임은 틀림없습니다. 분명 중국은 확장주의적 자세를 취하고 있지만 일본 그리고 앞으로의 세계에 중국의 안전보장, 정치의 향방이 중요하다는 점은 부정할 수 없습니다. 그렇기 때문에 제대로 보고 관찰하고 눈을 돌려서는 안 됩니다. 선입견에 빠지지 않고 관찰하는 것은 상당히 어려운 일입니다. 그러나 이렇게 하지 않으면 안 될 정도로 중국은 커다란 존재가 되었습니다.

또한 한 가지 중요한 것은 중국에게도 일본은 민감한 존재라는 것입니다. 지금 여러 '항일 드라마'가 방송되고 있는데, 고증이 잘 되지 않은 것들이 넘쳐나고 있습니다. 그만큼 중국 사회가 정부보다도 일본에게 엄격한 측면이 있습니다. 또 지식인들 사이에서는 항일 드라마에 대한 반발도 강해지고 있습니다. 반일 교육을 해온 중국 공산당이 자승자박의 상황에 빠지고 있습니다. 그러나 한편에서는 일본에 대한 국민감정이 악화되고 있는 것도 사실입니다. 특히 센카쿠 문제가 일어나, 원자바오 총리가 시도한 일본과의 관계 복원이 실패하면서 2009년경부터 중국의 대일정책은 한층 더 민감해졌습니다. 민간에서는 일본 제품과 만화 등에 대한 긍정적인 평가도 보입니다만, 공적인 장에서 일본 평가는 엄격합니다. 그리고 경제 발전을 지향하는 그룹은 일본과의 관계를 중시하지만, 그렇지 않은 그룹은 일본과의 영토문제를 강조하는 면이 있습니다. 중국 국내의 정치 노선 대립이 대일정책의 다양화에도 관련되어 있습니다. 특히 2012년의 센카쿠 국유화에 의해 그러한 경향이 강해졌습니다. 그러니까 중국 내에서 정치 차원의 문제가 발생하면, 일본에 대해 어떠한 자세를 취하는지에 따라 국내 여론으로부터 압박받는 상황이 나타납니다. 그러한 가운데 중국에게 일본은 다루기 어려운 상대가 되고 있다고 생각합니다.

이러한 것을 생각하면 서로 이야기할 수 있는 것은 이야기하면서 대립을 키우는 것을 방지하는 것이 당면의 합의 사항이 되겠지요. 최근 반년간 시진핑 국가주석의 대응은 중일 갈등이 일정 수준을 넘지 않도록 관리한다는 판단인 것 같습니다.

아베 담화에 무엇을 기대하는가. 저는 잘 모르겠지만, 1945년 이전을 어떻게 볼 것인지, 전후 70년을 어떻게 볼 것인지, 그리고 21세기를 어떻게 볼 것인지라는 세 부문이 있다고 하면, 무라야마 담화, 고이즈미 담화와는 다른 특징이 나올 것이라고 생각합니다. 이전의 두 담화는 과거, 즉 1945년 이전에 중점을 두고 있는데, 아베 담화는 아마 전후 70년의 발걸음, 또는 전후 중일 간에 축적해온 화해의 노력에 중점을 둘 것이라고 생각됩니다. 과거에 대한 반성을 토대로 사실을 인정한 후에 부족한 것을 앞으로 채워나간다는 발상이 될 것입니다.

개인적으로는 앞서 지적한 대로 중국을 제대로 보는 것을 대전제로 해서 2007년 4월 12일 원자바오 총리의 일본 국회 연설을 토대로 몇 가지 할 수 있는 것이 있다고 봅니다.

첫째로, 1994년에 그다음 해 1995년의 무라야마 담화와는 다른 무라야마 담화가 있었고, 그로써 '평화우호교류계획'을 시작했습니다. 일본과 전쟁을 한 유럽, 아시아 국가들을 대상으로 미래의 화해를 위해 시민 차원에서 화해를 진행하는 교류에 일본은 많은 예산을 써왔습니다. 그러한 노력은 앞으로도 계속해야 한다고 생각합니다. "용서하지만 잊지 않는다"고 말해주는 나라라 하더라도 "잊지 않는다"는 시선이 있는 이상 우리들은 그러한 역사를 잊지 않고 있다는 것을 계속 표현할 필요가 있습니다. "용서하지 않는다, 잊지 않는다"는 국가에게는 더욱 그래야 할 것입니다.

그리고 전전의 사실뿐만 아니라 전후 일본이 화해를 위해 노력한 사실들도 제대로 알리는 것이 중요합니다. 예를 들어 아시아역사자료센터의 웹사이트는 국가 기관이 소장 공개하고 있는 역사 자료—국립공문서관, 외무성 외교사료관, 방위성 방위연구소 전사연구센터 소장 자료—를 무료로 다운로드할 수 있어 편리합니다. 그러나 전전의 자료만 공개하고 있습니다. 만약 전후 일본이 화해를 위해 노력한 사업들, 국제사회에 대한 공헌들을 다룬다면 전후 70년의 발걸음에 대해서도 더 많은 사람이 이해하게 될 것입니다.

그 외 역사교육, 특히 근현대사 교육의 강화도 필요합니다.

마지막으로 한 가지 말씀드리고 싶은 것이 있습니다. 동아시아를 볼 때 저는 대만에 대해 걱정하고 있습니다. 일본에서 대만은 친일적이라고 생각하기 쉬운데 그렇게 단순하지 않습니다. 역사에 대한 민감한 움직임이 대만 내부에서 많이 일어나고 있습니다. 대만의 상황 변화에 따라 중일관계도 미일관계도 오키나와의 위상도 바뀝니다. 이제는 대만 정부뿐만 아니라 대만 사회와의 화해도 다시 진지하게 생각해야 하는 시대가 되었습니다.

7. 두 배로 겸허해지고 두 배로 관용을 보인다면

니시노 크게 세 가지를 말할 수 있을 것입니다. 첫 번째로 한일 간에는 상호 인식이 악화되고 있습니다. 내각부의 '외교에 관한 여론조사'에서 역대 최저치를 기록했습니다. 일본에서는 3명 중에 2명이 한국에 대해 친근감을 느끼지 않는 상황으로, 아주 심각합니다. 대조적으로 2009년경까지는 3명 중에 2명이 한국에 '친근감을 느낀다'고 답했습니다. 한편 한국의 대일 감정도 굉장히 나쁜데요, 거의 일정한 비율로 계속 좋지 않았습니다.

일본의 대한 감정이 악화된 직접적인 계기는 2012년 8월 이명박 대통령의 독도 방문과 천황 관련 발언입니다. 그 이후 일본의 대한 감정은 계속 좋지 않습니다. 양국의 지도자는 이러한 심각한 상황을 제대로 인식하고 더 이상 양국관계가 나빠지지 않도록 관리할 필요가 있습니다.

다행히 2015년 6월 22일 한일국교정상화 50주년을 기념하는 서울, 도쿄의 리셉션에 양국의 지도자가 참석했습니다. 어떻게든 지금 시점에서 관계 개선의 계기를 잡아야겠다는 양국 지도자의 의사가 있었을 것이라고 호의적으로 해석하고 있습니다. 이러한 흐름은 가을 이후 한중일 정상회담의 실현 등 무언가의 형태로 진전되었으면 좋겠습니다.

두 번째, 최근 한국에서 말하는 투 트랙(Two Track) 정책, 즉 역사문제와 그 외의 것을 분리해서 다루고 역사문제가 한일관계의 다른 영역에 악영향을 미치지 않도록 하는 것은 당연히 필요하다고 봅니다.

그러나 그것은 역사문제를 방치하는 것이 아니기에 역사문제를 해결하기 위해서도 끊임없이 노력할 필요가 있습니다. 한국 사회도 일본 사회도 1965년 당시와는 많이 변했기 때문에 한일 모두 먼저 그 현실을 받아들이고, 이에 따라 무엇이 가능한지 신중하면서도 끈질기게 접근해나가야 할 것입니다.

이것과 관련해서 말씀드리고 싶은 게 있습니다. 역사문제 이외의 영역, 즉 경제, 문화, 인적 교류, 최근에는 안전보장에서 한일의 교류와 협력이 상당히 진전되고 있습니다. 아쉽게도 이러한 긍정적인 부분은 별로 주목을 받지 않습니다. 중층적이면서도 다층적인 한일관계에서 역사문제는 중요하지만 많은 것 중의 일부입니다. 그 외의 영역에도 주의를 기울여 한일관계를 키워나가는 노력을 해야 한다고 생각합니다.

세 번째로 아베 담화에 두 가지를 기대하고 있습니다.

첫째, 국제사회로부터 환영받을 만한 메시지를 발신하는 것입니다. 한국, 중국과의 관계는 중요하고, 양국의 환영을 받는 담화를 낸다면 좋을 것입니다. 그렇지만 아베 총리가 아시아아프리카회의(반둥회의) 60주년 기념 정상회담에서 한 연설, 미의회 상하원 합동회의 연설, 또는 '21세기 구상 간담회'의 논의 등에서 추측할 수 있는 담화의 내용에 대해서는 한국으로부터 높은 평가를 받기 어려울 것으로 보입니다. 그러나 과거 일본의 발자취를 바탕으로 앞으로 일본이 국제사회에 어떻게 공헌해나갈지를 분명하게 제시하고, 국제사회에서 높은 평가를 받는다면 조건은 하나 충족된 것이라 할 수 있습니다.

둘째로 한국과의 관계인데, 지금까지 한일관계가 걸어온 길은 한일이 같이 만들어온 것이라는 것을 한국 측, 한국 국민에게 지속적이면서도 강력하게 알릴 필요가 있습니다. 그러한 의미에서 2014년 6월에 공개된 고노 담화의 검증 결과 보고서에서 1990년대 이후 지금까지 역사문제, 종군위안부 문제에 대해 한일 정부가 진지하게 임했다는 것이 새롭게 밝혀졌습니다. 보고서에 대해서는 한국 측의 강한 반발이 있었습니다. 또한 박근혜 대통령은 "먼저 일본이 성의를 보여야 한다"는 태도를 유지하고 있습니다. 그러나 일본 측이 성의를 보였을 때 한국은 어떻게 임할 것이며, 이에 따라 양국 정부가 어떠한 형태로 역사문제, 특히 위안부문제를 해결할 것인지, 한일은 진지하게 논의해야 합니다.

와타나베 지금 지적하신 한국의 대응이 있어야 가능한 한 일관계라는 것이 중요한 요소입니다. 2015년 3월 독일의 메르켈 총리는 도쿄에서 진행된 강연에서 독일과 이웃 국가 프랑스와의 화해에 대해 "프랑스의 관용이 없었다면 가능하지 않았다"고 발언했습니다. 의미가 있는 말입니다.

미국과 일본은 화해가 필요한 부분이 별로 없습니다. 다만 일본이 주변국과 화해를 할 수 없는 나라가 된다면 미국에게 아시아의 동맹국으로서 일본의 가치는 저하될 것입니다. 따라서 미일관계를 잘 유지하는 데 있어 주변국과의 화해를 위한 노력은 중요합니다. 동시에 국제 질서, 규범을 지킨다는 가치와 이익을 공유하는 것도 중요합니다.

일본이 진정 국제사회에서 무엇을 하고 싶은지, 어떠한 국제 질서를 만들고 싶은지를 명확히 하고 이를 반영한 정책을 펼칠 필요가 있습니다. 그러한 의미에서 저는 아베 총리가 내세우는 적극적 평화주의에 호감을 가지고 있습니다. 일본이 적극적으로 지역의 안정에 공헌하기 위해 기존의 법적 제약을 완화하려는 것은 일본이라는 나라가 한층 더 성숙한 국가로 나아가기 위한 단계라 생각합니다. 아쉽게도 일본 국민들에게 설명이 원활하게 전달되지 못하고 있는 점은 있지만, 아베 담화는 그러한 정책과 모순이 없어야 합니다. 독선적으로 과거를 부정하는 퇴행적인 자세는 그만두는 게 좋습니다. 동시에 내향적인 자세에서도 벗어나야 합니다. 현재의 안보 법제를 둘러싼 논의를 보고 있으면 반대파가 내향적입니다. 대외적으로 공헌하는 것을 두려워하고 있습니다. 아베 담화에는 지금까지 일본이 국제사회에서 얼마나 공헌해왔는지, 그리고 지금까지 한 노력보다 더 큰 공헌을 하겠다는 내용을 넣는 게 좋을 것입니다.

호소야 비근한 예를 들어보겠습니다만 제가 담당하고 있는 학생 세미나에서도 때로는 인간관계가 어려워질 때가 있습니다. 아무래도 자신이 하는 노력이 크게 보이고 상대방의 노력은 잘 보이지 않습니다. 그래서 저는 자신의 노력은 반만 생각하고, 상대방의 노력은 두 배로 생각하면 실제 크기에 가까워진다고 자주 말합니다. 두 배 겸허해지고 상대에 대해서는 두 배 관대해진다. 그렇게 하면 자신을 과도하게 높게 평가하는 것이 수정되고, 적절한 평가가 될 것입니다. 한국, 중국, 미국을 비판하는 것은 간단하지만, 그럴 것이 아니라 먼저 자신의 행동을 겸허히 바로잡는다면 다양한 가능성이 보일 것입니다.

본 장은 2015년 7월 6일에 개최된 포럼의 내용을 도쿄재단이 편집, 구성하여 홈페이지에 공개한 것을 가필 수정한 것이다.

제6장 동아시아의 역사인식과 국제관계
—'아베 담화'를 돌아보며

호소야 유이치(細谷雄一), 가와시마 신(川島真),

니시노 준야(西野純也), 와타나베 쓰네오(渡部恒雄)

제5장은 아베 담화 발표 이전인 2015년 7월에 실시된 좌담회를 토대로 가필, 수정한 논고였다. 제6장에서는 아베 담화(2015년 8월 14일) 발표 후, 이 담화로 인해 일본 국내외에서 어떠한 반응이 있었고 어떤 영향을 받았는지 살펴보고 다시 한번 아베 담화의 의미를 검증한다. 동시에 동아시아의 역사인식과 국제관계를 중국, 한국, 미국, 유럽 전문가가 고찰한다.

1. 아베 담화란 무엇이었는가

아베 담화를 어떻게 이해할 것인가

각 신문은 아베 담화를 어떻게 보도했는가

호소야 우선 전국지(全国紙)가 사설에서 2015년 8월 14일에 발표된 아베 신조(安部晋三) 총리의 내각총리대신담화(아베 담화)를 어떻게 언급했는지 확인하겠습니다. 전국지 중에서 가장 호의적이었던 것이 <요미우리신문(読売新聞)>이었습니다. 사설의 제목은 "반성과 사죄의 마음을 표현했다"이고, 본문의 앞부분에는 "지난 전쟁에 대한 반성에 입각해서 새로운 일본의 진로를 명확히 제시했다고 전향적으로 평가할 수 있다"고 쓰여 있습니다.

이어서 비교적 호의적이었던 것이 <니혼게이자이신문(日本経済新聞)>입니다. 사설의 제목은 "70년담화에 입각해서 무엇을 할 것인가"이고, 기사는 담화가 대체로 상식적으로 납득할 만한 내용이라고 평가했습니다. <니혼게이자이신문>에서 흥미로운 것은 아베 담화의 내용이 오히려 무라야마(村山) 담화보다 좋다고 평가한 것입니다. 무라야마 담화가 "가까운 과거의 한 시기에 국책을 잘못 판단하여"라고 표현하면서 그것이 구체적으로 무엇을 가리키는가가 명확하지 않았던 데 비해서, 아베 담화에는 오히려 "무엇을 반성해야 하는가를 확실하게 한 점이 좋았다"라고 쓰여 있습니다. 말하자면 아베 담화가 무라야마 담화보다도 장문이고 보다 구체적인 내용으로 구성되어 있는 점을 긍정적으로 평가하고 있습니다. 사설의 마지막 부분이 국민의 일반적인 감각에 비교적 가깝다고 생각합니다. 즉 "총리는 일본이라는 나라를 대표하는 입장에 있다. 국민 다수의 의견을 폭넓게 파악해서 정권 운영에 임하지 않으면 안 된다"고 하는 부분입니다. 무라야마 담화가 역사인식을 둘러싸고 좌우의 분열을 초래했다고 한다면, 아베 담화는 그것을 수습해서 "국민 다수의 의견"을 표현했다는 점에서 긍정적인 평가가 가능하겠습니다.

아베 담화에 가장 비판적이었던 것이 <아사히신문(朝日新聞)>입니다. <아사히신문> 사설의 담화에 대한 비판은 다른 신문들보다 두드러집니다. 또한, <아사히신문>에서 가장 흥미로웠던 것은 '독자의 소리' 코너입니다. 안보법제 때에는 사설도 '독자의 소리' 코너도 모두 안보법제 비판 일색이었지만, 이 '아베 담화'의 경우 '독자의 소리' 코너에 게재된 독자의 의견은 '아베 담화'에 호의적이었습니다.

아베 담화에 대해서 어느 정도 억제하면서도 약간 비판적 논조를 띤 것이 <산케이신문(産経新聞)>과 <마이니치신문(毎日新聞)>이었습니다. 공통적으로 <아사히신문>, <산케이신문>, <마이니치신문> 3개 신문 모두 담화가 더욱 이데올로기적 색채를 낼 것을 요구했습니다. 즉 <산케이신문>은 보수적인 입장에서 "사죄를 강요받는 사죄 외교는 그만두자"고 논하며, "아베 총리는 조금 더 자신의 이데올로기를 드러내야 한다"고 주장했습니다. 말하자면, 아베 담화에는 그러한 보수적인 이데올로기가 불충분했다고 불만을 품은 것으로 보입니다. 한편, <아사히신문>과 <마이니치신문>은 역사인식 문제에서는 더욱 리버럴한 이데올로기를 제시해야한다고 주장했습니다. 그리고 아베 담화를 긍정적으로 언급한 <요미우리신문>이나 <니혼게이자이신문>은 "주변국과의 관계 개선의 실마리가 될 것"이라고 논하고, 이 담화가양국 간 관계 개선에 도움이 되리라고 보았습니다.

그렇다면 중국, 한국, 미국에서는 아베 담화에 대해서 어떠한 반응이 있었는지, 또 아베 담화가 어떠한 의미였는지가와시마 선생, 니시노 선생, 와타나베 선생 순으로 이야기를 듣겠습니다.

네 개의 요소와 키워드(식민지 지배, 침략, 통절한 반성, 사죄)

가와시마 아베 담화 발표 전에는 원래, 일본정부에 대해서도 아베 총리에 대해서도 역사수정주의로 단정하는 경향이 강했습니다. 그런데 아베 총리가 미국연방의회 상하 양원합동회의(2015년 4월)에서 연설한 직후부터 역사수정주의라는 평가가 바뀐 것 같습니다. 중국이나 한국은 그 평가를 바꿨다고는 할 수 없지만, 적어도 유럽과 미국, 특히 미국에서'아베 총리는 (총리로서) 역사수정주의자'라고 단언하는 사람이 줄었다고 생각합니다.

2015년이라는 전후 70주년을 맞이하는 역사적인 해는 아베 담화의 발표와 구 일본군(종군) 위안부 문제 관련 한일합의(일본군종군위안부합의) 등을 보면 적어도 구미(미국과 유럽)

로부터의 강한 비판을 피하면서 큰 실점 없이 끝났다고 생각합니다.

아베 담화가 제시한 역사관의 가장 큰 특징은 1931년 만주사변 전후를 역사의 전환점으로 삼은 것입니다. 무라야마 담화나 고이즈미(小泉) 담화는 전전의 역사 전체를 부정하는 듯이 읽히기도 합니다. 그에 비해 1931년의 만주사변을 역사 전환의 기준으로 한 것은 매우 큰 사건입니다. 물론 이렇게 되면 식민지주의를 긍정하는 것처럼도 읽혀서 이 점에 반발하고 납득하지 못한 한국 분도 많았다고 생각합니다. 중일관계에서 보더라도 1931년 만주사변도 큰 사건이지만, 1915년 21개조 요구도 크다고 할 수 있습니다.

그리고 왜 1931년을 전환점으로 했는가, 이 점에 대해서는 저도 멤버로 속했던 '20세기를 되돌아보고 21세기의 세계 질서와 일본의 역할을 구상하기 위한 유식자 간담회'('21세기 구상 간담회')에서 논의가 있었습니다만, 전문가적 감각에서 나온 일종의 공약수였다고 생각합니다. 그 역사관을 제시함으로써 국내·국외의 역사에 대한 다양한 알력이나 분기를—물론 반론은 있을 수 있지만—일정 정도 완화시켰다고 생각됩니다.

아베 담화 자체는 네 개의 요소로 구성되어 있다고 생각합니다. ① 물론 기본은 무라야마 담화와 고이즈미 담화로 두 담화의 용어를 꽤 사용하고 있습니다. 두 담화를 기본으로 하여, ② 아베 총리가 2015년 1년간 행한 연설의 내용을 모아 모순이 없도록 하고, 그리고 ③ '21세기 구상 간담회'의 제언을 추가한 다음, 거기에 ④ 새로운 내용을 채워 넣은 것입니다. 새로운 내용은 예를 들어 "사죄를 후손에게 대물림하지 않는다"는 문구 등으로, 공명당과 자민당 내의 의견을 감안하여 완성한 것이 아베 담화라고 생각합니다.

네 개의 키워드('식민지 지배', '침략', '통절한 반성', '사죄')가 갑자기 사회적으로 주목받게 된 이유는 언론의 의제 설정 때문입니다. 아베 담화는 역사 검증보다는 오히려 전후나 미래에 중점을 두었습니다. 그러나 언론이 '성적표'의 평가 기준으로서 이러한 키워드를 지정했기 때문에 주목받았습니다. 그리고 이 키워드가 더욱 주목받게 된 것은 아베 담화의 발표가 국회 회기 중에 이루어졌고, 안보법제 심의와 얽혀버렸기 때문입니다. 그런 이유로 담화의 내용에 대해서도 정치적 고려가 한층 필요했고 여론이나 언론의 키워드에 대한 반응을 감안해서 아마도 당초에 생각한 것 이상으로 단어 선택에 신중을 기한 것이 아닌가 합니다.

중국도 일본 전체의 분위기를 반영하여 "일본 언론의 반응을 중국 정부는 중시하고 있다", "일본 언론이 크게 비판할 만한 것을 중국 정부는 평가할 수 없다"라고 전해 왔습니다. 그 후 2015년 7월경 안보법제 심의 중에 나온 남중국해가 안보법제의 적용 범위에 들어간다는 것에도 중국 측은 상당히 민감하게 반응했습니다. 그러나 결과적으로 보면 일본 언론 대부분은 담화를 긍정적으로 평가했습니다. 이 때문에 중국 입장에서도 일본을 심하게 비판할 수 없었습니다. 실제로 중국의 항의는 원칙론에 그쳤고 언론의 선전은 있었지만 대체로 담화를 정면으로 부정하는 것은 아니었습니다. 중일관계에 대해 부연하자면 원자바오(溫家宝) 전 총리가 일본 국회에서 2007년 4월에 연설했을 때, 무라야마 담화와 고이즈미 담화를 긍정적으로 평가했습니다. 단, 아직 중국정부는 아베 담화에 대해서는 공식적인 평가를 하지 않았습니다. 아베 담화가 중국의 혹은 중일 간의 공식적인 문서에서 이제부터 어떻게 평가될지 주목받고 있습니다. 또 1998년 '중일공동선언'에는 "일본 측은 1972년 중일공동성명 및 1995년 8월 15일의 내각총리대신 담화를 준수하고 과거의 한 시기에 중국을 침략하여 중국 국민에게 크나큰 재난과 손해를 끼친 책임을 통감하고 이에 대해서 깊은 반성을 표명했다. 중국 측은 일본 측이 역사적 교훈에서 배우고 평화 발전의 길을 견지하기를 희망한다. 쌍방은 이 기초 위에 오랜 시기에 걸쳐 우호관계를 발전시킨다"라고 쓰여 있습니다. '1995년 8월 15일 내각총리대신담화'라고 하는 것은 이른바 무라야마 담화입니다. 중일 쌍방 간에는 이미 무라야마 담화를 기초로 한 관계 발전에 대한 합의는 형성되어 있었습니다. 이 점을 유의해야 한다고 생각합니다. 이처럼 공식문서나 지도자의 언급 속에서 이미 평가된 무라야마 담화와 고이즈미 담화에 더하여 이 아베 담화가 어떻게 평가될 것인가는 이후 중일관계에서 중요하다고 생각합니다.

국내정치와 국제관계

니시노 한반도·한국을 전공으로 하는 입장에서 보면, '아베 총리'가 담화를 발표하는 것에 대한 경계감은 한국에서는 매우 강했다고 생각합니다.

개인적으로 아베 담화는 비교적 균형이 잡힌 담화라고 생각합니다. 거기에는 몇 가지 이유가 있습니다. 우선, 국내정치와 국제관계가 담화에 영향을 크게 미친 것입니다. 국내정치 면에서는 가와시마 선생님이 지적하셨듯이 국회 심의의 최종 단계에 있었던 안보법제와의 관계가 매우 컸던 것이 아닐까 합니다. 또 호소야 선생님이 지적하셨듯이 역사인식을 둘러싼 국내의 이데올로기적인 대립이 작용한 결과, 균형 잡힌 담화가 되었다고 생각합니다. 여기에 더하여 무엇보다도 21세기 구상간담회의 보고서 내용이 상당히 많이 반영된 것이 컸다고 생각합니다. 만약 아베 총리의 의사를 그대로 반영했다면 조금 더 보수적인 담화가 되지 않았을까 생각합니다.

국제관계에 대해서는 아베 총리가 해외에서 한 연설이 매우 중요했습니다. 예를 들어 2015년 4월 반둥(인도네시아) 회의 연설, 그리고 가장 중요했던 것은 미국의 연방회의 연설입니다. 이들 연설은 미일관계나 아시아와의 관계를 생각해서 만들어진 것입니다. 이와 같은 연설 내용이 담화에 적절하게 반영되기도 해, 결과적으로 국제관계와 국내정치 두 가지가 담화를 작성하는 데 중요한 힘으로 작용했다고 할 수 있습니다.

아베 담화의 역사관은 일본인의 일반적 감각에서 보면 그 나름대로 상식적이고 정직하다고 할 수 있습니다. 그러나 한국 입장에서 그 역사관은 받아들이기가 어려운 점이 있습니다. 1931년 만주사변까지는 일본도 당시 세계의 대국 중 하나로서 국제사회에서 그 나름대로의 역할을 하고 있었다, 그러나 만주사변을 계기로 하여 잘못된 길로 나아갔다, 고 하는 역사관은 받아들여지지 않았습니다.

게다가 아베 담화는 러일전쟁에 대해 "식민지 지배 하에 있던 많은 아시아와 아프리카인들에게 용기를 주었습니다"라고 언급합니다. 이것은 한국의 역사인식과는 정반대입니다. 한국의 입장에서 보면 러일전쟁은 일본의 한국 식민지화와 관련된 중요한 사건입니다. 한국에서는 러일전쟁을 일본이 본격적으로 제국주의의 길로 내닫기 시작한, 한반도 지배를 강화해가는 데 있어서 매우 중요한 사건으로 그 최대의 피해자가 한국이라고 인식하고 있습니다. 따라서 아베 담화에서 제시된 역사관은 "도저히 받아들이기 어렵다"는 것이 한국 사람들의 솔직한 감정이 아닌가 하고 생각합니다.

단, 아베 담화에는 한일관계가 어려운 상황에서 아베 담화 발표 후의 관계 개선을 기대하는 부분이 있었다고 할 수 있습니다. 그것은 전시 여성의 인권 문제에 대해서 두 번 언급한 것입니다. 이것은 한국에 대한 메시지였다고 저는 생각합니다.

흥미로운 것은 아베 담화가 발표된 다음 날, 8월 15일에 한국의 박근혜 대통령이 광복절 연설(한국 대통령으로서는 가장 중요한 연설 중 하나)에서 아베 담화를 전향적으로 평가한 것입니다. 박 대통령은 연설에서 "아베 총리의 전후 70주년 담화는 우리로서는 아쉬운 부분이 적지 않은 것이 사실"이라고 하면서 유감을 표명했지만, 그다음 부분에서 "사죄와 반성을 근간으로 한 역대 내각의 입장이 앞으로도 흔들리지 않을 것이라고 국제사회에 분명하게 밝힌 점을 주목합니다"라고 말했습니다.

"역대 내각의 입장은 앞으로도 흔들리지 않을 것"이라는 부분에 착목하여 그 부분을 '주목합니다'라고 표현하기는 했지만, 이것은 기본적으로는 아베 담화를 긍정적으로 평가한 것이라고 생각합니다. 여기에서 엿볼 수 있는 것은 박 대통령 혹은 한국정부는 아베 담화 발표 후에 한일관계를 개선하고 싶은 마음이 있었으며, 그리고 아베 담화도 한국과의 관계 개선을 염두에 두고 있었다는 것입니다. 저는 이 점을 평가하고 싶습니다.

조금 자세히 얘기하면, 실은 박 대통령은 8월 10일 청와대 회의에서 "아베 담화가 과연 어떠한 내용이 될 것인가, 역대 내각의 입장을 계승하는 내용이 될 것인가 여부에 주목하고 있다"고 지적했습니다. 아베 총리는 결과적으로 박 대통령의 지적에 답하는 형식으로 담화를 발표했습니다. 이른바 네 가지 키워드에 더하여 "역대 내각의 입장은 앞으로도 흔들림이 없을 것입니다"라고 말한 것입니다. 지나친 억측일지도 모르겠지만 한일 간에 그 나름대로 호흡이 맞았다고 생각합니다.

한국정부는 2015년 한국 외교를 전개하는 데 있어서 아베 담화를 매우 중요한 포인트로 주목하고 있었습니다. 한국의 입장에서 볼 때 아베 담화가 애매한 내용이었기 때문에 어느 정도 평가하기 쉬웠고, 그 결과 한일관계 개선으로 이어지는 흐름을 만들 수 있었습니다. 따라서 2015년에 한일관계를 전환하려는 관점에서 보면, 아베 담화는 애매한 내용이기는 했지만, 그것이 오히려 긍정적으로 작용했다고 생각합니다.

그리고 아베 담화에서 "우리 아이들과 손자, 그리고 그다음 세대의 아이들에게 계속 사죄의 숙명을 짊어지게 해서는 안 됩니다"라는 말은 실은 아베 총리가 '한일합의'(2015년 12월 28일) 후에도 말했습니다만, 와타나베 쓰네오(渡辺恒雄) 선생님이 지적하신 대로 '아베 색'이 꽤 강하게 나타난 부분이라고 생각합니다. 한국에서도 이 부분을 상당히 주목해서 보도했습니다. 이른바 '골대를 움직였다'는 논의와 밀접하게 연결되어 해석되기 때문입니다. 요컨대 "한국은 골대를 몇 번이나 옮겼지만 그래서는 안 된다, 이것으로 끝내지 않으면 안 된다"라는 것입니다. "언제까지 후대가 계속 사죄하게 만들 것인가"라는 아베 총리의 메시지로 해석하는 것도 가능합니다. 너무 깊이 파고드는 것은 올바른 독해 방법이 아닙니다만, 한국에서는 그러한 견해가 있습니다. 그리고 굳이 조금 더 깊이 파고들어 읽어보면, 그 문단의 앞 문단에는 "관용의 마음 덕분에 일본은 전후 국제사회에 복귀할 수 있었습니다. 전후 70년을 계기로 일본은 화해를 위해 온힘을 다한 모든 나라, 모든 분들께 진심으로 감사의 마음을 표하고자 합니다"라고 쓰여 있습니다. 이것의 본질을 꿰뚫어 보자면 "과연 한국은 어떠한가"라고 질문하고 있다고 읽힐 가능성도 있습니다. 뒤집어 보면 "한일관계에 있어서도 한국이 그러한 관용의 마음을 발휘해줄 것을 진심으로 기대합니다"라는 암묵적인 메시지로도 받아들여질 수 있는 것입니다. 1998년 10월의 한일공동선언에서 오부치 게이조(小渕惠三) 총리가 "통절한 반성과 마음으로부터의 사죄"라고 말하자 김대중 대통령은 이 역사인식 표명과 더불어 전후 일본의 발자취를 높게 평가했습니다. 아베 담화에는 '한일공동선언의 정신으로 돌아가자'라는 생각이 포함되어 있었던 것인지도 모르겠습니다.

미국은 아베 담화를 어떻게 보았는가

호소야 니시노 선생이 말한 국내정치와 국제관계라고 하는 두 가지 정의는 아마도 오늘 좌담회에서 매우 중요한 테마라고 생각합니다. 2015년은 아베 담화가 발표된 해일 뿐만 아니라, 아마도 동아시아 국제관계 전환의 해로서 기억되는 해가 되지 않을까 하고 생각합니다.

동아시아 국제관계를 생각할 때 중요한 것은 미국입니다. 한일관계와 중일관계에서도 미국의 존재는 크다고 생각합니다. 오바마(Barack Hussein Obama II) 정권의 동아시아 외교정책은 어느 정도 잘 기능한 측면이 있습니다. 아베 정권도 미국을 상당히 의식해서 아베 담화를 발표했습니다. 그런 의미에서 와타나베 선생이 미국의 동아시아 정책과 더불어 아베 담화에 대한 미국의 반응을 이야기해주셨으면 합니다.

와타나베 미국 언론의 아베 담화에 대한 반응부터 말씀드리겠습니다. 아베 정권의 역사인식에 관해서는 미국 좌우 양쪽 언론으로부터 강력한 비판이 있었습니다. 좌쪽의 <뉴욕 타임즈(Newyork Times)>, 그리고 우쪽의 <월 스트리트 저널(Wall Street Journal)> 양쪽으로부터 아베 정권의 역사인식은 계속해서 비판받아 왔습니다. <뉴욕 타임즈>의 비판은 이데올로기적인 비판이라고 할까요, 리버럴한 이념에 입각하지 않았다는 비판이 주였습니다. 이것은 <아사히신문>이나 <마이니치신문>과 닮았습니다. 그에 비해 <월 스트리트 저널>의 비판은 일본의 <산케이신문>과 같은 보수 이데올로기적 비판이 아니라, 현실주의적 관점에 입각해 있었습니다. 즉 일본이 미국의 동맹국인 한국과 역사인식에서 화해하지 않고 있는 것은 미국의 국익인 지역 안정 유지에 맞지 않는다고 하는 비판입니다. 먼저, 미국이 아베 총리에 대해 가지고 있던 비판적인 견해가 전환된 것은, 이미 여러분이 언급하셨습니다만, 연방의회 상하 양원 합동회의 연설이 계기입니다. 여기에서 아베 총리가 미일의 과거에 대해 화해를 연출하여, 적어도 미일의 과거에 대해서는 역사수정주의자라고 하는 의구심을 불식시킨 것입니다. 나중에 논의가 되겠습니다만, 바꿔 말하면 아베 총리가 샌프란시스코 강화체제를 수정할 생각은 없다는 것을 재확인했다고도 할 수 있습니다.

그리고 미국 국내에서 일본의 역사인식 문제로서 중요시되고 있는 것은 종군위안부 문제입니다. 왜 중요한가 하면, 이것이 미국의 민주주의를 구성하는 기본적인 가치관인 여성의 인권 문제이고, 종군위안부[1] 문제에 비판적인 논조를

---

1   1993년 8월 4일 일본정부가 발표한 고노 담화(河野談話)에서는 '종군위안부'라는 표현이 사용되었으며 "위안소는 당시 군 당국의 요청에 따라 마련된 것이며 위안소의 설치, 관리 및 위안부의 이송에 관해서는 옛 일

주장했기 때문에 주목받고 있는 것입니다. 리버럴한 <뉴욕타임즈>가 많은 관심을 갖는 것도 당연합니다. 그러므로 아베 담화가 발표되기 전 미국 리버럴계 언론은 일본에 특히 아베 정권에 엄격했습니다. 그리고 미국의 보수계 언론도 인권 존중이라는 가치관을 공유하고 있으며, 이에 더해 미국의 안전보장의 국익상, 북한과 중국에 대항하기 위해 한일관계의 개선을 강하게 희망하고 있었기 때문에 일본에는 엄격했습니다. 이 미국의 좌우 양쪽으로부터의 요청이 아베 정권 그리고 자민당에 영향을 미친 것은 틀림없다고 생각합니다.

그것이 아베 총리의 미국 의회에서의 연설 내용에도 반영되었고 그 연설에 의해 미국의 부정적인 시각이 크게 개선된 것입니다. 연설은 제2차 세계대전 이후 미일의 화해를 강조했습니다. 특히 이오지마(硫黄島) 수비대의 총사령관 구리바야시 다다미치(栗林忠道)[2]의 손자인 신도 요시타카(新藤義孝) 중의원 의원과 이오지마에서 싸웠던 퇴역 군인을 초대해서 미일의 화해를 연출했습니다. 아마도 한국과 한국계 미국인에게는 상당한 불만이 있었다고 생각됩니다. 한국계 미

본군이 직접 또는 간접적으로 이에 관여했다”고 하여 위안부 동원에 관해 강제성 및 일본군의 책임을 인정하고 이에 대한 사과와 반성의 뜻을 표명했다.-역주

2   구리바야시 다다미치(栗林忠道)는 제2차 세계대전 말기 미일 간의 격전지였던 이오지마 전투에서 일본군 수비대의 최고 지휘관이었고 이 전투에서 전사했다.-역주

국인을 지지자로 많이 두고 있는 미국 하원의 에드워드 로이스(Edward Randall Royce) 외교 위원장은 아베 총리의 의회 연설 당일 친족의 장례식으로 인해 불참했으나, 그 후 성명을 통해 아베 총리의 연설에 아시아인과의 화해가 빠졌다고 비판했습니다. 그 가운데 특히 종군위안부에 관한 사죄 표현이 없는 것을 강조했습니다. 아베 총리의 연설은 종군위안부에 관해서는 그다지 언급하지 않았습니다. 그 대신에 미일정상회담 후 오바마 대통령과의 공동기자회견에서 아베 총리는 종군위안부에 관해서 상당히 깊이 있는 반성의 발언을 하였습니다. 이를 통해 균형을 취했다고 생각합니다. 한국계 미국인과 가까운 로이스 외교 위원장은 엄격한 반응을 보였습니다만, 아베 총리의 기자회견을 들은 리버럴계 언론은 그다지 엄격하게 반응하지 않고 오히려 비교적 호의적인 기사를 게재했습니다. 그리고 미국 연방의회에서 행한 연설의 성공이 한국 국내에도 영향을 미쳐, 한국 박근혜 정권의 외교 자세와 관련하여서도, 일본을 너무 비판하면 미국과 멀어지는 결과를 초래할 수 있다는 인식을 갖게 해, 좋은 영향을 미쳤다고 생각합니다. 아마 중국도 이 점을 잘 인식하고 있었다고 생각합니다. 이러한 미일 역사인식의 화해라는 진전이 아베 담화에 대한 호의적인 반응의 토대가 되었다고 생각합니다. 아베 담화에 대한 미국의 반응에서 흥미로운 점은 <뉴욕 타임즈>의 반응입니다. 이 리버럴계 신문은 그전까지 아베 총리에 대해서 쓸 때는 습관처럼 "거리낌없이 발언하는 내셔널리스트"(outspoken nationalist)를 수식어로 붙일 정도로 반(反)아베 색이 강했습니다만, 사설에서 아베 담화에 대해 전혀 언급하지 않았습니다. 이유는 모르겠지만 긍정적으로 평가할 정도는 아니어도 비판할 정도도 아니라고 판단했을지도 모릅니다. 이것은 아베 담화가 미국에서 긍정적으로 받아들여졌다는 증거라고 생각합니다. 그것은 같은 리버럴계의 <워싱턴 포스트(Washington Post)> 사설을 보면 확인할 수 있습니다. 사설의 내용은 극단적으로 부정적이지는 않고, 비교적 긍정적이었습니다. 사설은 아베 담화에 대해서 "우리나라는 지난 대전에서의 행동에 대해 거듭 통절한 반성과 진심 어린 사죄의 마음을 표명해왔습니다… 이러한 역대 내각의 입장은 이후에도 흔들림이 없을 것입니다"라고 하면서도 "아베 총리가 직접 사죄를 언급하지 않아 허전하다"고 지적합니다. 담화 속에 "그 전쟁과는 아무런 상관이 없는 우리 아이들과 손자, 그리고 그다음 세대의 아이들에게 계속 사죄의 숙명을 짊어지게 해서는 안 됩니다"라고하는 아베 총리다운 보수적인 부분이 걸렸던 것입니다. 그러나 "아베 총리는 아시아 이웃 국가들의 '아무런 죄도 없는 사람들에게 가늠할 수 없는 손해와 고통을 우리나라가 안겨준 사실'을 인정하고 있고, 전체적으로 볼 때 이번 담화는 그의 역사관에 비판적인 사람들이 사전에 걱정한 것보다 훨씬 융화적이고 내셔널리즘도 약했다"고 평가했습니다.

　<워싱턴 포스트>의 정치적 입장은 리버럴이지만, 아베 정권에 대해서는 아시아의 국제관계라는 현실주의 속에서 냉정하게 관찰하고 있습니다. 이 사설은 중국이 일본의 역사인식을 비판하면서도, 문화대혁명에 의한 희생자 등 자신들의 과거는 돌아보지 않는 이중잣대도 언급하여, 국가가 스스로 부정적인 과거를 마주하는 어려움도 지적하고 있습니다. 그리고 일본이 헌법 해석을 변경하여 아시아의 안전보장에 보다 적극적으로 협력하는 것을 지지한다고 강조하며, 그렇기 때문에 일본은 이웃 나라들의 불필요한 염려를 불러일으키지 않도록 전전의 역사를 고쳐 쓰지 않는 것이 중요하다고 말하고 있습니다. 이것은 오바마 정권의 사고방식에도 가깝고 아시아의 정세를 잘 알고 있는 워싱턴의 합의를 반영한 것이기도 해서 이번 담화는 상당히 좋은 평가를 얻었다고 생각할 수 있습니다.

　부연하자면, 미국의 아시아 전문가들의 지적을 보면, 아베 정권에 비판적인 사람일수록 이번 담화에 관해서는 일정 정도 긍정평가를 하고 있습니다. 그들은 아베 정권의 역사인식에 대해 분노했다기보다는, 오히려 그것이 한일관계나 중일관계를 악화시켜서 미국의 영향력이 아시아에서 약해지는 것을 두려워한 것입니다. 이번 담화는 그들의 걱정을 불식시켰다는 점에서 중요합니다. 그 후에도 미국의 반응을 계속해

서 보고 있습니다만, 담화 발표 후 중국이나 한국과의 관계 개선이 진전되었고, 특히 한국과 관계개선이 이루어져, 아베 총리의 역사인식 자세에 대한 비판이나 염려의 목소리는 잦아들었습니다. 아주 나쁜 일이 발생하지 않는 한 다시 반복되는 일은 없을 거라는 단계까지 왔다고 봅니다.

2. 역대 총리 담화와 아베 담화의 차이는 무엇인가

호소야 두 개의 총리담화, 즉 무라야마 담화와 아베 담화의 차이가 무엇인지를 이해하는 것도 매우 중요한 문제입니다. 앞서 <아사히신문>의 사설을 소개했습니다만, 기본적으로 <아사히신문> 그리고 무라야마 전 총리 자신은 아베 담화보다도 무라야마 담화 쪽이 훨씬 좋은 내용이라고 인식하고 있고 그것을 전제로 무엇을 위해서 아베 담화를 발표했는가 하고 비판했습니다. 한편, 현재의 국제환경 속에서 중일관계나 한일관계를 개선하고, 나아가 미국과의 관계도 호전시키기 위해서는 단순히 무라야마 담화를 긍정하는 것만으로는 아마도 충분하지 않았다고 생각합니다. 왜냐하면 아베 총리는 2015년 연두 기자회견에서 이미 명확하게 무라야마 담화를 비롯한 역대 내각 정권의 입장을 계승한다고 표명했습니다. 그렇기 때문에 무라야마 담화를 계승한다고 말하는 것만으로는 의미가 없고, 현재의 국제관계를 고려해서 더 강조된 단어를 포함시키는 것이 불가결했다고 생각합니다.

무라야마 담화와 아베 담화의 연속성과 관계성, 그리고 평가의 차이를 적절하게 이해하는 것은 실은 어려운 일이라고 생각합니다. 왜냐하면 아베 총리 자신이 그때까지 무라야마 담화에 비판적이었기 때문입니다. 지금부터는 무라야마 담화를 되돌아보면서 무라야마 담화와 아베 담화의 연속성, 혹은 차이점을 한 가지씩 말씀해주셨으면 합니다.

아베 담화는 역대 총리 담화를 계승했는가

가와시마 무라야마 담화와 고이즈미 담화 이외에도 총리 담화에는 미야자와 담화(1993년 8월 4일) 또 한일 간의 간(菅) 담화(2010년 8월 10일) 등이 있습니다. 이번에 아베 총리가 내각총리대신담화라는 형식을 취한 것은 분명히 지금까지 기존의 담화를 계승한 것이라고 생각합니다. 이전에 총리의 의사가 반영되기 쉬운 내각총리대신'의' 담화로 한다는 이야기도 있었습니다만, 결국에는 '내각총리대신담화'라는 형식을 취했습니다. 그리고 아베 담화에서도 "역대 내각의 입장은 앞으로도 흔들림이 없을 것입니다"라고 확실히 말했다는 점에서 기존의 담화를 계승하는 형태가 되었습니다. 그리고 실제로 분명히 기본 틀로서 무라야마·고이즈미 담화를 쓰고 있습니다. 이러한 의미에서 큰 틀에서는 기존 담화를 계승하고 있다고 생각합니다.

단 기존의 담화와 비교해서 다섯 가지 차이가 있다고 생각합니다. 그것은 아베 담화의 특징이라고 할 수 있습니다만, 첫 번째는 큰 역사관을 제시했다는 것입니다. 이전 담화는 일본이 전후 다시 태어났다, 즉 전전과 전후를 근현대사로 나누고 전후 부분을 긍정하는 형식이었습니다. 그에 비해 아베 담화는 전전 부분과 관련해서 역시 1931년 혹은 1920년대 말부터 만주사변(1931년) 시기까지는 크게 길을 잘못 들어서지 않았다는 역사관을 제시했습니다. 이로 인해 메이지 시기부터 식민지를 가졌던 점, 다른 나라를 침략했다는 점에서 한국이나 주변 이웃 국가들로부터 비판을 받았습니다. 단, 기존의 담화와는 크게 달랐다고 생각됩니다.

두 번째는 아베 담화에는 현재의 국제정세나 아베 정권의 안전보장정책이 크게 반영되어 있다는 점입니다. 특히 아베 담화의 마지막 부분에 '국제질서에 대한 도전자가 되어버린 과거' 즉 근대 일본은 국제질서에 동조 혹은 공헌자였지만, 한때 도전자가 되어버린 점을 반성하고, 전후에는 도전자가 아니라 공헌자가 된 것을 강조하고 있습니다. 이것은 매우 큰 논점입니다. 이것은 현재 국제정세의 큰 변화를 염두에 두고 일본은 기존의 국제질서를 중요시하고 있다고 주장하면서, '일본은 결코 도전자가 되지 않겠습니다'라고 역사적으로 설명한 것이기도 합니다. 이것은 동시에 도전자가 될지도 모르는 국가나 존재에 대해서 비판하는 것이기도 합니다. 이와 더불어 아베 담화 속에는 예를 들어 '경제의 블록화'라는 단어가 두 번이나 나옵니다. 일본 자신이 자유무역에 뒷받침된 경제규칙을 지키고 있다는 점을 매우 강하게 주장하고 있는 것입니다. 그리고 이것은 당연히 TPP(환태평양 경제동반자협정)라는 현 정권의 정책과제를 염두에 둔 것이라고 생각합니다. 그리고 핵과 군사 문제에 대해서 "어떠한 분쟁도 법의 지배를 존중하면서, 힘의 행사가 아니라 평화적·외교적으로 해결해야 합니다. 이 원칙을 앞으로도 견지하며…"라는 문구도 현 정권의 주요 과제인 안보법제를 시야에 넣은 것입니다. 이러한 점에서 아베 담화는 앞으로의 일본도 전후 이래의 발걸음을 결코 바꾸지 않겠다는 것을, 안보법제나 TPP라고 하는 현 정권의 정책과제를 염두에 두면서 이야기하는 것으로 읽힙니다. 이 점은 무라야마 담화에는 없었다고 생각합니다.

　세 번째는 계승점이라고도 할 수 있는 '화해'에 관해서입니다. 실은 무라야마 담화도 '화해'라는 단어를 사용했지만, 아베 담화에는 앞의 논의에 있었던 "그 전쟁과는 아무런 상관 없는 우리 아이들과 손자, 그리고 그다음 세대의 아이들에게 계속 사죄의 숙명을 짊어지게 해서는 안 됩니다"라는 문장이 쓰여 있습니다. 종종 국내외의 미디어가 이 부분만을 떼어내서 과거의 전쟁을 잊어도 된다고 아베 담화가 말하고 있다고 적어놓은 것을 봤습니다. 그러나 이 다음에 이어진 문장을 보면 그렇지 않다는 것을 알 수 있습니다. "그래도 역시 우리 일본인은 세대를 넘어 과거 역사와 정면으로 마주해야 합니다. 겸허한 마음으로 과거를 계승하고, 미래로 넘겨줄 책임이 있습니다"라는 부분입니다. 이것은 화해를 향한 발상에 근거하고 있습니다. 즉, 과거를 제대로 받아들이고 그것을 계속 이야기해가는 것과 주변 나라들에 감사를 전하는 것, 그리고 아베 담화에 자주 보이는, 주변 사람들의 관용에 감사한다는 것입니다. 이것은 화해의 기본입니다. 이렇게 아베 담화에는 화해라는 단어만이 아니라, 그 내용까지 쓰여 있기에, 그 맥락 속에서 "사죄라고 하는 행위만 있는 것이 아니다"라고 말하고 있습니다. 화해를 키워드로 하고 그 내용을 담화의 중심으로 삼은 것이 아베 담화의 특징입니다.

네 번째는 걱정되는 점입니다. 1995년의 무라야마 담화가 유명합니다만, 1994년에도 무라야마 담화가 있었다는 사실은 알려지지 않았습니다. 이 94년의 무라야마 담화에 근거해서 실제로 화해를 시도하기 위해 평화 우호 교류사업이 전개되었습니다. 여기에는 상당한 예산이 할당되어 일정 성과를 올렸습니다.

21세기 구상 간담회의 제언서에도 이 평화 우호 교류사업과도 연결되는 제언이 쓰여 있습니다. 아베 정권이 얼마나 지속되는 장기 정권이 될지 모르겠습니다만, 국민 차원, 시민 차원의 다양한 교류 그리고 화해의 실제적 시도와 관련된 예산을 얼마나 지원하는가를 주시할 필요가 있습니다.

그리고 다섯 번째는 언어입니다. 무라야마 담화는 일본어로 발표되고 그 후 영문으로도 번역되었습니다만, 일본어라는 의식이 강했습니다. 이번 아베 담화는 분명히 언어적인 효과를 의식하여, 영어·한국어·중국어 판도 만들었습니다. 특히 한국어, 중국어 판의 발표 장소는 서울과 베이징의 일본대사관이었습니다. 이는 다른 번역판을 만들지 못하게 하면서, 아베 담화의 외국어 초고는 일본이 만들고, 마지막으로 외국분들이 이해하게 한다는 세 가지 요소를 상당히 강하게 피력한 것이라고 생각합니다. 이러한 의미에서는, 공공외교(public diplomacy)를 의식하고 있었고, 무라야마 담화와는 달라졌다고 생각합니다.

호소야 아베 담화는 매우 치밀하게 고안된 문장이었다는 것을 알 수 있었습니다. 이 치밀한 논리를 제대로 검증해가는 것이 중요하다고 생각합니다. 결과적으로 이것이 기초가 되어 중일관계나 한일관계가 개선된 것을 생각하면, 가와시마 선생이 지적했듯이 치밀한 논리를 중국정부도 한국정부도 긍정적으로 받아들인 것으로 이해할 수 있다고 생각합니다. 다음으로 니시노 선생에게도 같은 질문을 하겠습니다만, 어떻습니까.

아시아에서 국제사회 전체를 향하여

니시노 가와시마 선생이 아베 담화를 해석하는 데 매우 중요한 지적을 하셔서 그 점에 근거해서 몇 가지 말씀을 드리겠습니다. 가와시마 선생이 첫 번째로 역사관의 차이, 두 번째로 국제질서의 문제를 언급하였습니다. 이 첫 번째와 두 번째를 염두에 두면서, 한일관계라고 하는 맥락과 연관지어 생각해보면, 아베 담화와 역대 담화의 차이는 오디언스(audience)가 다르다, 즉 대상인 청중(聽衆)이 다르다는 점입니다.

아베 담화는 미국을 중심으로 하는 국제사회 전체를 강하게 의식하고 있는 데 비해, 무라야마 담화나 고이즈미 담화는 기본적으로는 아시아를 대상으로 하고 있습니다. 그 결과, 듣는 이에 따라서 담화를 받아들이는 방식이나 인식이 상당히 달라지게 됩니다. 한국과 관련해서 말하자면, 역대 총리담화와 다른 아베 담화의 역사인식, 즉 만주사변 이전의 일본은 그 나름대로 국제질서에는 순응하고 있었고 질서 구축자였다라는 역사인식은 한국이 인식하는 '일제' 즉 일본제국주의라고 하는 역사관과 정면에서 충돌하게 됩니다. 즉, 이전부터 달랐던 한일의 역사인식 차이가 보다 두드러지게 된 것입니다. 앞에서 언급한 러일전쟁에 대한 평가의 차이와도 밀접하게 연결되는 부분입니다.

역대 총리담화와의 차이점으로 '적극적 평화주의'도 언급할 수 있습니다. 고이즈미 담화에서도 국제사회에의 공헌은 강조되었습니다만, 역시 아베 정권의 상징인 '적극적 평화주의'라는 단어는 아베 총리가 담화 속에서 강조하고 싶었던 부분이라고 생각합니다.

그리고 가와시마 선생이 걱정된다고 지적하신 부분에 저도 완전히 동감합니다. 아베 담화에 뒤따른 실질적인 조치가 취해지고 있는가. 유감스럽지만 그 후 그다지 구체적인 조치가 나오고 있지 않습니다. 21세기 구상 간담회의 보고서에서 가와시마 선생이 심혈을 기울이셨다고 생각합니다만, 역사교육, 역사공동연구, 청소년교류사업 등이 중요하다고 지적하셨습니다. 한국 측도 역사공동연구를 하고 싶어 합니다. 한일 양국 간에 할 것인가, 아니면 다른 나라의 연구자도 넣어서 보다 큰 국제공동연구로 할 것인가, 여러 가지 방법이 있으리라 생각합니다. 이러한 후속 조치나 정책이 나온다면 저는 아베 담화가 보다 의미 있게 되리라 생각합니다.

지역의 질서와 균형의 중시

와타나베 니시노 선생이 앞에서 지적한 '적극적 평화주의'와 관련된 이야기입니다만, 무라야마 담화에는 없고 아베 담화에는 있는 것이 현실주의라고 생각합니다. 특히 지역 균형과 지역 질서라는 것을 중요시하고 있습니다. 그것이 아베 담화에 담겨 있다고 생각합니다. 구체적으로는 "사변, 침략, 전쟁. 어떠한 무력의 위협과 행사도 국제분쟁을 해결하는 수 단으로는 두 번 다시 사용해서는 안 된다"는 부분입니다. 이 것은 일본만이 아니라, 모든 국가를 대상으로 한다는 점에 서 중요합니다. 결국 앞에서 가와시마 선생님이 지적하셨듯 이, 현재 질서에 대한 도전자는 일본이 아닙니다. 오히려 일 본은 미국의 동맹국으로서 미국 및 그 동맹국, 협력자와 질 서를 지키는 쪽에 있습니다. 이것이 '적극적 평화주의'의 배 경에 있는 현재 국제사회의 기본적인 구조입니다. 일본은 전 수 방위라는 기본방침을 유지하면서도 지역의 안정을 위해 서 전향적으로 협력합니다. 예를 들어 동남아시아에 대한 능 력구축지원이나 지역 해양안전보장의 공공재 제공을 미국 및 지역의 관계 국가와 협력해서 수행하는 것이 적극적 평화 주의입니다. 일본이 앞으로 아시아·태평양 지역의 국제질서 와 관련해 어떻게 관여할 것인가를 명확하게 밝힌 것이 가장 큰 차이입니다.

한국이 일본의 '적극적 평화주의'를 용인하는 것은 국민 감정에서 보면 쉽지 않다고 생각합니다. 제1차 세계대전 후, 1920년부터 일본은 유엔의 상임이사국으로서 세계 질서를 유지하는 쪽에 있었습니다만, 그 10년 전인 1910년에 한일

병합(韓日併合)[3]을 했습니다. 한일병합은 당시 국제 상식으로는 국제질서를 유지하는 하나의 방법이었고 다른 나라도 인정한 것이기는 합니다만, 현재의 룰에서는 용인되지 않고, 당사자인 한국 사람들에게는 견딜 수 없는 것입니다. 그러므로 특히 한국과의 관계의 중요성을 생각하면, 일본의 '적극적 평화주의'에서 역사인식은 신중해야만 합니다. 니시노 선생이 지적한 대로 한국 측이 사죄를 받아들이기 어렵고 또 그 점이 중요하다는 것에 동감합니다. 예전에 독일의 메르켈 수상이 방일하여 강연했을 때, "일본은 이웃 국가들과 역사인식을 어떻게 해결하는 것이 좋다고 생각하는가"라는 질문에 메르켈 수상은 "독일이 유럽 국가들과 화해가 가능했던 것은 이웃 국가들이 그것을 받아들여 주었기 때문이다"라고 지적했습니다. 이 지적은 한국에게 화해를 받아들이는 것은 매우 어려운 일일 것이라는 점을 시사합니다. 아마도 한국이나 중국은 독일이 이웃 국가들에게 취한 태도가 일본의 사죄

---

3   한일병합(韓日併合)은 러일전쟁 후인 1910년 8월 29일에「한국병합에 관한 조약(韓国併合に関する条約)」에 근거해서 대일본제국이 대한제국을 통치하에 두게 된 사건을 가리킨다. 원래 '합병(合併)'과 '병합(併合)'이란 단어는 둘 다 두 개 이상의 것이 하나로 합쳐지는 것을 의미한다. 비슷한 의미이지만 일본어에서 두 단어에는 미묘한 차이가 있다. '합병'이라고 할 때는 두 나라가 대등한 관계에서 합쳐서 하나의 국가가 되는 것을 의미한다. 그러나 '병합'이라고 할 때는 약한 나라가 강대국에 흡수되어 강대국에 속하게 되는 것을 의미한다.-역주

나 반성의 모델이 되어야 한다고 생각해온 것으로 보입니다만, 메르켈 수상의 지적은 사죄를 받아들이는 측의 자세도 중요하다는 화해의 본질에 집중하고 있습니다. 한국도 쉽지 않은 행동을 실천해야 할 필요가 있음을 지적하면서, 답이 아닌 답을 내놓은 것입니다. 사죄를 받아들이는 쪽인 한국이 사죄하는 쪽인 일본보다도 화해에 저항하고 반발하는 거대한 국민감정이라는 미묘하고도 어려운 문제를 안고 있다고 생각되기 때문입니다.

3. 국제관계 속에서 역사인식을 어떻게 파악할 것인가

유럽이 보는 일본과 아시아의 역사인식

호소야 와타나베 선생님이 방금 말씀해주신 지적은 매우 중요하다고 생각합니다. 화제가 되고 있는 문구 "국제사회는 관용의 마음을 가지고 대해주었다"는 분명 2015년 3월 메르켈 수상의 도쿄 연설에서 힌트를 얻은 것입니다. 지금까지 일본에서는 역사와 마주한 독일로부터 배워야 한다는 논조가 큰 흐름이었습니다만, 오히려 메르켈 수상은 독일이 역사화해를 실현할 수 있었던 것은 이웃 국가들의 관용의 정신 덕분이라고 지적했습니다. 물론 동시에 메르켈 수상은 독일이 역사와 성실히 마주해왔다는 것도 언급하고 있습니다. 메르켈 수상은 그 두 가지 모두가 필요하다고 지적했고, 일본에서도 역사화해는 일본의 일방적인 노력만으로는 불충분하다는 인식이 퍼져왔습니다.

그런 의미에서 메르켈 수상이 언급한 역사화해에 필요한 두 가지 조건, 즉 일본이 성실하게 역사를 마주할 것, 상대 국가는 관용의 정신을 보여줄 것, 그리고 그 쌍방이 필요하다는 것을 아베 담화는 시사하고 있습니다. 그런 의미에서 메르켈 수상이 3월 도쿄에서 행한 연설은 의도치 않게 아베 담화에도 큰 영향을 미쳤다고 생각합니다. 아베 총리는 4월 미국 의회에서의 연설이나 8월 아베 담화에서도 미국이나 영국, 호주 등의 국가들이 보여준 화해를 향한 관용의 정신에 감사를 표하였습니다.

유럽에서 역사화해를 생각할 때 세 가지 위상을 종합적으로 볼 필요가 있는 것 같습니다. 그리고 그 세 가지 서로 다른 위상의 문제를 혼동하여 논의하는 것이 역사인식 문제를 복잡하게 합니다. 즉, 첫 번째 문제가 인권 문제, 두 번째 문제가 전쟁 책임 문제 그리고 세 번째 문제가 식민지 문제입니다. 이 세 가지 문제 가운데 유럽의 전후사에 가장 중요한 것은 인권 문제입니다.

독일이 전후 무엇을 사죄하고 무엇을 반성했는가. 그것은 전쟁보다도 먼저 인권 문제, 즉 홀로코스트(Holocaust) 역사입니다. 역사상 유례를 찾아볼 수 없는 인권 침해를 한 홀로코스트야말로 독일에게 가장 무겁고 가장 어려운 역사문제였고, 이 홀로코스트로 유럽에 사는 약 900만 명의 유대인 중 약 600만 명이 살해되었다고 전해집니다. 독일의 역사인식 문제에서는 우선 이스라엘과의 관계가 중요하고, 나아가 아우슈비츠가 있는 폴란드와의 관계가 중요합니다. 원래 독일은 '이스라엘'을 침략한 것도 전쟁을 일으킨 것도 아닙니다. 만약 독일이 전쟁 책임 문제로 사죄한다고 한다면 그 상대는 장기간 전쟁을 한 영국, 소련, 그리고 미국입니다. 이른바 연합국의 3대 전승국에 대한 사죄가 본래는 중요하지만, 보다 주목을 받은 것이 홀로코스트 문제였습니다.

사실 독일은 전쟁 범죄와 관련해서는 연합국 측의 전쟁 범죄를 문제시할 수도 있습니다. 예를 들어 영국도 드레스덴에 대규모 공습을 가하여 상당한 수의 민간인 사망자가 발생했는데 약 13만 명이 사망했다고 전해집니다. 도쿄 대공습이 약 30만 명이므로 일본도 같은 문제를 안고 있습니다. 독일은 인권 문제에 대해 진실하고 성실하게 사죄해왔고, 그와 동시에 전쟁이나 침략, 점령 문제에도 마찬가지로 책임을 느끼고 있습니다. 그러나 그 두 가지는 무게가 다릅니다.

다른 한편, 독일은 식민지를 거의 소유하지 않았기 때문에 역사인식 문제에서 식민지 문제가 중요한 위치를 차지하지 않습니다. 식민지에 대해서 반성한다면 반성은 오히려 영국이나 프랑스가 해야 할 겁니다. 그러나 영국이나 프랑스는 전승국이므로 그에 대해서 반성이나 사죄를 할 필연성이 없습니다. 그렇기 때문에 식민지주의 문제는 전쟁 중에도 민족자결이나 반식민지주의의 이념을 내걸었던 미국과 전후에도 식민지를 가지고서 그것을 정당화하고 유지하려고 한 영국, 프랑스 사이에 커다란 입장 차가 있습니다. 따라서 대서양 헌장의 제4항인 제국특혜관세제도의 폐지를 둘러싸고 영국과 미국 간에 대립이 있었듯이, 식민지의 독립 문제는 연합국 내에서도 어려운 문제여서 패전국이 된 일본과 전후 독립을 이룩한 한국의 관계처럼 좀처럼 논할 수 있는 성질의 문제가 아닙니다.

그러므로 영국이나 프랑스의 식민지 지배 역사를 고려한다면, 보편적인 가치로서 식민지 지배를 악으로 규정하고 반성이나 사죄를 요구하는 목소리는 국제사회에서 간단히 결론을 낼 수 있는 문제는 아니라는 것을 알 수 있습니다. 그것은 아직도 영국이나 프랑스에서는 상당히 심각한 국내문제이고, 좌우 이데올로기 대립의 원천이 되기도 합니다. 식민지 지배 문제는 현재 유럽연합(EU)으로 유입되는 난민이나 이민자의 문제와도 관련이 있습니다. 그러므로 첫째, 인권 문제, 둘째, 전쟁 책임 문제와 비교해 셋째의 식민지 문제는 훨씬 까다롭고 복잡하고 취급하기 어려운 것이 국제사회의 보편적인 현상이라고 생각합니다.

한편 한국이 여성의 인권 침해로서 위안부를 문제 삼은 것은 폭넓은 국제적인 공감을 얻고 있습니다. 또 1931년 만주 사변 이후 일본의 아시아 침략에 대해서도 이것은 국제연맹 규약이나 파리 부전조약에서 볼 수 있는 전쟁의 위법화에 역행하는 행위로서 일본이 반성과 사죄를 해야 하는 문제로 간주되고 있습니다. 그러나 러일전쟁을 일본의 한반도 식민지화의 시작이라고 보는 한국의 엄격한 비판은 실제로 유럽에서는 그다지 폭넓은 공감을 얻지 못합니다. 왜냐하면, 이 시대에는 유럽 국가들도 식민지 확대를 위한 전쟁을 하고 있었기 때문에 식민지 지배를 반성하고 사죄할 필요가 자명하다고 생각하지 않기 때문입니다. 한편, 러일전쟁은 일본이 아시아를 유럽의 지배로부터 해방시켰다는 측면을 지적하는 경우가 있습니다. 사실 러일전쟁에서의 일본의 승리를 튀르키예나 아프리카에서는 상찬(賞讚)했다는 이야기가 전해지고 있습니다만, 이것은 유럽으로부터 비판을 받을 가능성이 있습니다. 왜냐하면, 아시아주의의 논리로 일본의 행동을 정당화하려고 한다면 구미국가들을 아시아에 대한 인종주의적인 적으로 간주하는 것이 되어버리기 때문입니다. 이러한 주장은 전전의 아시아주의적인 논리와 비슷하기 때문에 매우 다루기 어려운 것입니다. 일본은 구미와 아시아라는 이원론으로 문명을 나누려는 경향이 있습니다만 식민지 지배하에 있었던 아시아 민족에게는 일본도 미국도 유럽 국가들도 자신을 식민지 지배하는 국가라고 한다면 거기에 인종적, 문명론적인 차이는 그 정도로 크지 않습니다. 그들에게 있어서는 자신들의 독립이야말로 가장 숭고했던 것입니다.

지금 거론한 인권 문제와 전쟁 책임 문제, 그리고 식민지 문제 가운데 국제사회에서 가장 어려운 문제는 이미 언급했듯이 식민지 문제입니다. 그러므로 일본과 한국 사이에서 식민지 지배의 역사적인 평가를 둘러싸고 대립이 발생하고 있지만, 그것은 세계사적으로도 어려운 문제라는 인식이 필요합니다. 서로 다른 위상의 문제 세 가지를 각각 진중하게 다루는 것이 필요하며, 그중에서 식민지 문제는 아마 가장 다루기 어렵고 대립이 일어나기 쉬운 문제라고 생각합니다.

와타나베 선생은 무라야마 정권에는 현실주의가 없었지만 아베 정권에는 현실주의가 있었다고 지적하셨습니다. 니시노 선생은 거기에 더하여 '적극적 평화주의'에 대해서 아베 담화에서는 각각 그 청중이 다르다는 것을 지적하였습니다.

교토대학의 나카니시 히로시(中西寬) 교수가 『동아(東亜)』라는 아시아 정세에 관한 월간지에 게재한 글에서 아베 담화는 서구를 청중으로 상정했고, 무라야마 담화는 아시아를 청중으로 상정하고 있어 이 양쪽이 다 필요하다고 썼습니다. 매우 중요한 지적이라고 생각합니다. 그런 의미에서 볼 때 무라야마 담화와 아베 담화는 원래 내용의 성질이 다르고, 또한 대상 즉 청중이 달랐습니다. 그리고 일본이 아시아하고만 화해한다 해서 좋을 리가 없고, 아시아와 화해 없이 서구하고만 화해한다 해서 좋을 리도 없다, 둘 다 필요하다는 것입니다.

그와 같은 의미에서 이번 아베 담화가 이 정도로 주목받은 이유로서 현대의 국제관계에서 역사인식 문제가 중요한 쟁점이 되었다는 현실을 이해해야 합니다. 국제 정치학자인 고사카 마사타카(高坂正堯) 교수는 저서 『국제정치(国際政治)』(中公新書, 1966)에 "각 국가는 힘의 체계이고 이익의 체계이며, 그리고 가치의 체계이다"라고 썼습니다. 더 나아가 다음과 같이 말했습니다. "국제사회에는 수많은 정의가 있다. 그러므로 거기에서 논의되는 정의는 특정한 정의일 수밖에 없다. 한 나라가 옳다고 생각한 것이 다른 나라는 틀렸다고 하는 것은 결코 드문 일이 아니다. 이러한 차이에도 긴장과 대립이 일어날 가능성이 있다." 이러한 시점을 갖는 것이 역사인식 문제의 어려움을 이해하는 중요한 열쇠가 된다고 생각합니다.

국가라는 것은 가치 체계이기도 하므로, 어떠한 가치를 중시할 것인가가 그대로 국가의 정체성과 깊이 연결됩니다. 따라서 국가가 역사문제, 혹은 어떤 가치를 내세울 것인가 하는 문제는 결코 가볍게 볼 수 없는 중요한 문제입니다. 기존 국제정치학은 현실주의 패러다임에 입각해 힘과 이익을 집중적으로 논의해왔습니다만, 가치의 문제 또한 시야에 넣지 않으면 안 됩니다. 국제정치이론에서도 구성주의

(constructivism)라는 형태로, 미국의 국제정치학자인 보스턴 대학의 토머스 버거(Thomas U. Berger) 교수, 코넬 대학의 피터 카첸스타인(Peter J. Katzenstein) 교수가 규범의 문제를 중시하여 일본의 아시아 안전보장정책을 논했습니다. 즉 전쟁 경험이나 역사인식과 규범이 전후 일본의 안전보장정책과 깊이 연결되어왔다는 지적입니다. 그런 의미에서 최근의 움직임과 관련해서 국제관계를 생각할 때 역사문제와 역사인식이 중요하다는 점을 국제정치학의 관점에서도 이해할 수 있을 것입니다. 이와 함께 아베 담화 이후의 움직임과 전망을 포함하여 중일관계, 한일관계, 그리고 미일관계의 관점에서 이야기했으면 합니다.

중국이 목표로 하는 가치 체계란

가와시마 힘의 체계, 이익의 체계, 가치의 체계라고 하는 세 가지 방향성에서 중국을 보면, 그야말로 가치의 체계를 지금 중국이 추구하려 한다고 할 수 있습니다. 힘과 이익은 이미 당연한 것이 되었고, 가치 창출이라는 의미에서 중국이 아시아를 이야기하기 시작하는 등, 중국적 가치를 주장하기 시작했습니다. 아시아의 신안전보장이라든가 아시아의 장래를 중국이 주도적으로 만들어간다는 것을 명확하게 말하기 시작한 것입니다.

동시에 중국이 만드는 아시아가 세계의 기존 질서에 반하지 않는다는 점을 특히 강조하고 있습니다. 1930년 9월 3일의 항일전쟁 승리 70년을 기념한 중국의 군사 퍼레이드에는 그런 의미가 있었습니다. 이 퍼레이드는 중국의 힘을 과시하는 동시에 제2차 세계대전 이래로 중국이 세계의 승자 편에서 있고, 중국이 세계질서와 함께하고 있다는 점을 강조하고자 한 것입니다. 물론, 이러한 강조에는 중국의 힘의 체계, 이익 체계의 논리도 들어 있지만, 최근에는 가치의 체계도 의식하고 있는 것입니다. 중국은 이제부터 아시아의 주도권을 쥐는 것과 세계 질서의 공헌자라는 쌍방을 계속 강조하리라 생각됩니다. 거기에 역사를 동원해서 국제사회에서 미국과 중국 그리고 러시아(소련)는 일본에 맞서기 위해 함께 싸웠던 동맹이었다는 이야기로 대국 간 협조를 호소하고, 동아시아 지역에서는 역사문제로 일본을 비판해서 중국의 우위성을 강조하려고 합니다.

두 번째는, 역사인식을 둘러싼 문제가 여전히 국제사회에서 전개되고 있다는 점입니다. 유네스코 세계유산, '세계의 기억'(세계기록유산) 문제는 반드시 2015년에만 한정된 문제가 아닙니다. 2000년 이전부터 난징 등에서 키워져 온 프로젝트가 점차로 모습을 드러내고 있다고 할 수 있습니다. 앞으로도 중국은 국제적인 장소에서 그러한 '사실' 만들기를 결코 멈추지 않을 겁니다. 유네스코 같은 조직의 제도를 이용해서 역사적 사실에 대한 국제적인 인증을 얻는 작업을 계속할 것입니다. 이번에는 '세계의 기억'을 세계문화유산에 등재시키기 위해서 파리 등에서 활동하고 있을 것입니다. 이 흐름은 양국 간의 관계가 개선되어도, 또 한중일 간에 역사 인식 문제가 일정 정도 해결된다고 해도 멈추지 않을 것이라고 생각합니다. 이 작업은 국제사회를 상대로 추진하고 있으며, 또 중국 국내에서 역사교육이나 역사를 둘러싼 선전과 부합하게끔 하고 있기 때문에, 그저 대일외교에만 국한된 것이 아닙니다. 국내의 역사교육이나 선전 전반과 관련된 이상 그에 반할 수는 없기 때문에 계속해나갈 것입니다.

세 번째입니다만, 중일 간 정상 차원의 관계는 노다 요시히코(野田佳彦) 정권기에 이른바 센카쿠(尖閣) 국유화 이후 중단되었고, 아베 정권 1년 동안은 정상회담이 없었습니다. 2013년 말 아베 총리가 야스쿠니를 참배하면서 관계가 악화되었지만, 2014년 가을부터 정상회담이 계속되고 있습니다. 중일관계에 어려움은 있지만, 화해를 향한 가능성은 열려 있습니다. 이번 아베 담화에도 이 가능성이 확실히 담겨 있습니다. "계속 사죄의 숙명을 짊어지게 해서는 안 됩니다"라는 문구 뒤에 "그러나 그래도 역시 우리 일본인은 세대를 넘어 과거의 역사와 정면으로 마주해야 합니다. 겸허한 마음으로 과거를 계승하고 미래로 넘겨줄 책임이 있습니다"라는 문구가 있습니다. 이것은 중국이 일본에게 항상 말하는 "역사를 거울 삼아 미래로 나가자"라는 문구를 새롭게 고쳐 쓴 것입니다. 이 점을 타협점으로 중일이 서로 맞춰 가는 것은 일정 정도 가능할지 모릅니다. 그러나 양국 간 관계가 개선되어도 동아시아 지역에서 그리고 세계적인 공간에서 역사를 둘러싼 문제에 대해 중국이 소극적으로 될 것이라고 생각하기는 어려운 측면이 있습니다. 왜냐하면, 중국에서 역사인식 문제는 정권의 정당성이나 영토문제와 세트가 되어버렸기 때문입니다. 중요한 것은 중일 간 역사문제가 영토문제, 혹은 중국의 주변 외교 등과 세트가 되어버린 것입니다. 주목할 점은 중일 간의 역사문제가 영토문제나 내셔널리즘과 연관되어 힘과 이익과도 연관되고 나아가 중국이 만들어낸 가치나 정당성에 연관된 부분도 매우 커지고 있다는 점입니다. 본래 힘의 체계와 이익의 체계가 큰 비중을 차지하고 있고, 그 종속적 문제로서 가치의 체계가 있었습니다만, 최근 역사문제가 등장하면서 중국에서도 역사와 관련이 깊은 가치에 관한 문제가 점차 커지기 시작했습니다. 어쩌면 그것이 독립변수가 되고 있는지도 모르겠습니다. 그러한 의미에서 지금까지의 힘의 체계와 이익의 체계만 놓고 볼 때는 중일 양국 간 관계에서 타협이 가능할 수 있었지만, 가치 부분이 남겨져 중일관계에서도 동아시아 지역이나 세계 정치와 관련되면서, 역사를 둘러싼 문제만이 확대되어갈 가능성도 있다는 것입니다.

한일관계에서 향후의 공통 이익이란 무엇인가

니시노 앞에서 호소야 선생님이 언급하신 유럽에서의 세 가지 다른 위상, 즉 인권 문제·전쟁 책임 문제·식민지 문제의 관점에서 말하자면, 한국은 기본적으로 식민지 문제에 매우 집착해왔습니다. 위안부 문제는 인권 문제와 밀접하게 관련되어 있고 이것을 매우 강하게 주장하게 된 것이 새로운 형태라고 생각합니다. 한국은 위안부 문제를 전시 여성의 인권문제라는 형태로 국제사회에 강하게 호소해왔습니다. 고사카 선생이 이야기한 힘과 이익과 가치의 체계라는 관점에서 말하자면 한국은 원래 힘이라고 하는 면에서는 힘이 약하다는 자기 인식이 매우 강했습니다. 그래서 기본적으로 경제 발전이라는 형태로 실익·실리를 어떻게 추구해갈 것인가 하는 점이 지금까지 한국의 흐름이었다고 생각합니다. 그러나 최근 인권 문제와 관련해서 가치의 측면을 국제사회에 강하게 호소하게 되었습니다. 이러한 맥락에서 한국 외교에서 위안부 문제가 최근 3년간 비중 있는 이슈가 되었다고 생각합니다. 단, 2015년 12월 28일에 한일합의가 이루어졌기 때문에 이를 포함한 이후의 일을 생각하지 않으면 안 됩니다.

2015년 한일합의에 대한 제 나름대로의 생각을 말씀드리겠습니다. 이 합의에는 중요한 점이 세 가지 정도 있었다고 생각합니다. 우선 첫 번째는 한국 측이 오랫동안 집착해온 전시 인권 문제와 밀접하게 관련된 '법적 책임' 문제입니다.

이에 대해서는 일본 측이 상당히 한국 측에 다가간 것이 아닌가 하고 생각합니다. 합의 내용을 보면 아베 총리 즉 일본의 내각총리대신이 주어가 되어 사죄하고 "일본정부는 책임을 통감하고 있다"고 말했기 때문에 이것은 아베 정권이 상당히 다가간 부분이라고 생각합니다. 두 번째는 '골대를 움직인다'는 논쟁과 관련하여 "최종적이고 불가역적으로 해결된 것을 확인한다"는 문구가 들어가 있는 것입니다. "불가역적"이라고 하는 것은 북한의 핵 문제에 대해서 사용하는 단어이고 한일과 같은 우호 국가 사이에서 사용할 단어가 아니라고 한국 측으로부터 강한 반발이 일어났습니다. 그러나 아베 정권은 이 문구에 매우 집착하고 있었다고 생각합니다. 마지막 세 번째는 가치의 문제와 관련된 부분입니다. 국제사회에서 고자질 외교나 비난전은 서로 그만두자고 합의했습니다. 이것은 매우 의미 있는 것으로 높게 평가하고 싶은 부분입니다. 한일정부 간에는 합의가 이루어졌기 때문에 이제 이것을 토대로 나아간다는 강한 결의를 서로 가지고 있다고 생각합니다. 정부 간에 이 약속을 지키고 이후 계승해 서로의 이익을 실현해간다는 관점에서 관계가 구축될 것입니다.

단, '한일에 있어서 앞으로 공통 이익은 무엇인가'라는 점에서 실은 어려운 문제가 남아 있습니다. 단기적으로는 북한 문제가 매우 중요한 공통 과제이고 여기에 함께 대처해가고 협력해가는 것이 의미 있는 일일 것입니다. 그러나 '그것을 넘어선 중장기적인 공통 이익은 무엇인가'라는 것이 한일 관계의 큰 과제입니다. 중장기적인 공통 이익에 대해서 크게 두 가지 가능성이 있다고 생각합니다. 하나는 동아시아에서 가장 성숙한 두 민주주의 국가로서 함께 협력하여 지역 질서를 이끌어 가는 것입니다. 이를 위해 협력할 수 있다면 이상적이고 바람직하다고 생각합니다. 현재로서 일본은 환태평양 파트너십(TPP), 한국은 아시아·인프라 투자 은행(AIIB)이라는 서로 다른 지역경제질서에 참가하고 있습니다. 한국은 TPP에도 들어가고 싶어 하지만, 이 분야에서의 한일협력은 쉽지 않은 듯이 보입니다. 게다가 아베 정권은 「외교청서(外交靑書)」의 기술에서 한국과 가치를 공유하고 있다고 하는 부분을 삭제해버렸습니다.

　다른 하나는 미중관계를 염두에 두고 한일이 어떻게 협력해갈 것인가 하는 문제입니다. 한국에서는 미중을 G2라고 보는 사고방식이 지배적입니다만, 일본은 미중을 G2라고 인식하지 않습니다. 즉 한일 양국은 동아시아에서의 미중관계에 대한 크게 다른 질서 감각을 가지고 있습니다. 서로 다른 질서 감각을 가진 두 민주주의 국가가 동아시아 지역 속에서 과연 어떻게 협력해갈 것인가, 이것이 이후 한일관계의 큰 과제입니다. 위안부 합의가 이루어져서 다행히 단기적으로는 한일관계가 잘 진행될 것으로 보입니다만, 북한 핵실험이나 미사일 발사 실험이라는 현실에 입각해서 생각하면 보다 근본적인 문제가 여전히 남아 있습니다.

안정된 미일관계

와타나베 미국은 2016년 11월에 대통령 선거가 있어 정권 교체기를 맞이합니다. 니시노 선생님이 지적했듯이 미중 G2 론을 상기시키는 것 같은 미중 협력에 대한 걱정은 일본도 항상 가지고 있고, 미국에서도 오바마 정권 비판으로서 나올 것입니다. 단, 오바마 정권은 냉정하게 균형을 유지해갈 것이라고 생각합니다. 즉, 지구온난화 대책과 같이 중국과 협력할 수 있는 것은 협력하고, 타협해서 안 될 안건, 예를 들어 사이버 안보나 남중국해의 영유권 등에서는 중국을 계속 견제하는 두 가지 태도를 계속 취할 것이라고 생각합니다. 일본은 미국의 이중적 태도가 불안하기 때문에 적극적 평화주의를 내걸고 일본이 지역에서 할 수 있는 일은 적극적으로 공헌하고, 미국이 중국을 견제하는 활동과 군사적 관여를 계속하도록 영향력을 행사할 것입니다. 아베 정권의 안보법제는 국내에서는 평판이 그다지 좋지 않았기 때문에, 2016년 여름 참의원 선거 전에 새로운 법에 입각한 적극적인 정책을 수행하는 것에 신중한 입장입니다. 미국이 기대하는 것에 일본은 곧바로 발을 들여놓지는 못할지도 모릅니다. 단 그와 관련된 정치적 상황은 미국도 이해하고 있습니다. 결국 미국에 있어서도 매우 중요한 외교 과제는 시리아 내전의 종결과 이란과의 핵 합의 이행으로, 이 과제를 위해 러시아와 중국을 전면적으로 적으로 돌리고 싶지 않다는 계산도 있습니다. 남중국해나 사이버 안보 등에서 중국을 견제하는 한편, 이란 핵 합의나 시리아 문제, 유엔기후변화협약 제21회 당사국총회(COP21)에서의 온난화 방지를 위한 파리 협정의 이행에 대해서는 중국과 협력한다, 요컨대 일본이나 한국에서 보면 미중 양국은 남중국해나 사이버 영역에서 적대하는 한편, 일부에서는 미중 G2와 같은 협력의 움직임을 하고 있다는 일본이나 한국에게는 걱정스러운 상황이 계속될 것이라고 생각합니다.

정세가 복잡해진 이유 중 하나는 현재 미국 외교에서 정체성의 위기(identity crisis)라고 할 수밖에 없는 상황이 되고 있는 점입니다. 기존의 기득권자들에 대한 불만이 민주, 공화 양당의 지지자로부터 나오고 있는데, 이들은 미국의 국제적인 영향력이 저하하고 있는 점에 대해서 오바마 정권에 비판적입니다. 동시에 부시의 이라크전쟁에 대한 글로벌한 관여와 개입이 초래한 부정적 유산을 싫어하는 상반된 마음을 가지고 있습니다. 현재 대통령 선거의 예비 선거에서 공화당의 젭 부시(John Ellis "Jeb" Bush) 후보가 인기가 없는 것은 형인 조지 부시 대통령이 했던 이라크에 대한 전쟁 개시와 그 군사적, 재정적 부담이 지금 미국의 영향력 저하로 이어졌다는 인식이 뿌리 깊게 남아 있기 때문이라고 생각합니다.

힐러리 클린턴 후보가 민주당의 예비 선거에서 예상 외로 고전을 면치 못한 것도 국무장관으로서 수행한 오바마 외교의 저자세 때문에 세계에서 영향력이 저하되고 있다는 비판도 있기 때문입니다. 2016년 미국 대통령 선거를 통해서 국내에서는 외교정책의 방향을 둘러싸고 상당히 논의가 흔들릴 것으로 생각됩니다. 단 미국 내의 논의는 흔들린다고 해도 오바마 정권은 미일동맹을 중요하게 여겨 중국에 대한 견제를 멈추지 않으면서도, 한편에서 중국과 협력할 수 있는 부분에서는 협력할 것입니다. 그러한 미국의 입장을 생각하면 일본이 아시아 이웃 국가들과의 역사인식 문제에 관한 우려를 불식시키고 안보협력에 대한 기대와 신뢰를 높였기 때문에 미일관계가 안정을 회복했다고 보아도 좋을 것입니다.

4. 전후 국제질서와 이후의 국제정치

호소야 앞으로를 전망할 때 중요한 것은 역사인식 문제를 그 자체로 완결된 문제로 생각할 것이 아니라, 어디까지나 국제질서의 문제, 이후 일본의 대외관계 문제와도 떼려야 뗄 수 없다는 점을 깊이 이해해야 한다는 것입니다. 국제정세가 바뀌면 역사인식 문제에도 변화가 생길 것입니다. 그 반대도 또한 생각해볼 수 있습니다.

현재 국제질서에는 중요한 결함이 몇 가지 존재합니다. 국제질서의 골격이 냉전체제 속에서 타협적으로 만들어졌기 때문입니다. 냉전체제에서 중국도 한국도 분단국가였습니다. 그리고 이 양국은 샌프란시스코 강화회의에도 참가하지 못했고, 전후의 아시아 태평양 질서를 형성하는 데 중요한 역할을 담당하지 못했습니다. 패전국인 일본, 일본의 식민지에서 독립한 국가로서 샌프란시스코 강화회의에 참가할 수 없었던 한국, 그리고 전후 일정 기간 미국과 긴장 관계가 계속되어, 일본이나 미국과 외교관계를 가질 수 없었던 중국, 이들 국가는 모두 기존의 국제질서에 불만을 안고 있습니다.

아베 총리가 일찍이 '전후 체제(regime)로부터의 탈각'이라고 말하고 국제질서의 수정을 요구했습니다. 중국은 AIIB를 비롯해서 기존의 구미 국가들이 만든 국제사회를 크게 바꾸려고 하고 있습니다. 그리고 미국도 지금까지 해왔던 것처럼 미국 스스로가 아시아-태평양 지역의 국제질서를 유지하는 데 막대한 자원을 사용하는 것에 저항을 표명하기 시작했습니다.

그렇다고 한다면, 이 지역의 주요국가 모두가 어떤 불만을 가지고 있고, 현재의 국제질서를 변혁하려고 하는 것처럼 보입니다. 그러므로 현상 유지의 지향성과 현상 변경의 지향성이 동시에 병행하는 것으로 보입니다. 그러면 이제부터 이 지역의 질서를 어떠한 규범에 근거하여 어떻게 유지해갈 것인가, 혹은 바꾸어갈 것인가, 샌프란시스코 강화체제와 관련해서 이야기해주시기 바랍니다.

중국이 역사와 관련해서 무엇을 하려고 하는가

가와시마 우선 샌프란시스코 강화체제에 대해서입니다. 분명히 이것은 냉전의 산물입니다만, 한일기본조약(1965년 6월 22일)은 "1951년 9월 8일에 샌프란시스코시에서 서명된 일본국과의 평화조약의 관계규정 및 1948년 12월 12일에 국제연합총회에서 채택된 결의 제195호(Ⅲ)를 상기하여 본 기본관계에 관한 조약을 체결하기로 결정하고"라고 되어 있는 것처럼 샌프란시스코 강화조약에 입각해 있습니다. 1952년 4월 28일 중일화평조약도 마찬가지입니다. 중일공동성명(1972년 9월 29일)의 조문에 샌프란시스코 강화조약에 대한 언급은 없지만, 기본적으로 샌프란시스코 강화조약을 받아들인 내용으로 되어 있습니다. 중일 간의 네 가지 기본문서가 견지되는 동안에, 즉 앞에서도 언급했듯이 1998년 중일공동선언에는 "일본 측은 1972년 중일공동성명 및 1995년 8월 15일 내각총리대신 담화를 준수하여"라고 확실하게 언급되어 있으므로, 양국 간 관계에서 역사에 관한 기본선은 크게 다르지 않다고 생각되고, 보수정권으로 여겨지는 아베 정권에 의한 아베 담화에서 기존 담화도 답습되면서 한층 진폭은 작아졌다고 생각합니다. 그리고 샌프란시스코 강화체제에 한정한다면 현재는 중국이 그것을 크게 바꾸려고 한다고까지는 말할 수 없을 것입니다. 바꾸려는 것이 있다고 한다면 강화의 의의나 전제조건을 둘러싼 해석권을 중국이 쥐려고 하는 것이겠죠.

그리고 호소야 선생이 이야기한 국내정치와 국제정치가 매우 중요하다는 것은 말씀하신 대로입니다. 결국 중국 자신이 역사를 둘러싸고 무엇을 할 것인가. 양국 간 관계와는 다른 세계 정치, 지역 정치의 국면이 있어서 그것이 양국 간 관계에도 유입될지 모른다는 우려가 있습니다. 일본은 세계를 보면서 중일관계를 정립할 필요가 있습니다. 또한 국내적 측면에서 중국정부는 지금 역사교육뿐만 아니라 역사연구에 대한 통제도 강화하는 방향으로 가고 있습니다. 공산당 일당 독재하에서 역사관 해석의 폭을 좁힌다고 할까요. 다양한 해석을 인정하지 않는 방향으로 향하고 있는 것입니다. 국내에서는 역사교육 혹은 역사학에 대해 해석의 일원화를 추진하면서, 국제적인 장에서는 역사를 둘러싼 대외 선전도 강화하고 있습니다. 중일 간에는 역사인식 문제를 완전히 악화시키지 않도록 일단 기본토대는 만들어놓은 상태입니다. 이 점에 있어서는 이후에도 상당히 미묘한 정책 조정이 요구됩니다.

긴 맥락에서 보면, 국제질서가 크게 변화하고 중국의 위치가 그야말로 크게 변화하면 중국은 중일 간의 기본토대를 변화시키려고 할 것입니다. 그리고 중국 국내에서 민주화 혹은 언론의 다원화가 더욱 진전되면 중일 간과 세계를 향한 논조도 바뀔 것으로 생각됩니다. 그러나 그것은 아직 시간이 더 걸릴 것으로 생각됩니다.

샌프란시스코 강화체제와 미일관계

와타나베 앞으로 장기적으로 역사인식 문제가 미일 간의 문제가 되는 일은 샌프란시스코 강화체제가 변경되는 정도의 어지간한 변동이 없는 한 일어나지 않을 것이라고 생각합니다. 미일안보조약은 샌프란시스코 강화조약과 짝이 되어서 같은 해에 성립되었고 샌프란시스코 강화체제에 편입되어 있습니다. 그 후 미일은 1978년과 1997년에 안보협력 가이드라인을 통해 협력의 폭을 넓혔고, 최근 2015년의 가이드라인 개정에서는 더욱 지역의 안정을 도모하기 위한 협력 강화로 움직이고 있습니다. 일본과 미국은 아시아의 안전보장협력에 대해서는 확실한 합의와 이익 공유를 하고 있습니다. 일본은 아시아-태평양 지역의 안정의 열쇠를 미국의 군사적 관여로 이해하고 있고, 이것을 지지하고 협력하는 입장입니다.

미국은 대두하는 중국을 협력자로 유도하기 위해서라도 일본, 호주, 한국, 인도 등의 동맹국과 협력국과의 다각적, 다층적인 협력에 의한 아시아-태평양 지역의 안정을 생각하고 있습니다. 중국으로서는 여기에 정면으로 도전할 정도의 힘은 없다는 자각은 있을 겁니다. 중국 스스로 지역에 대한 영향력을 서서히 확대하려고 하고 어쩌면 장래 언젠가 미국의 패권에 도전할 가능성을 생각하고 있을지도 모르겠습니다. 그러나 미국을 대신해서 지역의 패권을 잡는 것을 포함해 적어도 현시점에서는 그것이 실현 가능하다고 생각하지 않을 겁니다.

국제정치는 항상 변화해가기 때문에 역사인식도 그 변화의 영향을 계속 받을 것이라고 생각합니다. 일본의 입장에서는 역사인식이 지역 안정을 위한 미일의 실질적인 힘의 유지와 행사에 장애가 되지 않도록 조심해야만 합니다. 이를 위해서도 미국과의 관계만이 아니라 유럽, 아시아 국가들 특히 한국과 중국과의 관계가 중요합니다. 일본이 외교·안전보장정책에서도, 역사인식에서도 냉정하고 실용적인 대응을 할 수 있는지의 여부가 이후의 과제가 될 것이라고 생각합니다. 그리고 미국입니다만, 미국이라는 나라는 역동적으로 외교를 전개해온 나라입니다. 현재 국내정치에 있어서는 상당히 내향적인 경향이 강해지고 있습니다. 현재, 대통령 선거도 내향적인 후보 쪽이 지지를 모으고 있습니다. 그러나 미국이 결정적으로 내향적이게 되면 결국에는 미국의 국익을 해치는 것이 되므로 그것을 자각하고 있는 기존의 기득권층과 여기에 반대하는 내향적 경향을 갖는 지지자 간에 다툼이 생길 것입니다. 그러나 내향주의자도 미국이 큰 이익을 얻고 있는 기존의 샌프란시스코 강화체제를 수정하려고까지는 하지 않을 것입니다. 일본은 대통령 선거가 가리키는 미국의 방향성을 주시하면서 아시아 국가들과 관계를 유지해가게 될 것이라고 생각합니다.

흔들리는 1965년 체제

니시노 한일관계의 관점에서 말하자면 가와시마 선생님이 말씀하신 중일관계와 기본적으로 같고, 한일기본조약(1965년)과 여기에 부수하는 다양한 협정은 샌프란시스코 강화에 입각해서 맺어졌기 때문에 큰 틀에서는 지지될 것이라고 생각합니다.

'1965년 체제'가 지금 한국에서 흔들리고 있다고 할까, 1965년 체제에 대한 이의제기의 목소리가 상당히 커지고 있습니다. 2011년 8월의 헌법재판소의 위안부 문제에 대한 결정이나 2012년 5월의 한국 대법원의 판결이 대표적인 움직임입니다. 2005년 노무현 정권 때 한일교섭 문서가 전면 공개되었습니다. 이 문서를 조사·연구한 결과 한국의 관민합동위원회는 위안부문제 등은 일본의 법적 책임이 남아 있다고 판단했고, 그것이 현재 한국 정부의 입장입니다. 2015년에 한일합의가 이루어진 경위가 있으므로 기본적으로 1965년 체제는 계속 지지될 것이며, 2015년 말의 합의에 의해 1965년 체제는 어떤 의미에서 보강되었다고 할 수 있습니다. 여기에 더해, 1965년 당시에는 없었던 사죄와 반성이 1998년 한일공동선언에는 담기게 되었습니다. 1965년 체제라는 것은 시간이 지나면서 보강되어왔습니다.

한편 대두하고 있는 중국은 한일관계에 있어서도 역시 중요해지고 있습니다. 한국이 어떻게 중국과 함께 북한 문제에 대응해갈 것인가는 그중에서도 매우 중요한 문제입니다. 동아시아 지역 질서의 근간인 샌프란시스코 강화체제와 마찬가지로 한국전쟁의 결과 만들어진 정전협정체제가 한국에게는 큰 문제입니다. 장기적으로는 이 정전체제를 해소하고 통일을 향해 가지 않으면 안 됩니다. 즉 샌프란시스코 강화체제와 정전협정체제를 어떻게 조화롭게 발전시켜 갈 것인가는 한국에게 매우 큰 과제입니다. 통일로 가는 데 있어서 매우 중요한 국가가 중국입니다. 그것은 정전협정의 서명자가 미국을 중심으로 한 유엔군과 중국, 그리고 북한이기 때문입니다. 한국에게 중국과의 관계는 지리적인 면과 질서적인 면에서 질적으로 일본과 다릅니다. 일본과 한국이 각각 보고 있는 중국상(像), 혹은 앞으로 함께해야 할 중국의 모습은 한일 간에 상당히 달라지고 있고 이것이 앞으로도 겹치는 일은 없을 것입니다. 그러나 서로의 중국과의 관계성을 함께 이해하고 그러는 가운데 협력할 수 있는 부분은 협력하는 것이 필요해질 것이라고 생각합니다.

한일의 대중국 인식의 차이는 최종적으로 완전히 수렴되

는 일은 없겠지만, 보다 크게 지역적인 관점에서 생각해보면 한일은 충분히 협력할 수 있을 것이라고 생각됩니다. 그러한 협력은 이미 1998년 한일공동선언 이후의 한일관계에서 상당히 실현되어 왔습니다. 한일공동선언이 나온 이후 동아시아의 지역 협력은 김대중 대통령의 리더십으로 상당히 진전되어 왔고, 보다 진화된 형태로서 한중일 3개국 협력도 어느 정도 진전되었습니다. 이러한 형태가 일본이나 한국에 있어서 바람직하다고 생각합니다. 일본 측도 한국 측도 앞으로 더욱 그와 같은 협력의 심화를 위해 더욱 자각해갈 수 있는지가 큰 과제가 될 것입니다.

호소야 중요한 점을 지적해주셨습니다. 나라마다 역사적 경위나 인식이 상당히 다를 것입니다. 우선 각각의 차이를 이해하고 자신들의 정의를 타국에 강요해서 타국을 비판하는 것이 아니라, 역시 각각의 나라에서 어떠한 정의(正義)가 논의되고 있는가, 혹은 역사적 경위를 거쳐왔는가를 이해하는 것이 중요합니다.

여기에 더하여 각각의 나라가 놓여 있는 국내 정치상황과 그 나라를 둘러싼 국제환경을 깊이 이해함으로써 각각의 나라들이 다른 역사인식을 갖고 있다는 것이 이해 가능할지도 모릅니다. 그러한 가운데 여러가지 상호 이해를 깊이하여 서로 타협해가는 것이 중요해집니다. 보수 측도 리버럴

측도 자신들이 내세우는 정의를 절대적인 정의라고 하게 되면, 국내적인 대립의 원인이 되고, 또한 국제적 대립의 원인이 됩니다. 얼마나 상대를 이해하고 존중하는지가 중요하며 그 속에서 타협점이 어디에 있는가를 이해하는 것이 중요합니다. 힘과 이익만이 아니라 바로 가치, 역사인식을 둘러싸고도 과연 상호 간에 수용 가능한 타협점이 어디에 있는가를 신중히 판단하여 국내적으로도 국제적으로도 수용 가능한 타협점을 찾아내는 것이 어느 때보다 요구되는 시대가 되었습니다.

지금 아시아 각지에는 격렬한 대립이 보이지만, 타협이나 조정의 여지가 남아 있어서 어떻게 해서든지 충돌을 회피하려고 하는 움직임도 볼 수 있습니다. 결국 현재의 안정은 매우 취약한 것이고 일시적인 것이라서 그 취약한 안정이 보다 견고한 협조로 바뀔 수 있을지가 중요해질 것입니다.

본 장은 2016년 2월에 이루어진 좌담회를 도쿄재단이 편집, 구성하여 홈페이지에 공개한 것에 가필하여 수정한 것입니다.

자료 1　무라야마 담화[4]

　　지난 대전이 종말을 고한 지 50년의 세월이 흘렀습니다. 다시금 그 전쟁으로 인하여 희생되신 내외의 많은 분들을 상기하면 만감에 가슴이 저미는 바입니다. 패전 후 일본은 불타버린 폐허 속에서 수많은 어려움을 극복하면서 오늘날의 평화와 번영을 구축해 왔습니다. 그것은 우리들의 자랑이며 그것을 위하여 기울인 국민 여러분 한 분 한 분의 영지(英知)와 꾸준한 노력에 대하여 저는 진심으로 경의의 뜻을 표하는 바입니다. 여기에 이르기까지 미국을 비롯한 세계 여러 나라에서 보내진 지원과 협력에 대하여 다시 한번 심심한 사의를 표합니다. 또 아시아·태평양 근린제국, 미국, 구주제국과의 사이에 오늘날과 같은 우호관계를 구축하게 된 것을 진심으로 기쁘게 생각합니다.

　　오늘날 일본은 평화롭고 풍요로워졌지만 우리는 자칫하면 이 평화의 존귀함과 고마움을 잊어버리기 쉽습니다. 우리는 과거의 잘못을 두 번 다시 되풀이하지 않도록 전쟁의 비참함을 젊은 세대에 전하지 않으면 안 됩니다. 특히 근린제국의 국민들과 협조하여 아시아·태평양 지역 더 나아가 세계평화를

4　출처: 주대한민국일본국대사관 https://www.kr.emb-japan.go.jp/relation/history_issues_20050609.html

확고히 해나가기 위해서는 무엇보다도 이들 여러 나라와의 사이에 깊은 이해와 신뢰를 바탕으로 하는 관계를 키워나가는 것이 불가결하다고 생각합니다. 정부는 이러한 생각을 바탕으로 하여 특히 근현대에 있어서 일본과 근린 아시아제국과의 관계에 관한 역사 연구를 지원하고 각 국과의 교류를 비약적으로 확대시키기 위하여 이 두 가지를 축으로 하는 평화우호교류사업을 전개하고 있습니다. 또 현재 힘을 기울이고 있는 전후 처리문제에 대하여도 일본과 이들 나라와의 신뢰관계를 한층 강화하기 위하여 저는 앞으로도 성실히 대응해 나가겠습니다.

지금 전후 50주년이라는 길목에 이르러 우리가 명심해야 할 것은 지나온 세월을 되돌아보면서 역사의 교훈을 배우고 미래를 바라다보며 인류사회의 평화와 번영에의 길을 그르치지 않게 하는 것입니다. 우리나라는 멀지 않은 과거의 한 시기, 국가정책을 그르치고 전쟁에의 길로 나아가 국민을 존망의 위기에 빠뜨렸으며 식민지 지배와 침략으로 많은 나라들 특히 아시아 제국의 여러분들에게 다대한 손해와 고통을 주었습니다.

저는 미래에 잘못이 없도록 하기 위하여 의심할 여지도 없는 이와 같은 역사의 사실을 겸허하게 받아들이고 여기서 다시 한번 통절한 반성의 뜻을 표하며 진심으로 사죄의 마음을 표명합니다. 또 이 역사로 인한 내외의 모든 희생자 여러분에게 깊은 애도의 뜻을 바칩니다.

패전의 날로부터 50주년을 맞이한 오늘, 우리나라는 깊은 반성에 입각하여 독선적인 내셔널리즘을 배척하고 책임있는 국제사회의 일원으로서 국제협조를 촉진하고 그것을 통하여 평화의 이념과 민주주의를 널리 확산시켜 나가야 합니다. 동시에 우리나라는 유한일 피폭국이라는 체험을 바탕으로 해서 핵무기의 궁극적인 폐기를 지향하여 핵확산금지체제의 강화 등 국제적인 군축을 적극적으로 추진해 나가는 것이 간요(肝要)합니다. 이것이야말로 과거에 대한 속죄이며 희생되신 분들의 영혼을 달래는 길이 되리라고 저는 확신합니다.

'의지하는 데는 신의보다 더한 것이 없다'고 합니다. 이 기념할 만한 때에 즈음하여 신의를 시책의 근간으로 삼을 것을 내외에 표명하며 저의 다짐의 말씀에 대신하고자 합니다.

1995년 8월 15일

내각총리대신 무라야마 도이미치

자료2 고이즈미 담화[5]

저는 종전60년을 맞이함에 있어서, 다시 한번 지금 우리가

---

5   출처: 주대한민국일본국대사관 https://www.kr.emb-japan.go.jp/relation/history_issues_20050815.html

누리고 있는 평화와 번영은 전쟁으로 어쩔 수 없이 목숨을 잃으신 많은 분들의 고귀한 희생의 위에 있음을 생각하며 다시는 일본국이 전쟁에의 길로 나가서는 안 된다는 결의를 새롭게 하는 바입니다.

지난 大戰에서는 300만여 동포가 조국을 생각하며 가족을 생각하며 전장에서 산화하거나 전후 머나먼 이국 땅에서 돌아가셨습니다. 또한, 일본국은 일찍이 식민지 지배와 침략으로 많은 나라 특히 아시아 제국의 사람들에게 다대한 손해와 고통을 주었습니다. 이러한 역사의 사실을 겸허히 받아들여 다시 한번 통절한 반성과 진심으로 사죄의 마음을 표함과 더불어 지난 대전에서의 내외의 모든 희생자께 삼가 애도의 뜻을 표합니다.비참한 전쟁의 교훈을 풍화시킴이 없이 다시는 전쟁을 일으키는 일 없이 평화와 번영에 공헌해 나갈 것을 결의합니다.

전후, 일본국은 국민의 부단한 노력과 많은 나라의 지원에 힘입어 폐허로부터 다시 일어나 샌프란시스코평화조약을 받아들이고 국제사회에의 복귀에 제일보를 내딛었습니다. 어떠한 문제도 무력이 아닌 평화적으로 해결한다는 입장으로 일관하며 ODA나 유엔 평화유지활동 등을 통하여 세계 평화와 번영을 위해 물적·인적 양면에서적극적으로 공헌해 왔습니다.

일본국의 전후 역사는 진정으로 전쟁에의 반성을 행동으

로 보여준 평화의 60년이었습니다. 일본국은 전후 세대가 인구의 70%를 넘고 있습니다. 일본 국민은 한결같이 스스로의 체험이나 평화를 지향하는 교육을 통하여 국제평화를 진심으로 희구하고 있습니다. 지금 세계 각지에서 청년해외협력대 등의 많은 일본인이 평화와 인도지원을 위해 활약하고 있으며 현지 주민들로부터 신뢰와 높은 평가를 받고 있습니다. 또한 아시아 여러 나라와의 사이에서도 일찍이 볼 수 없었던 정도로 경제, 문화 등 폭넓은 분야에서 교류를 깊게 하고 있습니다. 특히, 一衣帶水의 사이인 중국이나 한국을 비롯해 아시아 제국과는 함께 손을 잡고 이 지역의 평화를 유지하며 발전을 지향하는 것이 필요하다고 생각합니다. 과거를 직시하고 역사를 바르게 인식하여 아시아 제국과의 상호이해와 신뢰를 기반으로 미래지향의 협력관계를 구축해 나아가고자 합니다.

국제사회는 지금 도상국의 개발이나 빈곤 극복, 지구환경의 보전, 대량살상무기의 확산방지, 테러방지·근절 등, 예전에는 상상할 수도 없었던 복잡하고도 곤란한 과제에 직면해 있습니다. 일본국은 세계평화에 공헌하기 위해 不戰의 맹세를 견지하며 유일한 피폭국으로서의 체험이나 전후 60년의 과정에 입각해 국제사회의 책임 있는일원으로서의 역할을 적극적으로 해 나아갈 것입니다. 전후 60년이라는 길목인 올해 평화를 사랑하는 일본국은 뜻을 같이하는 모든 국가와 함께 인류전체의 평화와 번영을 실현하기 위해 전력을 다할 것을 거듭 표명합니다.

2005년 8월 15일

내각총리대신 고이즈미 준이치로

자료3 **아베 담화**[6]

(원문은 일본어이며, 본 한국어판은 참고 가번역입니다.)

종전 70년을 맞이함에 있어서 지난 대전으로의 행로, 전후의 행보, 20세기라는 시대를 우리는 조용한 마음으로 되돌아보며 그 역사의 교훈 속에서 미래를 향한 지혜를 배워야 한다고 생각합니다.

100여 년 전의 세계에는 서구 국가들을 중심으로 한 나라들의 광대한 식민지가 펼쳐져 있었습니다. 압도적인 기술 우위를 배경으로 식민지 지배의 물결은 19세기 아시아에도 밀려왔습니다. 그 위기감이 일본 근대화의 원동력이 되었음은 틀림이 없습니다. 아시아 최초로 입헌정치를 내세우며 독립을 지켜냈습니다. 일러전쟁은 식민지 지배 하에 있던 많은 아시아와 아프리카인들에게 용기를 주었습니다.

세계를 휩쓸었던 제1차 세계대전을 거쳐 민족 자결의 움직

---

6   출처: 주대한민국일본국대사관 https://www.kr.emb-japan.go.jp/relation/history_issues_20150814.html

임이 확산되면서 그간의 식민지화에 제동이 걸렸습니다. 이 전쟁은 1000만 명이나 되는 전사자를 낸 비참한 전쟁이었습니다. 사람들은 평화를 강력히 바라며 국제연맹을 창설하고, 부전조약(不戰條約)을 탄생시켰습니다. 전쟁 자체를 위법화하는 새로운 국제사회의 조류가 생겨났습니다.

당초에는 일본도 보조를 함께했습니다. 그러나 세계공황이 일어나고 구미 여러 국가가 식민지 경제를 휩쓴 경제 블록화를 추진하자 일본 경제는 큰 타격을 입었습니다. 그런 가운데 일본의 고립감이 심화되어 외교적, 경제적인 경색을 힘의 행사로 해결하려고 했습니다. 국내 정치 시스템은 이를 제어하지 못했습니다. 이렇게 해서 일본은 세계의 대세를 보지 못하게 되었습니다.

만주사변, 그리고 국제연맹 탈퇴. 일본은 점차 국제사회가 엄청난 희생 위에 구축하려 했던 "새로운 국제질서"에 대한 "도전자"가 되어 갔습니다. 나아가야 할 방향을 그르쳐 전쟁의 길을 걸어갔습니다.

그리고 70년 전. 일본은 패전했습니다.

전후 70년에 즈음하여 국내외에서 쓰러져간 모든 분들의 영령 앞에 깊이 고개 숙여 통석(痛惜)의 염(念)을 표하는 동시에, 영원한 진심 어린 애도를 바칩니다.

지난 대전에서는 300여만 명의 동포가 목숨을 잃었습니다. 조국의 앞날을 걱정하고 가족의 행복을 빌면서 전쟁터에서 산화한 분들. 종전 후 혹한의, 또는 작열하는 먼 이국땅에서 굶주림과 병으로 괴로워하다가 돌아가신 분. 히로시마와 나가사키의 원폭 투하, 도쿄를 비롯한 각 도시의 폭격, 오키나와에서의 지상전 등으로 인해 수많은 시민들이 무참히도 희생되었습니다.

교전국들도 장래가 유망한 젊은이들이 헤아릴 수 없이 목숨을 잃었습니다. 중국, 동남아시아, 태평양의 여러 섬 등 전쟁터가 된 지역에서는 전투뿐만 아니라 식량난 등으로 인해 수많은 무고한 사람들이 고통을 겪고 희생되었습니다. 전쟁터의 뒤안에는 명예와 존엄이 크게 손상된 여성들이 있었던 것도 잊어서는 안 됩니다.

아무런 죄도 없는 사람들에게 가늠할 수 없는 손해와 고통을 우리나라가 안겨 준 사실. 역사란 실로 돌이킬 수 없는 가혹한 것입니다. 한 분 한 분에게 저마다의 인생이 있고, 꿈이 있으며, 사랑하는 가족이 있었습니다. 이 당연한 사실을 깊이 되새길 때, 지금도 여전히 말을 잃고 그저 애끊는 심정을 금할 수 없습니다.

이토록 고귀한 희생 위에 지금의 평화가 있습니다. 이것이 전후 일본의 원점입니다.

두 번 다시 전쟁의 참화를 되풀이해서는 안 됩니다.

사변, 침략, 전쟁. 어떠한 무력의 위협과 행사도 국제분쟁을 해결하는 수단으로 두 번 다시 사용해서는 안 됩니다. 식민지 지배로부터 영원히 결별하고, 모든 민족 자결의 권리가 존중되는 세계로 만들어야 합니다.

지난 대전에 대한 깊은 회오(悔悟)의 마음과 더불어, 일본은 그렇게 다짐했습니다. 자유롭고 민주적인 나라를 만들고, 법의 지배를 존중하며, 오로지 부전(不戰)의 맹세를 견지해왔습니다. 70년간에 이르는 평화국가로서의 행보에 우리는 조용한 자부심을 가지며 이 부동의 방침을 앞으로도 관철해 나가겠습니다.

일본은 지난 대전에서의 행동에 대해 거듭 통절한 반성과 진심어린 사죄의 마음을 표명해왔습니다. 그 마음을 실제 행동으로 보여주기 위해 인도네시아, 필리핀을 비롯한 동남아시아 국가들, 대만, 한국, 중국 등 이웃사람인 아시아인들이 걸어온 고난의 역사를 가슴에 새기며 전후 일관되게 그 평화와 번영을 위해 힘을 다해 왔습니다.

이러한 역대 내각의 입장은 앞으로도 흔들림이 없을 것입니다.

다만 우리가 어떠한 노력을 다한다고 해도 가족을 잃으신 분들의 슬픔, 전화(戰禍)로 도탄의 고통을 겪으신 분들의 아픈 기억은 앞으로도 결코 치유되지 않을 것입니다.

그러기에 우리는 잊어서는 안 됩니다.

전후 600만 명이 넘는 귀환자가 아시아 태평양 각지에서 가까스로 무사 귀환해 일본 재건의 원동력이 된 사실을. 중국에 내팽개쳐진 3000명 가까운 일본인 자녀들이 목숨을 부지하며 성장해 다시 조국 땅을 밟을 수 있었던 사실을. 미국과 영국, 네덜란드, 호주 등의 포로 출신자들이 오랜 세월에 걸쳐 일본을 방문해 서로 전사자들의 넋을 계속 위로해오고 있다는 사실을.

전쟁의 온갖 고통을 겪은 중국인 여러분과 일본군에 의해 견디기 힘든 고통을 입은 포로 출신 여러분이 그토록 관용을 베풀기 위해서는 얼마만큼 마음의 갈등이 있었고, 얼마만큼 노력이 필요했을까요.

그 점을 우리는 헤아려야 합니다.

관용의 마음 덕분에 일본은 전후 국제사회에 복귀할 수 있었습니다. 전후 70년을 계기로 일본은 화해를 위해 온힘을 다한 모든 나라, 모든 분들께 진심으로 감사의 마음을 표하고자 합니다.

일본에서는 전후 태어난 세대가 바야흐로 인구의 80%를 넘어섰습니다. 그 전쟁과는 아무런 상관없는 우리 아이들과 손자, 그리고 그 다음 세대의 아이들에게 계속 사죄의 숙명을 짊어지게 해서는 안 됩니다. 그러나 그래도 역시 우리 일본인은 세대를 넘어 과거 역사와 정면으로 마주해야 합니다. 겸허한 마음으로 과거를 계승하고 미래로 넘겨줄 책임이 있습니다.

우리 부모, 또 그 부모 세대가 전후의 불타버린 폐허, 빈곤의 밑바닥 속에서 목숨을 유지할 수 있었습니다. 그리고 지금의 우리 세대, 나아가 다음 세대로 미래를 이어 나갈 수 있습니다. 이는 선인들의 부단한 노력과 더불어 치열하게 적으로 싸웠던 미국, 호주 유럽 국가들을 비롯해 참으로 많은 나라들이 은원을 초월해 선의와 지원의 손길을 뻗어 준 덕분입니다.

그 점을 우리는 미래로 전해 나가야 합니다. 역사의 교훈을 깊이 가슴에 새겨 보다 나은 미래를 열어 나가며, 아시아 그리고 세계의 평화와 번영을 위해 온힘을 다할 그런 큰 책임이 있습니다.

우리는 벽에 부딪친 자신의 상황을 힘으로 타개하려고 했던 과거를 우리 가슴에 계속 새기겠습니다. 그러기에 바로 일본은 어떠한 분쟁도 법의 지배를 존중하면서 힘의 행사가 아니라 평화적, 외교적으로 해결해야 합니다. 이 원칙을 앞으로도 견지하며 세계 여러 나라에 호소해 나가겠습니다. 유일한 전쟁 피폭국으로서 핵무기의 비확산과 궁극적인 폐기를 목표로 국제사회에서 그 책임을 다하겠습니다.

우리는 20세기 전시 하에 수많은 여성들의 존엄과 명예가 크게 손상된 과거를 우리 가슴에 계속 새기겠습니다. 그러기에 바로 일본은 이런 여성들의 마음에 늘 다가가는 나라가 되려고 합니다. 21세기야말로 여성의 인권이 손상되는 일이 없는 세기로 만들기 위해 세계를 리드해 가겠습니다.

우리는 경제 블록화가 분쟁의 싹을 키운 과거를 우리 가슴에 계속 새기겠습니다. 그러기에 바로 일본은 어떠한 나라의

자의에도 좌우되지 않는 자유롭고 공정하며 열린 국제경제 시스템을 발전시키고, 개도국 지원을 강화하며, 세계의 더 큰 번영을 견인해 나가겠습니다. 번영이야말로 평화의 초석입니다. 폭력의 온상이 될 수 있는 빈곤에 맞서 세계의 모든 사람들에게 의료와 교육, 자립의 기회를 제공하기 위해 더욱 온힘을 다하겠습니다.

우리는 국제질서에 대한 도전자가 되어버린 과거를 우리 가슴에 계속 새기겠습니다. 그러기에 바로 일본은 자유, 민주주의, 인권과 같은 기본적 가치를 흔들림 없이 견지하며, 그 가치를 공유하는 나라들과 손잡고 "적극적 평화주의"의 기치를 높이 내걸며 세계 평화와 번영에 지금껏 이상으로 공헌해 나가겠습니다.

종전 80년, 90년, 나아가서는 100년을 향해 국민 여러분과 함께 이런 일본을 만들어 나갈 그런 결의입니다.

2015년 8월 14일
내각총리대신 아베 신조

III

역사인식을
생각하기 위해

제7장 역사인식 문제를 고찰하는 서적

호소야 유이치(細谷雄一)

시작하며

2015년은 제2차 세계대전이 끝나고 70주년이었다. 이 분기점의 해에 과연 정부가 그리고 아베 신조(安倍晋三) 총리가 어떠한 역사인식을 표명할지 주목받았다.

2015년 1월 1일 아베 총리는 연두 소감에서 다음과 같이 말했다.

올해는 전후 70년의 분기점입니다. 일본은 지난 대전에 대한 깊은 반성을 토대로 전후에는 자유롭고 민주적인 국가로서 한결같이 평화 국가의 길을 걸었고, 세계 평화와 번영에 공헌해왔습니다. 지나온 과거를 되돌아보면서, 오는 80년, 90년, 나아가 100년을 향해, 일본이 어떠한 국가를 지향하고, 세계에 어떠한 공헌을 해나갈 것인가. 우리들이 지향하는 국가의 모습을 이번 기회에 세계를 향해 보여주고, 새로운 나라를 만들기 위해 힘차게 시작하는 그러한 한 해로 만들고 싶습니다.

또 1월 5일의 연두 기자회견에서 역사인식에 관한 질문에 대해 아베 총리는 다음과 같이 대답했다.

이전부터 말씀드렸듯이, 아베 내각은 무라야마 담화를 비롯해, 역사인식에 관한 역대 내각의 입장을 전체적으로 계승하고 있습니다. 그리고 계승해나갈 것입니다. 전후 70년 동안 일본은 자유롭고 민주적이며 인권을 지키고 법의 지배를 존중하는 나라를 만들고 평화국가의 길을 걸었으며, 아시아태평양지역과 세계의 평화·발전·민주화 등에 커다란 공헌을 해왔습니다. 전후 70년의 분기점을 맞이하여 아베 정권으로서 지난 대전에 대한 반성, 전후 평화국가로서의 발걸음, 그리고 앞으로 일본이 아시아태평양지역과 세계를 위해 어떠한 공헌을 더 해나갈 것인가. 세계에 보여줄 수 있는 것을 지혜를 모아 생각하고, 새로운 담화에 담겠습니다.

이 연두 기자회견의 아베 총리 발언에서 역사인식에 임하는 일본 정부의 기본적인 입장을 알 수 있다. 즉, 여기에는 세 가지 측면이 융합하고 있는데, 첫 번째 측면은 '지난 대전에 대한 반성'이라는 역사에 대한 반성, 두 번째 측면은 '전후 평화국가로서의 발걸음'으로 전후 70년에 대한 총괄, 그리고 세 번째 측면으로 '적극적 평화주의'에 근거한 향후의 평화와 번영을 위한 '공헌'이다. 과거·현재·미래라는 세 개의 시간이 서로 연관되어 있다. 일본이 진지하게 과거의 역사와 대면함으로써 향후 일본의 외교정책과 안보정책에 대한 국제적인 신뢰를 얻을 수 있을 것이다. 또한 전후 일본의 평화 국가로서의 발걸음은 어디까지나 전쟁 경험에 대한 반성을 토대로 하고 있다. 이처럼 역사인식 문제라는 것은 단순히 과거를 둘러싼 인식에 그치지 않고 현재의 대외정책과 불가분하게 연관되며, 또한 미래의 진로를 규정하는 것이다.

실제로, 2월 25일 총리 관저에서 열린 '20세기를 되돌아보고 21세기의 세계질서와 일본의 역할을 구상하기 위한 유식자 간담회', 이른바 21세기 구상간담회에서도 아베 총리는 동일한 삼층 구조의 문제를 제기했다. 2015년의 일본 외교는 역사인식 문제로 움직이고 규정되며 영향을 받았다. 또 2015년의 일본 외교가 직면한 과제들도 역사담화의 내용에 커다란 영향을 미치고 있다. 이번 장에서는 이와 같은 문제의식을 가지고 최근 간행된 역사인식 관련 서적을 소개하고자 한다.

1. 제1차 세계대전 100주년

2014년은 제1차 세계대전이 발발한 지 100주년이 되는 해였다. 그 때문에 일본어와 영어로 많은 관련 문헌이 간행되었다. 역사가 에릭 홉스봄(Eric Hobsbawm)은 제1차 세계대전을 '짧은 20세기'의 개막이라고 평했다.[1] 현대 세계의 개막으로 제1차 세계대전은 가장 중요한 전환점이었고, 그 이후의 역사인식 문제와 관련한 중요한 출발점이 되었다. 따라서 제1차 세계대전에 대해 어떠한 연구가 진행되고 있는지, 100주년을 맞아 이 전쟁이 어떻게 기억되고 있는지 이해하는 것은 의미가 있는 작업이다.[2]

영어로는 예일 대학 교수 제이 윈터(Jay Winter)가 책임 편집한 *The Cambridge History of the First World War*가 전 3권의 논문집으로 간행되어 있다.[3] 현 시점에선, 이 3

---

1   エリック・ホブズボーム『20世紀の歴史―極端な時代』河合秀和訳 (三省堂, 1996).

2   최근 제1차 세계대전사 연구의 발전을 일본의 시각에서 개관한 것으로 奈良岡聰智「第1次世界大戰と日本」『アスティオン』第84巻(2016), pp.222-227.

3   Jay Winter(ed.), *The Cambridge History of the First World War: Volume I Global War* (Cambridge: Cambridge University Press, 2014); Jay Winter(ed.), *The Cambridge History of the First World War: Volume II The State*(Cambridge: Cambridge University Press 2014); Jay Winter(ed.), *The Cambridge History*

권이 제1차 세계대전 연구에서 가장 선진적이라 할 수 있다. 이 연구는 최근 역사학의 조류에 부합하여 군사사와 외교사보다는 오히려 사회사와 문화사 쪽에 힘을 싣고 있다. 방대한 수록 논문 중에 몇 개의 장이 역사인식 문제와 관련된 내용인데, 예를 들어 제1권에서는 Bruno Cabanes, "1919: Aftermath"의 장, 그리고 제3권에서는 John Horne, "The Great War at its centenary"의 장이 제1차 세계대전 이후의 영향에 대해 논하고 있다. 또한 제3권에서는 Joy Damousi, "Mourning practices"의 장에서 전후 사망자의 추도가 개인적 및 집단적으로 어떻게 이루어졌는지를 다루고 있다. 또한 아시아에 대해서는 제2권의 Guoqi Xu, "Asia"의 장에서 논하고 있는데, 전3권 어디에도 일본인 집필자가 없는 점은 아쉽다. 동아시아에서도 제1차 세계대전은 많은 정치 변동과 마찰, 대립을 낳았는데, 그에 대해 아직도 종합적으로 논의되고 있지 않는 이러한 상황이 현재 동아시아 역사인식 문제가 심각해진 것과 관계 없을 리 없다.

이 논문집의 편집자인 제이 윈터의 전문 분야는 제1차 세계대전의 기억과 추도이며 관련 영역에서 수많은 연구 성과를 남기고 있다. 대표적인 것으로 Jay Winter,

---

of the First World War(Cambridge: Cambridge University Press, 2014).

Sites of Memory, Sites of Mourning: The Great War in European Culture History(Cambridge: Cambridge University Press, 1995)와 Jay Winter and Emmanuel Sivan(eds.), *War and Remembrance in the Twentieth Century* (Cambridge: Cambridge University Press, 2000), Jay Winter and Antoine Prost(eds.), *The Great War in History: Debates and Controversies, 1914 to the Present*(Cambridge: Cambridge University Press, 2005) 등을 들 수 있다.

또한 휴 스트레이천(Hew Strachan)(ed.), *The Oxford Illustrated History of the First World War*, New Edition은 군사사와 외교사에 초점을 맞춘 뛰어난 논문들을 수록하고 있다.[4] 그중에 Modiris Eksteins, "Memory and the Great War"는 전후에 전쟁이 어떻게 기억되었는지를 기록하고 있다. 세계에 거대한 충격을 미친 제1차 세계대전은 이후 문학과 영화에도 기록되었고, 동시에 세계 각지에서 추도 시설이 만들어져 죽은 자를 기억하게 된다.

저명한 외교사가인 캠브리지 대학 데이비드 레이놀즈(David Reynolds) 교수의 *The Long Shadow: The Great*

---

4   Hew Strachan (ed.), *The Oxford Illustrated History of the World War*, New Edition(Oxford: Oxford University Press, 2014).

*War and the Twentieth Century*에서는 최근 제1차 세계대전 연구에서 '문화적 자리바꿈'이 일어나고 있다는 것을 전제로 좀 더 외교와 군사에도 관심을 기울이면서 종합적인 관점을 제시하려고 한다.[5] 이 책에서는 특히 영국에서 제1차 세계대전이 그 이후의 외교와 사회에 어떠한 영향을 미쳤는지 분석하고 있다. 영국, 프랑스, 독일, 미국에서 제1차 세계대전이 초래한 의미와 영향이 서로 다르다는 점을 염두에 두면서 영국에 미친 영향을 장기적 시야에서 정립하고 있다.

일본어 문헌으로는 2015년에 교토(京都)대학 인문과학연구소가 오랜 공동연구의 성과로 간행한 제1차 세계대전에 관한 논문집이 있다.[6] 앞서 언급한 캠브리지 대학 출판회의 것과 비교하면 문학과 철학 등의 분야와 관련된 논문이 많고, 일본과 아시아의 관여에 주목하는 논문이 다수 수록되어 있다는 특징을 지닌다. 제목에 '현대의 기점'이라 적혀 있으며, 제4권은 遠藤乾「ヨーロッパ統合へ向けて－起点としての第1次世界大戦－」, 伊藤順二「帝国ソ連の成立－南コーカサスにおけるロシア帝国の崩壊と再統合－」, 中野耕

---

5   David Reynolds, *The Long Shadow: The Great War and the Twentieth Century*(London: Simon & Schuster, 2013).

6   山室信一·岡田暁生·小関隆·藤原辰史編『第1次世界大戦 1世界戦争』,『第1次世界大戦 2総力戦』,『第1次世界大戦 3精神の変容』,『第1次世界大戦 4遺産』(岩波書店, 2014).

太郎「『アメリカの世紀』の始動」 등, 흥미로운 논점이 보이는데, 앞서 제이 윈터의 연구에서 보이는 전후의 추도와 역사인식, 기억되는 방법은 특히 일본과 아시아를 중심으로 논했다면 깊이가 더해졌을 것이다. 또한 제1차 세계대전을 군사사에 초점을 맞춘 연구인 軍事史学会編『第1世界大戦とその影響』(錦正社, 2015)의 간행을 환영하고 싶다.

이처럼 한 세기 전의 제1차 세계대전에 관해서도 아직 논쟁이 이어지고 새로운 연구 성과가 매년 나오고 있다. 또한 제1차 세계대전에 관한 역사인식도 국가마다 다르고 이를 균형감 있게 객관적으로 이해하는 것은 결코 쉬운 일이 아니다. 그렇다면 보다 시간적으로 가까운 제2차 세계대전의 경우, 여전히 전쟁을 경험한 사람들이 많이 살아 있다는 것에서도 역사인식을 공유하기는 쉽지 않다 할 것이다.

2. 역사인식을 둘러싼 문제

최근 역사학의 영역뿐만 아니라 정치학과 국제관계론도 역사인식과 역사적 기억이 가지는 중요성을 지적하고 있다. 독일사 전문으로 옥스퍼드 대학 올 소울즈 컬리지(All-Souls College)의 펠로우(Fellow) 얀 베르너 뮬러(Jan-werner Muller)는 "기억과 관련해 역사학, 사회학, 문화학을 중심으로 연구가 진행되고 있음에도 불구하고, 기억과 권력 간의 관계에 대해서는 흥미롭게도 여전히 충분한 검토가 이루어지지 않고 있다"고 말한다.[7] 우리들은 여전히 역사인식 문제와 역사기억 문제를 순수한 성실성 문제로 생각하는 경향이 많은데, 여기서 지적하듯이 한층 더 정치학적 문제로서 '기억'이 어떻게 이용되는지를 냉정하게 자료를 가지고 역사적으로 검증해야 할 것이다. 그것이 역사인식 문제를 '신화'에서 '사실'로 발전시키는 데 필수불가결한 작업이 될 것이다.

그러한 시점에서 역사인식과 기억의 문제를 검토한 몇 가지 연구들이 보인다. 먼저 제니퍼 린드(Jenniffer Lind)는 국제 정치학적 시점에서 역사적 기억과 역사적 화해의 문제를 검토하고 있다. Jennifer Lind, *Sorry States: Apologies in International Politics*(Ithaca: Cornell University Press, 2008)는 일본과 동아시아에서의 화해 문제를 다루며, 이 분야의 선구적인 저서이다. 또한 국제 정치학자인 보스턴 대학의 토머스 버거(Thomas U. Berger)는 구성주의의 이론적 관심에서 독일과 일본 등의 전후 경험을 비교한 연구를 간행했다.[8]

---

7   Jan-werner Muller, "Introduction: the power of memory, the memory of power and the power over memory", in Jan-Werner Muller(ed.), *Memory & Power in Post-war Europe: Studies in the Presence of the Past*(Cambridge: Cambridge University Press, 2002) p.2.

8   Thomas U. Berger, *War, Guilt, and World Politics after World*

근현대 일본사와 동아시아사를 전문으로 하는 미국의 연구자들이 중심이 되어 편찬한 역사인식 문제 관련 저서로는 Sheila Miyoshi and Rana Mitter (eds.), *Ruptured Histories: War, Memory, and the Post Cold War in Asia*(Cambridge MA: Harvard University Press, 2007)가 있다. 이 책에서는 '위안부' 문제, 야스쿠니 참배 문제, 베트남 전쟁 문제 등 현재까지 이어지는 아시아의 역사인식 문제에 대해 각각의 전문가들이 논문을 집필했다.

한편, 제국이 탈식민지화 후에 기억과 정체성의 문제를 어떻게 야기했는가를 논한 공동연구가 Kalypso Nicolaidis, Berny Sebe and Garielle Maas(eds.), *Echoes of Empire: Memory, Identity and Colonial Legacies*(London: I.B. Tauris, 2015)이다. 이 책은 오스만 제국과 스페인 제국, 일본 제국에서 소련 제국의 붕괴까지 다양한 지역의 다양한 '제국'이 붕괴된 이후의 유산과 영향에 대해 분석하고 있다. 역사가와 정치학자의 공동 연구이며, '제국'의 문제를 다면적으로 논함으로써 유익한 시각을 제공하고 있다.

또한 정치학적인 문제의식과 관심에서 현재 동아시아의 역사인식 문제를 검토한 공동 연구로 Tsuyoshi Hasegawa

---

War II(Cambridge: Cambridge University Press, 2012).

and Kazuhiko Togo(eds.), *East Asia's Haunted Present: Historical Memories and Resurgence of Nationalism*(Westport: Prager, 2008)가 있다 . 여기에는 미국인 연구자, 일본인 연구자, 중국인 연구자, 한국인 연구자 등이 모여 현대의 동아시아에서 내셔널리즘의 문제와 역사인식 문제가 어떻게 서로 관련되어 있는지를 논하고 있다.

3. 영일 간의 역사화해

전후 일본이 경험한 역사화해 중 종종 성공 사례로 언급되는 것이 영국과의 역사화해이다. 진주만 공격 이후 비교적 빠른 시간에 일본군은 싱가포르와 말레이 반도를 군사 점령했기 때문에 영국인 포로가 많이 발생했다. 이들 영국인 포로가 학대를 당하고, 버마 철도 건설 시 수많은 영국인 포로 사망자가 나오면서 전후 영일관계는 영국 퇴역 군인들의 강경한 태도로 냉각되어 있었다. 이러한 상황은 1980년대 이후 양국 정부의 진지한 대응과 민간단체의 노력을 통해 역사화해가 크게 진전되었다.

이러한 과정을 자세하게 논한 것이 코스케 노부코(小菅信子)의 『戦後和解－日本は<過去>から解き放たれるのか』(中公親書, 2005)와 『ポピーと櫻－日英和解を紡ぎなおす』(岩波書店, 2008) 두 권이다. 그다지 언급될 기회가 없는 영일

화해이지만 실은 전후 오랜 기간 양국 간에는 역사인식 문제를 두고 마찰이 계속되었다. 그것을 어떻게 화해로 바꾸었는지를 이해하는 것은 오늘날 일본이 직면하고 있는 문제의 본질을 이해하는 데 참고가 될 수 있다. 동시에 역사화해가 진전되기 위해서는 쌍방이 노력을 아끼지 않는 것이 불가결하다는 점을 알 수 있다.

영일 화해에 대해서는 그 외에도 뛰어난 공동연구들이 있다. 小菅信子/ヒューゴ・ドブソン編『戦争と和解の日英関係史』(法政大学出版局, 2011)과 木畑洋一/小菅信子/フィリップ・トウル編『戦争の記憶と捕虜問題』(東京大学出版会, 2003)에서는 역사인식 문제의 해결이 결코 용이하지 않았다는 것을 알 수 있다. 중일 간, 한일 간과는 달리 영일 간의 화해에는 인종 문제와 종교의 문제, 국제법에 대한 이해의 문제 등이 복잡하게 얽혀 있다. 이 두 권의 공동연구는 이러한 문제를 다양한 각도에서 검토하고 있다.

4. 유럽의 경험과 아시아의 경험

유럽과 아시아에서는 역사인식 문제의 성질도, 국제 환경도, 역사화해에 요구되는 조건도 크게 다르다. 따라서 이들을 안이하게 연관짓는 것은 오히려 문제를 복잡하게 해서 해결을 곤란하게 할 가능성이 있다. 학문적 비교 연구의 시각에서 양자를 검토하는 시도는 의미가 있을 것이다.

그러한 시도를 진지한 학문적 태도로 수행한 것이 黒沢文貴·イアン·ニッシュ編『歴史と和解』(東京大学出版会, 2011)이다. 여기에는 신뢰할 수 있는 역사가가 독일과 프랑스 간, 영국과 아일랜드 간, 프랑스와 알제리 간 등 여러 역사화해 문제를 비교하고, 중일과 한일의 문제를 검토하고 있다. 제시된 사례들로 보아도 가장 포괄적이고 다면적인 역사화해 연구 중 하나이다. 여기서 우리는 많은 시사점을 얻을 수 있다.

또한 <요미우리신문> 기자인 미요시 노리히데(三好範英)의 『蘇る「国家」と「歴史」－ポスト冷戦20年の欧州』芙蓉書房出版, 2009)에서는 일본에서는 잘 언급되지 않은 러시아-에스토니아 간, 독일-폴란드 간의 역사화해 문제를 다루고 있다. 아시아에서는 유럽을 종종 역사화해의 모범으로 간주하는 경우가 많은데, 실제 냉전 종료 후의 유럽에서는 제2차 세계대전기의 역사문제와 냉전기의 역사문제가 복합적으로 얽히면서 한층 해결이 어려워지는 경우도 있다.

그리고 러시아사 전문의 하시모토 노부타(橋本伸也) 간사이가쿠인 대학(関西学院大学) 교수는 『記憶の政治－ヨーロッパの歴史認識紛争』(岩波書店, 2016)에서 러시아가 안고 있는 역사인식 문제에 대해 발트 국가들과의 관계를 중심으로 면밀하게 검토하고 있다. 러시아와 발트삼국, 또는 동유

럽 국가들과의 관계는 세계대전과 냉전, 그리고 공산주의 체제의 붕괴라는 몇 겹의 거대한 역사변동이 중첩되고 있기 때문에 굉장히 복잡한 양상을 띤다. 냉전이라는 거대한 얼음이 녹아내리면서 전통적인 역사문제가 빈번하게 떠오르고 있는 것이다.

5. 동아시아의 역사인식 문제

가장 곤란하면서도 우리들에게 가장 중요한 동아시아의 역사인식 문제에 대해서도 이미 뛰어난 연구들이 다수 간행되어 있다. 비교적 빠른 시기에 역사 문제의 중요성을 검토한 연구가 후네바시 요이치(船橋洋一)編『いま, 歴史問題にどう取り組むか』(岩波書店, 2001)과 船橋洋一『歴史和解の旅—対立の過去から共生の未来へ』(朝日新聞社, 2004)이다. 1993년 '위안부'문제와 관련한 고노 담화와 1995년 전쟁 책임을 둘러싼 무라야마 담화 때에도 역사인식 문제는 이미 한일관계와 중일관계를 냉각시키고 있었다. 그러나 역사인식 문제가 학문적인 연구 대상으로, 보다 포괄적이고 종합적인 시각에서 검토된 것에는 이들 저서의 역할도 크다.

일찍부터 언론인으로서 역사인식 문제에 관심을 보인 인물이 와카미야 요시후미(若宮啓文)이다. 와카미야는『戦後保守のアジア観』(朝日選書, 1995)에서 자민당 보수계 의원들의 역사인식을 개관하고 있다. 이 저서는 『戦後70年保守のアジア観』(朝日選書, 2014)로 새롭게 개정되어 지금도 읽히고 있다. 최근의 연구로는 일본, 미국, 영국, 중국, 한국의 국제정치학자와 역사가들의 공동 연구로 菅英輝編 『東アジアの歴史摩擦と和解可能性－冷戦後の国際秩序と歴史認識をめぐる諸問題』(凱風社, 2011)가 있다. 이 연구물은 역사인식 문제가 언론인에 의한 검토에서 역사가에 의한 학문적 연구 대상으로 전환되었음을 알리고 있다.

6. 전후 일본이 걸어온 길

전후의 외교 사료가 공개되고 구술 기록 등의 연구 방법이 활용되는 가운데, 보다 본격적인 학문연구성과로서 훌륭한 문헌들이 간행되고 있다.

정부 내에서 다수의 작업에 관여하고 또한 외무성 외교사료관에서 『외교문서』 편찬위원을 오랫동안 역임한 쓰쿠바대학 하타노 스미오(波多野澄雄) 명예교수의 『国家と歴史－戦後日本の歴史問題』(中公新書, 2011)는 이들 문제를 논하는 데 있어서 필독서이다. 전쟁 배상 문제에서 시작하여 역사 교과서 문제, 야스쿠니 참배 문제, 위안부 문제 그리고 역사공동연구 등 저자가 당사자로 관여한 문제를 다루고 있으며, 균형 잡힌 분석으로 논의의 전제를 제공하고 있다. 또한

핫토리 류지(服部龍二)는 『外交ドキュメント歴史認識』(岩波親書, 2015)에서 본인이 작업한 광범위한 구술 기록과 외무성에서 획득한 정보공개청구 성과를 활용하여 이제껏 알려지지 않은 부분도 포함한 최신 연구 성과를 반영하고 있다. 뛰어난 역사가들에 의한 이 두 권의 연구는 이데올로기와 감정, 정치 상황 등과는 거리를 둔 채 역사가의 냉철한 시선으로 문제의 본질을 좇고 있다.

중일 간의 역사인식 문제와 관련해서는 미국의 시튼홀(Seton Hall) 대학교에서 교편을 잡고 있는 두 명의 중국인 정치학자 왕종(Zheng Wang)과 헤이 이난(Yinan He)의 뛰어난 연구가 눈에 띈다. 왕종의 『中国の歴史認識はどう作られたのか』(東洋経済新聞社, 2014)는 이미 국제적으로 높은 평가를 받고 있었던 *Never Forget National Humiliation*의 일본어 번역이다.[9] 왕은 '물망국치(勿忘國恥)'라는 중국이 빈번하게 사용하는 용어에 주목하여 중국의 정치와 외교가 '역사적 기억'에 의해 크게 규정되어왔다고 논하고 있다. 또한 Yinan He, *The Search for Reconciliation: Sino-Japanese and German-Polish Relations since World War II* (Cambridge: Cambridge University Press, 2009)는

---

9   Zhen Wang, *Never Forget National Humiliation: Historical Memory in Chinese Politics and Foreign Relations* (New York: COlumbia University Press, 2012).

균형감 있게 중일과 독일·폴란드의 역사화해 과정을 비교 검토하고 있다. 두 연구 모두 중국 정부가 의도적으로 애국주의와 내셔널리즘을 동원하여 국내 결속을 강화하고, 공산당 통치의 정당성을 획득해온 양상을 학술적으로 밝히고 있다.

한일 간의 역사인식 문제에 대해서는 기무라 칸(木村幹)의 『日韓歷史認識問題とは何か―歷史教科書·「慰安婦」·ポピュリズム』(ミネルヴァ, 2014)이 뛰어나다. 한국정치가 전문인 기무라 고베대학(神戶大学) 교수는 다양한 통계 데이터와 신문 자료를 활용하여 한국에서 역사인식 문제가 부상하는 논리를 명쾌하게 그려내고 있다. 중국의 경우도 같으나, 역사인식 문제가 부상하는 배경으로 국내 정치상의 요인이 크게 작용한다는 점을 강조하고 있다. 국내 문제가 깊숙이 작용하고 있는 이상 외교만으로 이 문제를 해결하는 것이 얼마나 어려운지 알 수 있다.

마치며

일본이 현재 당면하고 있는 가장 어려운 역사인식 문제는 중일, 한일관계에서 나타나고 있다. 특히, '위안부' 문제는 2015년 12월 한일합의에 이르기까지 한일이 정상회담조차 열지 못할 정도로 양국관계를 긴장에 빠뜨렸다. 한국 국내에서는 이 문제를 학문적 연구대상으로 차분하게 논의하기가

쉽지 않다. 박유하(朴裕河)『帝国の慰安婦－植民地支配と記憶の闘い』(朝日新聞社, 2014)의 간행을 두고 한국 내에서도, 일본 내에서도 큰 문제가 일어나고 있는 것이 이를 말해준다. 마찬가지로, 일본 국내에서도 '위안부' 문제와 난징 대학살 문제 등은 냉정한 연구가 어려워지고 있다.

E. H. 카는 "현재의 눈을 통하지 않으면 우리들은 과거를 응시할 수도 없으며, 과거를 이해하는 데 성공할 수도 없다"고 말한다.[10] 바꿔 말하면 한일, 중일 간의 역사인식 문제를 이해하기 위해서는 한국 정치와 중국 정치 그리고 일본 정치를 이해하는 것이 불가피하다. 왜 그렇게 역사인식 문제가 부상했는가? 왜 해결되지 못하는가? 그것은 역사적 사실에 대한 이해와 역사사료를 찾는 것만으로는 부족할 것이다. 상대를 비판하는 데만 그치지 말고 과거를 이해하고 동시에 현재를 이해해야 복잡하게 얽혀 있는 역사인식 문제에 적절하게 대응할 전제 조건을 얻을 수 있지 않을까.

---

10 E·H·カー『歴史とは何か』清水幾太郎訳(岩波親書, 1962) p.31.

제8장 전후 70년 고찰에 도움이 되는 문헌

고미야 가즈오(小宮一夫)

시작하며

1945년 8월 15일 종전으로부터 70년이 지났다. 정치학이나 경제학의 동시대 연구에서 시작한 '전후' 연구는 시간이 지나면서 역사 연구의 대상으로 그 범주를 확대해왔다. 종전 후 25년이 지난 1970년대가 되면서 점령사 연구의 개척자라고 할 수 있는 다케마에 에이지(竹前栄治)의『アメリカ対日労働政策の研究』(日本評論社, 1970)를 시작으로 점령기 연구에 대한 성과가 개인 저서로 출간되기 시작했다. 1980년대에 들어서면 이오키베 마코토(五百旗頭真)『米国の日本占領政策ー戦後日本の設計図』上・下(中央公論社, 1985)와『日米戦争と戦後日本』(大阪書籍, 1989, 이후 講談社学術文庫, 2005), 호소야 치히로(細谷千博)『サンフランシスコ講話への道』(中央公論社, 1984), 와타나베 아키오(渡辺昭夫)・미야자키 세이겐(宮里政玄) 편『サンフランシスコ講話』(東京大学出版会, 1986) 등이 간행되어 역사 연구자들 사이에서도 점령기 연구가 시민권을 획득했다.

　국제적으로는 1989년 말 냉전이 종결되었으며, 국내적으로는 연초에 쇼와 천황이 사망함으로써 '쇼와''가 종식되었다. 이를 배경으로 1990년대에 들어 '강화독립' 이후가 역사 연구의 대상으로 시민권을 획득하게 되었다. 연구의 관심은 미일안보조약의 성립과 안보 개정, 오키나와 반환, 55년 체제, 고도 경제성장 등으로 모아졌다. 전쟁이 끝난 지 반세기가 지난 1995년에는 전전기 육군의 대륙정책과 관련해 획기적 업적인 기타오카 신이치(北岡伸一)의『自民党ー政権党の38年』(読売新聞社 이후, 中公文庫, 2008)이 출간되었다. 이 책의 간행은 강화 독립 후 나아가 55년 체제기가 진정한 의미에서 역사 연구의 대상이 되었다는 것을 단적으로 상징하고 있었다.

　21세기에 들어오면서, 냉전 종식 후인 1990년대에 연구를 시작한 신진 연구자들이 전후 일본의 외교와 정치에 관한 역사 연구를 연이어 출판했다. 그중 일부는 도쿄재단 정치외교검증연구회에서 서평·단평(短評)으로 다루어졌으며 이는

1　쇼와시대(昭和時代)는 쇼와 천황의 재임 기간에 해당하는 1926년 12월 25일부터 1989년 1월 7일까지이다.-역주

동 연구회의 홈페이지에서 볼 수 있다.

전후 70년이 지난 현재, 전후사에 관한 연구, 그중에서도 정치사와 외교사를 보면 외교사 부문이 눈부시게 진전해 연구가 축적된 것과는 대조적으로 정치사 부문은 그 축적의 '얕음'이 부각된다. 여기에는 전후기의 외교 기록의 공개가 내부 정치 기록보다 앞서 행해졌다는 역사 자료의 '두께'가 크게 관련되어 있다. 이미 1970년대는 역사 연구의 대상으로서 시민권을 획득했으며, 1980년대와 1990년대가 역사 연구의 대상으로 등장하려 하고 있다.

동시대 연구로 시작한 '전후 일본' 연구는 전후 70년이 지나면서 역사 연구의 대상 시기가 확대되고 문헌 수도 많아졌다. 애초에 '전후'에 대한 학계의 합의는 존재하지 않았으며 다양한 시각이 있었다. 후쿠나가 후미오(福永文夫)·고노 야스코(河野康子) 편 『戦後とは何か―政治学と歴史学の対話』上·下(丸善出版, 2014)에서는 와타나베 아키오(渡辺昭夫)나 이오키베 마코토(五百旗頭真)를 비롯한 저명한 연구자, 그리고 가토 요코(加藤陽子), 마키하라 이즈루(牧原出) 등 일선에서 활약하는 연구자들이 각자의 관점에서 '전후'를 논하고, 연구회 구성원들 간에 치열한 논쟁이 행해졌다. 본서는 연구자의 가치관과 접근방법의 차이, 세대에 따라 전후를 인식하는 방식이 다양하다는 것을 독자들에게 환기시키며, '전후'를 고찰하는 데 있어 유익한 내용이 아로새겨져 있다. 독

자는 각자의 관심에 따라 이 책을 살펴보면 좋을 것이다.

본 장에서는 전후 70년을 돌아보는 데 있어 논점이 될 만한 주제와 관련된 유익한 문헌(서적, 논문, 평론 등)을 소개한다. 지면의 한계와 필자의 전문 분야와의 관련상 정치 및 외교 분야를 중심으로 하며, 문헌의 선정은 '전후'에 관심 있는 전문가 이외의 독자를 고려하여 개설서와 신서, 문고 등을 우선했다.

1. 전후사의 통사와 시기 구분

정치·외교에 역점을 둔 전후사의 통사로는 주오코론신샤(中央公論新社)의 『日本の近代』시리즈를 들 수 있다. 동 시리즈에서는 이오키베 마코토(五百旗頭真)『日本の近代6 戦争·終戦·復興 1941~1955』(2001, 이후 中央文庫, 2013), 이노키 다케노리(猪木武徳)『日本の近代7 経済成長の果実 1955~1972』(2000, 이후 中央文庫, 2013), 와타나베 아키오(渡邊昭夫)『日本の近代8 大国日本の揺らぎ 1972~』(2000, 이후 中公文庫, 2013)이 전쟁 이후부터 현재까지를 다루고 있다. 통사의 시기 구분으로 획기적인 것은 이오키베 마코토가 담당한 권으로, 일본의 종전부터 전후사를 설명한 것이 아니라, 1941년 미일전쟁을 시점으로 점령기를 거쳐 보수합동으로 자민당이 탄생하는 1955년까지를 하나로 묶은 것이다.

고단샤(講談社)의『日本の歴史』시리즈 중 한 권으로 간행된 고노 야스코(河野康子)의『日本の歴史24 戰後と高度成長の終焉』(2002, 이후 講談社学術文庫, 2010)는 정치·외교뿐만 아니라 경제에도 주목하고 있다. 연구의 진행 상황을 감안하면, 한 명의 저자가 전후부터 21세기 초반까지를 취급하는 본격적인 통사를 집필하는 것은 어려워지고 있다. 일류 연구자가 전후 50년을 단독으로 집필했다는 점에서 그 의의를 찾을 수 있다.

최근, 전후 방위정책 연구의 일인자인 사도 아키히로(佐道明広)와 전후 일본외교사 연구 분야의 신진 연구자에 의한 통사가 요시가와 고분칸(吉川弘文館)의『現代日本政治史』시리즈로 간행되었다. 내용을 보면, 시대순으로 구스노키 아야코(楠綾子)『現代日本政治史1 占領から独立へ 1945~1952』(2013), 이케다 신타로(池田慎太郎)『現代日本政治史2 独立完成への苦闘 1952~1960』(2011), 나카시마 다쿠마(中島琢磨)『現代日本政治史3 高度成長と沖縄返還 1960~1972』(2012), 와카쓰키 히데카즈(若月秀和)『現代日本政治史4 大国日本の政治指導 1972~1989』(2012), 사도 아키히로(佐道明広)『現代日本政治史5「改革政治」の混迷 1989~』(2012)이다.

전후사의 전환은 어떤 상황에서 어떻게 나누어 볼 수 있을까. 일본을 둘러싼 국제환경 및 일본 외교에 착목한 구분으로는 (1) 강화독립, (2) 안보 개정, (3) '국제화'에 직면한 일본, (4) 냉전 종식 등을 생각할 수 있다. 또 국내 정치에 주목한 시기 구분은 (1) 요시다 장기정권, (2) 보수합동과 55년 체제의 성립, (3) 보혁 백중, (4) 국민의 보수 회귀와 자민당 복귀, (5) 1993년 정권 교체와 연립정권의 시대 등이 가능하다. 그 외 경제 상황에 주목한 구분으로는 (1) 경제부흥, (2) 고도 경제성장, (3) 저성장, (4) 안정성장과 버블 경제, (5) 버블 붕괴 후 디플레이션 시대 등을 생각할 수 있다.

전문 분야가 다르면 '전후'의 전환점은 각각 미묘하게 다르며, 사회과학 전반에서 공유되는 시기 구분은 없다. 단, 어느 정도의 합의는 이루어지고 있다. 앞으로는 '전전'과 거의 단절한 고유의 '전후'는 어디서부터 시작하는가가 논의의 초점이 될 것이다. 앞서 언급한 후쿠나가 후미오(福永文夫)·고노 야스코(河野康子) 편『戦後とは何か―政治学と歴史学の対話』에서도 '전후'를 둘러싼 논의가 되풀이되고 있다.

2. 아시아·태평양 전쟁과 일본의 식민지 지배에 대하여

도쿄재판

한 권으로 도쿄재판의 전모를 어느 정도 파악하려면『東京裁判の国際關係―国際政治における権力と規範』(木鐸

社, 2002)의 저자 히구라시 요시노부(日暮吉延)가 자신의 성과를 일반인 대상으로 정리한『東京裁判』(講談社現代新書, 2008)을 추천한다. 히구라시가 국제정치의 문맥을 중시하는 것에 비해, 우시무라(牛村)는 '문명'론적(사상적) 측면을 중시한다[牛村圭『「文明の裁き」をこえて―対日戦犯裁判読解の試み』(中公叢書, 2001),『「勝者の裁き」に向き合って―東京裁判をよみなおす』(ちくま新書, 2004)]. 도쿄재판을 둘러싼 논점을 정리하고 싶다면 두 저자 간 대담집『東京裁判を正しく読む』(文春新書, 2008)을 권한다.

사실의 발굴이라는 점에서는 도쿄재판 연구의 선구자인 구리야 겐타로(栗屋憲太郎)『東京裁判への道』(講談社選書メチェ 2006, 이후 講談社学術文庫, 2013)도 추천한다. 도쿄재판에 대한 이해를 높이기 위해서는 뉘른베르크재판을 빠뜨릴 수 없다. 뉘른베르크재판과 관련하여 최근에 신뢰할 수 있는 연구로는 시바 겐스케(芝健介)『ニュルンベルク裁判』(岩波書店, 2015)를 들 수 있다.

전쟁의 기억

일본이 항복 문서에 조인한 것은 1945년 9월 2일이다. 그러나 일본에는 쇼와 천황이 육성 방송으로 국민에게 포츠담선언 수락을 공표한 8월 15일이 종전기념일이라는 인식이 정착되어 있다. 왜 그렇게 되었는지를 밝힌 것이 사토 다쿠

미(佐藤卓己)의 『八月十五日の神話: 終戦記念日のメディア学』(ちくま親書, 2005, 이후 증보판이 ちくま学芸文庫, 2014)이다. 또 사토 다쿠미(佐藤卓己)・손안석(孫安石) 편 『東アジアの終戦記念日—敗北と勝利のあいだ』(ちくま親書, 2007)는 중국을 비롯한 인접 국가들과 일본의 종전기념일의 '어긋남'을 살피는 입문서로 적절하다.

전후 일본인이 중일전쟁, 아시아 태평양전쟁이라는 전쟁을 어떻게 인식하고 그 인식이 변용되었는가에 대해서는 요시다 유타카(吉田裕)의 『日本人の戦争観: 戦後史のなかの変容』(岩波書店, 1995, 이후 岩波現代文庫)에서 단서를 준다. 최근 일본에서도 전쟁의 사회사 연구가 활발해져 중일전쟁이나 태평양전쟁 등 이전의 전쟁에 대한 기억이 어떻게 형성되었가에 주목하고 있다. 이러한 연구의 흐름을 대표하는 저작으로 나리타 유이치(成田龍一)의 『「戦争経験」の戦後史 語られた体験/証言/記憶(シリーズ 戦争の経験を問う)』(岩波書店, 2010)를 들 수 있다. 또 사회사와 문화연구가 활발해짐에 따라, 원폭 문제는 전후 일본의 평화관과 핵문제에 대한 인식뿐만 아니라 '집단기억'으로서 논의되게 되었다. 이러한 연구의 대표적 예로는 오쿠다 히로코(奥田博子) 『原爆の記憶—ヒロシマ/ナガサキの思想』(慶應義塾大学出版会, 2010)을 들 수 있다.

전후 책임

일본의 전쟁 책임에 관해서는 다수의 저작이 있다. 다카하시 데쓰야(高橋哲哉)『戦後責任論』(講談社, 1999, 이후 講談社学術文庫, 2005)를 통해 이 문제에 관한 논의가 환기되었다. 최근에는 일본이 침략한 아시아의 관점에 부응한 전후 책임 방식이 주목받고 있다(内海愛子, 大沼保昭, 田中 宏, 加藤陽子『戦後責任 アジアのまなざしに応えて』岩波書店, 2014, 永原陽子『「植民地責任」論—脱植民地化の比較史』青木書店, 2009 등).

역사인식 문제

1980년대 이후 중일 간 한일 간에 불거진 역사인식 문제는 외교문제로서의 성격을 강하게 띠고 있다. 전후 일본 외교사 연구의 제일선에 서 있는 하타노 스미오(波多野澄雄)의 『国家と歴史-戦後日本の歴史問題』(中公新書, 2011)와 핫토리 류지(服部龍二)의 『外交ドキュメント 歴史認識』(岩波新書, 2015)는 이 문제를 생각하는 데 없어서는 안 될 책이다. 더욱이 하타노 스미오의 책은 1970년대까지 일본의 정치·외교 차원에서의 역사인식 문제에 관해서도 다루고 있다. 현시점에서 한일 역사인식 문제에 대한 결정판이라고 할 수 있는 것은 기무라 칸(木村幹)『日韓歴史認識問題とは何か—歴史教科書「慰安婦」・ポピュリズム』(ミネルヴァ書房, 2014)이다.

야스쿠니 문제

일본에서 전몰자의 추모와 위령문제는 야스쿠니신사를 제외하고 말할 수 없다. 아카자와 시로(赤澤史朗)의 『靖国神社 せめぎあう<戦没者追悼>のゆくえ』(岩波書店, 2005)는 전후 야스쿠니신사의 궤적을 추적한 탄탄한 책이다. 아카자와의 이후 연구 성과는 『戦没者合祀と靖国神社』(吉川弘文館, 2015)으로 정리되었다. 또 무라이 료타(村井良太)의 「戦後日本の政治と慰霊」(劉傑, 楊大慶, 三谷博編 『国境を越える歴史認識』東京大学出版会, 2006)는 전후 야스쿠니 문제의 변천을 빠르게 파악하고 논점을 정리하는 데 없어서는 안 되는 책이다. 세상의 주목을 받지는 못했으나 국립국회도서관조사 및 입법조사국(立法考査局)이 편찬한 『新編靖国神社問題資料集』(2007)는 야스쿠니 문제를 현실적으로 논의하기 위한 필독 자료집이다.

복원·인양, 시베리아 억류, 유골 수집

복원이나 인양에 대한 연구는 지금까지 충분히 이루어지지 않았다. 그러나 사료 상황의 개선 등에 의해 최근에는 연구가 진척되고 있다. 한 예로, 가토 요코(加藤陽子)의 『敗者の帰還ー敗者の復員·引揚問題の展開』(『戦争の論理―日露戦争から太平洋戦争まで』勁草書房, 2005)와 가토 기요후미

(加藤聖文)의『大日本帝国の崩壊と残留日本人引揚問題ー国際関係のなかの海外引揚』(増田弘編『大日本帝国の崩壊と引揚・復員』慶應義塾大学出版会, 2012)을 들 수 있다.

시베리아 억류 문제를 본격적으로 다룰 때는 러시아 사료를 발굴할 필요가 있다. 도미타 다케시(富田武)『シベリア抑留者たちの戦後: 冷戦下の世論と運動 1945-56年』(人文書院, 2013),『シベリア抑留 - スターリン独裁下, 「収容所群島」の実像』(中公新書, 2016)는 소련사 연구의 일인자가 정리한 귀중한 연구 성과이다. 하마이 가즈후미(浜井和史)『海外戦没者の戦後史: 遺骨帰還と慰霊』(吉川弘文館歴史文化ライブラリー, 2014)는 해외 전몰자의 유골반환 및 위령을 외교 사료를 통해 분석했다. 앞서 언급한 복원・인양과 마찬가지로 해외 전몰자의 유골 반환은 '전후처리' 즉, 외교문제이기도 했다.

3. 점령 개혁과 전후 일본의 출발

점령기란 무엇인가

후쿠나가 후미오(福永文夫)『日本占領史1945-1952 - 東京・ワシントン・沖縄』(中公新書, 2014)는 점령기에 관한 신뢰할 만한 최근의 통사이다. 일본이 점령하에 있었던 시기의 오키나와의 동향에도 페이지를 할애하고 있는 점이 새롭다. 오키나와를 어떤 식으로 포함시켜 총체로서의 일본을 설명

할 것인가가 앞으로 통사로서의 전후사 연구에 있어 커다란 과제이다.

여성 참정권과 농지개혁 등 주요 점령 개혁에 대한 미국과 일본 양국 간의 온도차를 알기 위해서는 미국의 대일점령 정책연구의 일인자인 이오키베 마코토(五百旗頭真)의 「占領改革の三種類型」(『レヴァイアサン』六, 1990)를 추천한다. 입장은 다르지만 쇼와시대 전전·전중기에 '통제 경제'를 지향한 '혁신파'의 전후 영향력을 중시하는 이토 다카시(伊藤隆)와 마찬가지로 아메미야 쇼이치(雨宮昭一)도 전후 정치·경제 체제에 쇼와 전전기의 인맥과 제도가 계승되었다는 점을 중시한다. 이러한 측면에서 점령기에 대한 색다른 통사가 아메미야 쇼이치(雨宮昭一)『シリーズ日本近現代史 7 占領と改革』(岩波新書, 2008)이다.

일본국 헌법의 탄생과 언론

일본국 헌법의 제정에 관해서는 고세키 쇼이치(古関彰一)『新憲法の誕生』(中央叢書, 1989, 이후 2009년에 『日本国憲法の誕生』로 제목을 바꾸어 岩波現代文庫 발간)이 지금도 고전적인 지위를 차지하고 있다. 또 니시 오사무(西修)『日本国憲法はこうして生まれた』(中公文庫, 2000)도 자료를 토대로 쓰여진 역작이다.

아리야마 데루오(有山輝雄)『戦後史のなかの憲法とジャ

ーナリズム』(柏書房, 1998)에서는 전쟁에 협력하여 여론을 고양시킨 언론이 일본국 헌법을 받아들이고 전후 민주주의의 담당자가 되어가는 과정이 부각된다.

일본인의 점령 체험

전후 일본의 궤적을 돌이켜 볼 때, 일본인의 점령체험은 피할 수 없는 주제 가운데 하나이다. John W. Dower(三浦陽一, 高杉忠明, 田代泰子 역)『敗北を抱きしめて――第二次大戦後の日本人』上・下(岩波書店, 2001, 2014년 증보판) 및 요시미 요시아키(吉見義明)의 『焼跡からのデモクラシー――草の根の占領期体験』上・下(岩波書店, 2014)는 방대한 자료를 바탕으로 점령하 민중의 실상을 다면적으로 묘사한다.

'패자'의 재출발

전후 일본의 궤적을 검토할 때, 일본과 동일하게 패전으로부터 일어나 세계 유수의 경제대국이 된 독일과의 비교는 풍부한 시사점을 준다. 독일과 일본의 전후를 비교 정치 연구 방법으로 일찍이 분석한 오다케 히데오(大嶽秀夫)『アデナウアーと吉田茂』(中公叢書, 1986)와 『二つの戦後・ドイツと日本』(NHKブックス, 1992) 가운데, 후자는 일독 양국의 전후를 둘러보는 데 도움이 된다. 또 전후 서독을 재건한 아데나워에 대해서는 그 궤적을 간결하고 명료하게 정리한 히타바시 다쿠미(板橋拓己)『アデナウアー 現代ドイツを創った政治家』(中公新書, 2014)가 신뢰할 수 있는 저작이다. 앞으로 아데나워와 요시다뿐 아니라, 기시 노부스케와의 비교를 시도하여도 재미있을 것 같다.

일본의 전후를 이탈리아와 비교하여 검토한 업적은 독일과 비교한 것에 비해 압도적으로 적다. 이와 같은 현상을 타개할 수 있는 가능성을 가진 것이 이시다 켄(石田憲)『敗戦から憲法へ-日独伊 憲法制定の比較政治史』(岩波書店, 2009)이다. 독일뿐 아니라 이탈리아를 시야에 넣음으로써 전후 일본의 새로운 상이 구축될 것이다.

4. 전후 일본의 외교·안전보장 궤적

전후 일본 외교를 전체적으로 둘러보기

현 시점에서 전후 일본 외교사 통사의 결정판은 이오키베 마코토(五百旗頭真) 편『戦後日本外交史(第3版 補訂版)』(有斐閣アルマ, 2014)이다. 또『国際問題』에 기타오카 신이치(北岡伸一), 나카니시 히로시(中西寛), 와타나베 아키오(渡辺昭夫) 등 일류 집필자의 전후 일본 외교를 긴 시간축과 거시적 관점에서 돌이켜 본 논문들이 다수 게재되어 있다(北岡伸一「国際協調の条件 戦間期の日本と戦後の日本」『国際問題』423, 1995; 中西寛「20世紀の日本外交」『国際問題』489, 2000;

「世界秩序の変容と日本外交の軌跡」『国際問題』578, 2009; 渡辺昭夫「日米同盟の50周年の軌跡と21世紀への展望」『国際問題』490, 2001). 전후 일본외교를 전체적으로 둘러보기 위해서는『戦後日本外交史(第3版 補訂版)』을 위에 소개한 논문들과 함께 읽으면 좋을 것이다.

『戦後日本外交史』는 냉전 종결 이후가 아무래도 분량상 빈약할 수밖에 없다. 따라서 냉전 종결 이후 일본 외교를 조망하는 신뢰할 만한 통사를 고대해왔다. 미야기 다이조(宮城大蔵)『現代日本外交史 - 冷戦後の模索, 首相たちの決断』(中公新書, 2016)는 이와 같은 사회적 요청에 부응하고 있다.

냉전

전후 일본 외교를 고찰하는 데 있어 냉전에 대한 이해는 필수 불가결하다. 그렇지만 냉전에 관한 훌륭한 문헌은 매우 방대하다. 전문가가 아닌 일반 독자가 단기간에 냉전의 개요를 알고자 한다면 전후 미국 외교사의 일인자인 사사키 다쿠야(佐々木卓也)『冷戦』(有斐閣, 2011)이 가장 적당하다.

또 아시아에 냉전이 어떻게 유입되어 전개되었는가라는 관점도 중요하다. 일반 독자는 시마토마이 노부오(下斗米伸夫)의『アジア冷戦史』(中公新書, 2004)를 먼저 읽고, 최근 주고클래식(中公クラシックス)에서 재출판한 나가이 요노스케(永井陽之助)『冷戦の起源-戦後アジアの国際環境』I・II(2013, 초판

은 中央公論社, 1978)를 이어서 읽을 것을 추천한다.

샌프란시스코 강화

일본이 국제사회에 복귀하는 출발점이 된 샌프란시스코 강화는 전후 70년을 생각할 때 빠뜨릴 수 없는 중요한 주제이다. 샌프란시스코 강화에 관한 연구 가운데 고전은 앞서 서술한 호소야 치히로(細谷千博)『サンフランシスコ講和への道』와 와타나베 아키오(渡辺昭夫)·미야자토 세이겐(宮里政玄) 편『サンフランシスコ講和』이다. 그 후 미우라 요이치(三浦陽一)『吉田茂とサンフランシスコ講和』上·下(大月書店, 1996)가 간행되었으나, 샌프란시스코 강화 그 자체를 본격적으로 다룬 학술서는 나오고 있지 않다.

일본에게 있어 샌프란시스코 강화가 어떤 의미를 갖고 있는지를 단기간에 알기 위해서는 와타나베 아키오(渡辺昭夫)「講和問題と日本の選択」(앞의 책『サンフランシスコ講和』), 최신 저작으로는 하타노 스미오(波多野澄雄)의「サンフランシスコ講和体制」(波多野澄雄編『日本の外交 第2巻 外交史 戦後編』岩波書店, 2013), 미야기 다이조(宮城大蔵)「サンフランシスコ講和と吉田路線の選択」(『国際問題』638, 2015)을 추천한다.

미일안보체제

방대한 미국의 자료를 사용하여 쓴 사카모토 카즈야(坂

元一哉)『日米同盟の絆-安保条約と相互性の模索』(有斐閣, 2000)는 안보개정에 관한 연구서로 가장 먼저 읽어야 할 저작이다. 최근 미일안보를 둘러싼 '밀약'이 논의를 불러일으킨 것이 기억에 남는다. 전후 일본 외교 자료에 정통한 하타노 스미오가 '밀약'의 형성 과정을 추적한 저작이『歴史としての日米安保条約—機密外交記録が明かす「密約」の虚実』(岩波書店, 2010)이다. 냉전 종결 후 미일동맹을 고려하는 데 소재를 제공하는 논거로는 와타나베 아키오(渡辺昭夫)「冷戦の終結と日米安保の再定義—沖縄問題を含めて」(『国際問題』594, 2010), 사카모토 가즈야(坂元一哉)「日米同盟の課題 安保改定 50年の視点から」(『国際問題』588, 2010) 등이 있다.

비핵 3원칙과 핵 비확산

일본이 핵확산금지조약 (NPT)에 조인하고 비준하는 경로를 추적한 구루사키 히카루(黒崎輝)『核兵器と日米関係—アメリカの核不拡散外交と日本の選択 1960-1976』(有志舎, 2006)에서는 일본이 핵을 소유하는 것은 아닌가라는 미국의 과도한 위기의식과 당시 일본의 핵 인식이 드러나 있다.

재군비, 정군 관계, 자위대

재군비 문제가 보수와 혁신을 분단하는 분기점이 되었다

는 것을 명확히 밝힌 저작이 오다케 히데오(大嶽秀夫)『再軍備とナショナリズム―保守, リベラル, 社会民主主義の防衛観』(中公新書, 1998, 이후『再軍備とナショナリズム-戦後日本の防衛観』講談社学術文庫, 2005)이다. 마스다 히로시(増田弘)『自衛隊の誕生―日本の再軍備とアメリカ』(中公新書, 2004)는 육해공 각 자위대가 탄생한 경위를 밝히고 있으며, 특히나 연구 축적이 거의 없는 항공 자위대 탄생을 다룬 제3부는 가치가 높다. 자위대 탄생에서 현재에 이르기까지 방위 정책 및 정치와 군사 관계를 살펴보기 위해서는 사도 아키히로(佐道明広)『戦後政治と自衛隊』(吉川弘文館歴史らいぶらりー, 2006)이 있으며,『自衛隊史論―政・官・軍・民の七〇年』(吉川弘文館, 2015)이 있다. 또 전문 서적으로는『戦後日本の防衛と政治』(吉川弘文館, 2003),『自衛隊史論: 政・官・軍・民の六〇年』(吉川弘文館, 2014)이 있다.

그리고 전후 일본의 정군 관계의 특징인 문관 우위의 원칙이 형성되는 과정에 대해서는 나카지마 신고(中島信吾)『戦後日本の防衛政策―「吉田路線」をめぐる政治・外交・軍事』(慶應義塾大学出版会, 2006)에서 상세히 다루고 있다.

아시아와의 화해와 새로운 관계 구축

아시아의 일원으로서 어떻게 살아갈 것인가는 전후 일본 외교의 중요한 과제 가운데 하나였다. 반둥회의는 전후 일본

이 처음으로 참가한 국제회의이다. 그 의의를 생각할 때 빼놓을 수 없는 저서가 미야기 다이조(宮城大蔵)의 『バンドン会議と日本のアジア復帰—アメリカとアジアの狭間で』(草思社, 2001)이다. 또 중국 대륙을 공산당이 지배하는 가운데 일본은 동남아시아(해역 아시아)로 활로를 찾아냈다. 격동의 해역 아시아와 일본이 어떻게 마주하여 새로운 관계를 구축했는지를 제시하고 있는 것이 미야기 다이조(宮城大蔵) 『「海洋国家」日本の戦後史』(ちくま新書, 2008)이다. 보다 깊이 알고 싶은 독자는 미야기 다이조 『戦後アジア秩序の模索と日本—「海のアジア」の戦後史 1957~1966』(創文社, 2004)를 추천한다.

전후 일본에게 있어서 식민지 독립을 이룬 신흥 동남아시아 각국과의 배상문제는 무거운 외교 과제의 하나였다. 일본의 동남아시아 국가들에 대한 배상을 외교적인 시점에서 논의한, 학술적 가치가 높으면서도 읽기 쉬운 신서는 아직 없는 듯하다. 여기에서 소개하는 기타오카 신이치의 「賠償問題の政治力学」(『門戸開放政策と日本』東京大学出版会, 2015)는 학술논문이지만 논리가 분명하고 가독성 있는 문장으로 쓰여 있어 일반 독자도 읽기 쉽다.

1930년대 이후 지역주의가 대두하였으며 전후에도 이어졌다. 일본의 경우는 아시아주의가 그 대표적인 예이다. 지역주의에 대한 연구자들의 관심은 높지만 그 성과는 일반 독

자들에게 환원되지 않은 것 같다. 하타노 스미오(波多野澄雄)의 논고(「戦後アジア外交の理念形成「地域主義」と「東西のかけ橋」」『国際問題』546, 2005, 「『地域主義』をめぐる日本外交とアジア」『国際問題』578, 2009)를 직접 보면서 일본 외교에 나타난 지역주의 본연의 모습에 대하여 생각해보면 좋겠다.

전후 일본의 아시아 외교를 살펴보는 저작으로는 하타노 스미오(波多野澄雄)·사토 스스미(佐藤晋)『現代日本の東南アジア政策―1950~2005』(早稲田大学出版部, 2007), 미야기 다이조(宮城大蔵) 편『戦後日本のアジア外交』(ミネルヴァ書房, 2015)을 추천한다.

아시아·태평양이라는 새로운 질서

아시아와 태평양을 하나의 지역 틀로 볼 것을 가장 먼저 제창한 학자가 국제정치학의 권위자 와타나베 아키오다. 오히라 마사요시(大平正芳) 총리가 내세운 환태평양 연대 구상은 아시아·태평양 경제협력체(Asia-Pacific Economic Cooperation : APEC) 창설로 결실을 맺었다. 21세기에 들어서 APEC의 존재감은 약해졌다. 그러나 환태평양이라는 아시아·태평양을 연결하는 광역질서는 여전히 가능성을 가지고 있다. 와타나베가 참가했던 좌담회와 와타나베의 저서 및 그가 편집자를 역임한 논문집을 읽으면 그 가능성을 많이 찾아볼 수 있다(細谷千博, 永井陽之介, 渡辺昭夫 「詩論「太平洋の

時代」の歴史的意義」『国際問題』301, 1985, 渡辺昭夫『アジア・太平洋の国際関係と日本』東京大学出版会, 1992, 渡辺昭夫編『アジア太平洋連帯構想』NTT出版, 2005, 渡辺昭夫編『アジア太平洋と新しい地域主義の展開』千倉書房, 2010).

중국·한국과의 화해

최근 아사노 도요미(浅野豊美)가 중심이 되어 편찬한 한일국교정상화에 관한 많은 자료집이 현대사료출판에서 간행되었다. 이종원(李鍾元)·기미야 다다시(木宮正史)·아사노 도요미(浅野豊美) 편『歴史としての日韓国交正常化 1 東アジア冷戦編』,『歴史としての日韓国交正常化 2 脱植民地化編』(法政大学出版局, 2011)을 읽으면 최신 한일국교정상화에 관한 학술 성과를 알 수 있다. 또 아사노 도요미(浅野豊美) 편『戦後日本の賠償問題と東アジア地域再編―請求権と歴史認識問題の起源』(慈学社, 2013) 제1부에서는 한일국교정상화 협상에서 분규가 일어났던 양국의 청구권 문제가 다루어지고 있다.

중일국교정상화와 관련해서는 전 외교관의 구술서 성과를 반영한 핫토리 류지(服部龍二)『日中国交正常化 - 田中角栄, 大平正芳, 官僚たちの挑戦』(中公新書, 2011)와 이노우에 마사야(井上正也)의 방대한 학술서『日中国交正常化の政治史』(名古屋大学出版会, 2010)가 쌍벽을 이룬다.

오키나와 반환과 기지 문제

미군에게 점령된 오키나와에서는 현내 각지에서 용지가 몰수되어 미군기지가 건설되었다. 미군기지에 대한 경제의존과 그에 대한 거절이라는 오키나와 기지문제의 복잡성을 생각하는 데 있어 요시토시 다이라(平良好利)의 『戰後沖縄と米軍基地―「受容」と「拒絶」のはざまで 1945-1972年』(法政大学出版局, 2012)는 논의의 출발점이 되는 좋은 책이다.

오키나와 반환을 생각하는 데 있어, 샌프란시스코 강화조약에서 오키나와는 미국의 신탁통치하에 놓이나, 한편에서는 일본의 잠재적 주권이 인정되었다는 점이 중요하다. 여기에 이르는 경위에 대해서는 로버트 엘더리지(ロバート·D·エルドリッヂ) 『沖縄問題の起源―戦後日米関係における沖縄 1945-1952』(名古屋大学出版会, 2003)가 상세하다.

오키나와 반환에 관해서는 와타나베 아키오(渡辺昭夫) 『戦後日本の政治と外交―沖縄問題をめぐる政治過程』(福村出版, 1970)이 현재 진행형이었던 오키나와 반환과 관련한 당시의 분위기를 전한다. 고노 야스코(河野康子)도 오키나와 반환을 미일관계의 맥락에 주목한 저서 『沖縄返還をめぐる政治と外交―日米関係史の文脈』(東京大学出版会, 1994)를 간행했다. 당시는 일본의 전후 외교 기록의 공개가 충분히 이루어지지 않았기 때문에 주요 1차 사료는 미국에 의존할 수밖에 없었다.

이에 대하여 나카지마 다쿠마(中島琢磨) 『沖縄返還と日米安保体制』(有斐閣, 2012)는 일본의 사료 공개와 외교관 구술사의 축적이라는 시대적 변화를 활용했다. 오키나와 반환 문제를 미일안보체제라는 거대한 구조 속에서 바라본 이 서적은 최근 들어 오키나와 반환 협상에 관한 가장 뛰어난 저작물이다.

외교사 연구자의 관심은 오키나와 본토 복귀 이후의 기지 문제로 향하고 있는 것 같다. 노조에 후미아키(野添文彬) 『沖縄返還後の日米安保: 米軍基地をめぐる相克』(吉川弘文館, 2016)는 연구 서적이 얼마 없는 반환 후의 미일관계 분석에 역점을 두고 반환 이후에도 기지가 줄어들지 않는 배경을 분석했다.

일본 본토에 복귀한 이후의 오키나와와 일본 정부의 관계에 대해서는 사도 아키히로(佐道明広)의 『沖縄現代政治史 ―「自立」をめぐる攻防』(吉田書店, 2014)가 '국제도시형성구상'을 예로 오키나와의 지역 진흥과 기지 문제의 형태를 부각시켰다. 또 요나구니(与那国)[2]의 자립 구상과 요나구니에 자위대 기지를 신설하는 문제 등도 다루었으며, 최근 오키나

---

2   요나구니(与那国)는 오키나와현 야에야마군의 마을로 일본 최서단의 이시가키섬과 타이완의 중간점에 위치한다.-역주

와 정치의 실상을 검증할 때 꼭 읽어야 할 책이다.

전방위 외교

데탕트의 진전에 따라 일본에서는 1970년대 미국 등 자유주의 진영뿐만 아니라, 모든 국가들과 우호관계를 구축하는 전방위 외교(전방위 평화외교)를 모색하였다. 그 최대 성과가 1978년 8월에 발표한 후쿠다 독트린(동남아시아 외교3원칙)이다. 전방위 외교의 가능성과 좌절을 추적한 와카츠키 히데카즈(若月秀和)『「全方位外交」の時代─冷戦変容期の日本とアジア・1971~80年』(日本経済評論社, 2006)는 일본 외교의 가능성을 고려할 때 반드시 참조해야 할 서적이다.

PKO

냉전 종식 후 일본의 국제 공헌의 대표적인 사례로 캄보디아에 대한 PKO 파견과 이라크 복구 지원을 위한 자위대 파견을 들 수 있다. 일본의 인적 공헌에 관하여 신진 연구자의 문제의식과 관심이 한 권의 책으로 결실을 맺은 것이 쇼지 다카유키(庄司貴由)『自衛隊海外派遣と日本外交-冷戦後における人的貢献の模索』(日本経済評論社, 2015)이다.

이와는 별도로 일본의 PKO 참가는 강화독립 이후, 기시 정권에서 사토 정권에 이르는 시기에도 검토 과제였다. 냉전 종결 후의 PKO를 고려할 때 그러한 이전의 역사는 중요하다. 여기에서 학술연구 성과의 하나로 무라카미 도모아키(村上友章)「吉田路線とPKO参加問題」(『国際問題』151, 2008)를 들 수 있다.

마치며

'시작하며'에서 서술한 바와 같이, 본 장에서는 전후 70년을 고찰할 때 논점이 되는 주제와 관련한 유익한 문헌을 정치·외교 분야를 중심으로 소개했다. 본 장에서 소개한 문헌은 큰 바다의 물방울 하나처럼 전후 일본에 관한 방대한 간행물 가운데 극히 일부에 불과하다. 그러나 본 장에서 소개한 문헌들은 전후 일본의 궤적을 되돌아보는 데 있어 참고해야만 하는 것들이다.

2018년은 국내적으로는 메이지유신 150주년이다. 메이지유신 100주년이었던 1968년, 일본은 GNP(국민총생산)에서 당시 서독을 상회하여 세계 제2위의 경제대국이 되었다. 유신정부가 내세운 '부국강병'은 전전 일본을 관통하는 국시였으나, 1945년 패전과 전후의 '평화헌법'에 의해 '강병'의 길은 단절되었다. 그러나 고도 경제성장으로 세계 유수의 경제대국이 됨으로써 메이지유신 이래 비원인 '부국'은 진정한 의미에서 달성되었다. 그리고 전후 일본에서 자유민주주의가 정착했는데 이것은 자유민권운동 이후 전전기의 일본에서 정치적 민주화를 추구해온 사람들의 비원이 달성된 것으로 볼 수도 있다.

2015년 8월 14일에 발표된 전후 70년 담화(아베 총리 담화)의 한 구절에 "자유롭고 민주적인 나라를 만들고, 법의 지배를 존중하며 오로지 부전(不戰)의 맹세를 견지해 왔습니다. 70년간에 이르는 평화국가로서의 행보에 우리는 조용한 자부심을 가지며 이 부동의 방침을 앞으로도 관철해 나가겠습니다."라는 표현이 있다.

전후의 일본이 '평화국가'의 길을 걸어왔다는 인식은 대내외에 정착하고 있다. 그러나 앞의 전쟁에 대한 깊은 반성을 바탕으로 전전기의 입헌주의 전통을 계승하여 '법의 지배를 존중하고', '자유롭고 민주적인 나라를 만들어'온 역사는 '평화국가'의 궤적과 비교할 때 대내외에서 충분히 공유되고 있지 않다. 이와 같은 관점에 입각한 연구가 더 이루어져 해외에 정보를 제공할 수 있게 되길 바란다.

앞으로 일본에서는 전후 70년과 메이지유신 150년을 둘러싼 논의와 관련한 대화가 필요하지 않을까. 메이지유신 150년과 전후 70년을 연계하는 논리가 제시될 때 우리들은 근대 150년을 관통하여 내다보는 역사인식을 가질 수 있을 것이다.

마치며

미야기 다이조(宮城大蔵)

　역사인식 문제는 사실 부담스러운 일이다. 한 국가의 국민을 국민으로서 존립할 수 있게 하는 가장 중요한 요소 중 하나는 역사적 경험의 공유일 것이다. 직접적인 경험도 있고, 교육이나 언론을 통해서 계승, 재생산되는 역사적인 경험도 있다. 그것이 나라마다 다른 것은 어찌 보면 당연할 것이다. 인접국이라면 공통으로 접한 역사적 사실을 둘러싼 기억이나 해석이 서로 다르고 그로 인해 마찰이 발생한다. '어차피 역사인식의 일치는 있을 수 없다'며 방치하면 더욱 꼬이게 되어 결국 관련 국가들과의 관계는 꼼짝도 못하게 된다.

　가해자의 입장에 선 나라는 '계속 되풀이하지 말라'고 말하고 싶을 것이고, 역으로 피해를 입은 나라는 어떤 '해결'을 통해서도 과거의 역사 그 자체가 지워지는 것은 아니라고 말하고 싶을 것이다. 각각의 국민 감정이 얽혀 있는 만큼, 일단

문제에 불이 붙으면 사태의 수습은 쉽지 않다.

이러한 부정적 감정의 연쇄로부터 벗어나기 위한 하나의 실마리는 과거를 아는 것이다. 흔히 말하는 '과거의 역사를 잘 배워라'는 가르침이 중요하다는 것은 이론의 여지가 없으나, 여기서 말하는 '과거를 안다'는 것은 '역사인식에 대한 과거'를 아는 것을 말한다.

일본에 대해서 말하자면 메이지 이후 전전의 시기를 시작으로, 제2차 세계대전 후 패전의 색이 짙은 점령기, 1950년대의 모색기, 고도성장의 60년대, 그리고 세계에 우뚝 선 경제대국이 된 1980년대의 시대마다 역사인식이라는 것이 있었다. 이들은 어떠한 요소와 배경에 의해서 형성되고 변화해온 것일까. 그것을 시야에 넣음으로써 비로소 헤이세이(平成)[1]의 종막이 시야에 들어오는 현재 시점에 있어서 일본 역사인식의 특징이 선명해질 것이다.

전전기를 다룬 서장에서 시작하여 전후 시대를 전체적으로 살펴보고 무라야마 담화(1995년), 고이즈미 담화(2005년), 아베 담화(2015년)까지를 다룬 본서가 '역사인식의 과거'를 아는 데 있어서 적절한 실마리가 된다면 책을 간행하는 목적은 달성했다고 말할 수 있을 것이다.

---

1   헤이세이 시대(平成時代)는 일본의 연호의 하나로 헤이세이 천황의 재임기간에 해당하는1989년 1월 8일부터 2019년 4월 30일까지이다.-역주

깨끗하게 패배를 인정하라는 연합국 사관을 전면적으로 받아들이면서도 아시아의 민족주의에는 관심이 희박했던 요시다 시게루, 역사인식에 대한 국민 합의를 형성하는 데 있어서 정당 정치의 역할이 갖는 중요성을 간파했던 '사토 에이사쿠의 시대', 비록 근본적이긴 않아도 역사인식을 둘러싸고 중단기적인 개선책을 쌓아 가는 것의 중요성을 엿볼 수 있었던 '나카소네 시대', 각 장에는 지금의 역사인식 문제를 생각하는 데 있어서 풍부한 시사점이 소개된다. 그리고 일본 국내에 있어서 독자적인 행보를 한, 혹은 그러도록 강요되었던 오키나와의 관점을 잊어서는 안 된다. 국민 통합과 미일 안보의 짐[負荷]이라는 무거운 과제가 교차하는 오키나와를 빼고 전후 일본의 자화상은 결코 완성될 수 없다.

이어지는 좌담에서도 '화해는 무리라고 결론지으면 속은 시원하지만, 결국에는 관계 국가들의 이익을 해치게 된다', '국가 간의 관계가 나빠지면, 과거의 역사를 포함한 이미지가 동원된다' 등의 인상 깊은 논점이 많다.

여기까지 이 책을 통해 확실해지는 것은 정치의 역할이 중요하다는 점이 아닐까. 물론 역사의 기억은 정치 혹은 정치가가 점유하는 것이 아니라, 국민 각자의 의지나 감정이 쌓인 것이라는 특징이 있다. 그리고 옴짝달싹할 수 없는 정치는 제쳐두고, 경제나 문화교류를 추진함으로써 역사인식 문제를 상대화하는 방법도 있을 것이다. 그러나 한번 역사인식 문제에 불이 붙고, 특히 국가 정상 수준의 문제로 가시화되면 경제나 문화교류를 압도해버리는 강렬한 부정적 에너지를 방출하게 된다. 그렇다고 해서 관계국과의 융화에만 집중한다면 이번에는 불완전한 국내 합의가 발목을 잡을지 모른다. 냉전기에 존재한 이데올로기 대립이라고 하는 좌표축이 세계적으로 와해되고 있는 만큼 '과거의 기억'은 국제정치, 국내정치의 쌍방에 걸쳐 대단히 신중한 방향 설정이 요구되는 문제이다.

화해는 쉽지 않다. 그렇다고 방치하면 위기를 초래한다. 그 틈에서 할 수 있는 것은 '부단한 위기관리'라는 관점이 아닐까. 항구적인 화해가 쉽지 않다고 해도 당장의 위기관리의 필요성을 부정하는 논자는 없을 것이다. 인내심을 가지고 계속하는 것이 결과적으로 역사인식 문제를 둘러싼 '부단한 위기관리' 체제의 구축으로 이어질 것이다.

이 책은 다양한 시기에 걸쳐 다양한 관점을 제시하고 있으며 하나의 결론을 도출하는 것을 의도하지 않는다. 다만, 이 책이 제시한 다양한 견해에서 얻을 수 있는 하나의 최대 공약수는 역사인식 문제를 둘러싼 '부단한 위기관리'의 중요성이라 할 수 있을 것이다.

참고문헌

서장 역사인식의 역사를 향해

五百旗頭薫,「嘘の明治史—福地櫻痴の挑戦」.『アステイオン』84号,
　　2016年 5月

五百旗頭薫,「嘘の明治史—循環の観念について」,『アステイオン』85号,
　　2016年 11月

北岡伸一,『官僚制としての日本陸軍』, 筑摩書房, 2012

奈良岡聰智,『対華21ヶ条要求とは何だったのか—第1次世界大戦と日中
　　対立の原点』, 名古屋大学出版会, 2015

松沢裕作,『自由民権運動—<デモクラシー>の夢と挫折』岩波新書, 2016

吉野作造講義録研究会編, 五百旗頭薫・作内由子・伏見岳人責任編集,
　　『吉野作造政治史講義—矢内原忠雄・赤松克摩・岡義武ノート』岩波
　　書店, 2016 및 같은 책 五百旗頭薫,「吉野作造政治史の射程」

제2장 사토 에이사쿠의 시대—고도 경제성장기의 역사인식 문제

赤澤史朗,『靖国神社—せめぎあう<戦没者追悼>のゆくえ』, 岩波書店,
　　2005年.

浅野豊美,『帝国日本の植民地法制―法域統合と帝国秩序』, 名古屋大学
　　出版会, 2008年.

麻生和子,「娘の立場から」, 吉田茂,『回想10年』第4巻, 中央公論社,
　　1998年.

家永三郎,『太平洋戦争』, 岩波書店, 2003年.

池田直隆,「『シンガポール血債問題』と日本の対応」,『国學院大學日本文
　　化研究所紀要』94, 2004年 9月.

伊藤智永,『奇をてらわず―陸軍省高級副官美山要蔵の昭和』, 講談社,
　　2009年.

エズラ・ヴォーゲル(益尾知佐子・杉本孝訳),『現代中国の父鄧小平』
　　上巻, 日本経済新聞出版, 2013年.

江藤名保子,『中国ナショナリズムのなかの日本―「愛国主義」の変容と
　　歴史認識問題』, 勁草書房, 2014年.

大沼保昭・江川紹子,『「歴史認識」とは何か』, 中央公論新社, 2015年.

大平正芳(福永文夫 監修),『大平正芳全著作集』二巻, 講談社, 2010年.

北岡伸一,『門戸開放政策と日本』, 東京大学出版会, 2015年.

君塚直隆,『女王陛下のブルーリボン‐英国勲章外交史』, 中央公論新社,
　　2014年.

木宮正史・李元徳編,『日韓関係史1965-2015 I 政治』, 東京大学出版会,
　　2015年.

暮しの手帖編集部編,『戦争中の暮しの記録 保存版』, 暮しの手帖社,
　　1969年.

月刊社会党編集部,『日本社会党の三十年』三巻, 社会新報, 1975年.

国立国会図書館調査及び立法考査局,『新編靖国神社問題資料集』, 国立
　　国会図書館, 2007年.

国立国会図書館調査立法考査局,『靖国神社問題資料集』同, 1976年.

酒井哲哉編,『平和国家のアイデンティティ』, 岩波書店, 2016年.

佐藤栄作,『今日は明日の前日』, フェイス, 1964年.

佐藤晋,「対シンガポール・マレーシア『血債』問題とその『解決』」,『二松

学舎大学東アジア学術総合研究所集刊』第三八号, 2008年3月.

椎名悦三郎追悼録刊行会編,『記録椎名悦三郎』下巻, 椎名悦三郎追悼録
　　刊行会, 1982年.

高橋紘,『人間昭和天皇』下巻, 講談社, 2011年.

データベース「世界と日本」, http://www.ioc.u-tokyo.
　　ac.jp/~worldjpn/, 2016年12月19日.

東郷和彦・波多野澄雄編,『歴史問題ハンドブック』, 岩波書店, 2015年.

内閣総理大臣官房,『佐藤内閣総理大臣演説集』, 内閣総理大臣官房,
　　1970年.

日本国際政治学会太平洋戦争原因研究部編,『太平洋戦争への道』全七
　　巻, 別巻資料編, 朝日新聞社, 1962-1963年.

日本社会党政政策審議会編,『日本社会党政策資料集成』, 日本社会党中
　　央本部機関誌局, 1990年.

秦郁彦,『靖国神社の祭神たち』, 新潮社, 2010年.

波多野澄雄,『国家と歴史ー戦後日本の歴史問題』, 中央公論新社, 2011
　　年.

服部龍二,『日中国交正常化』, 中央公論新社, 2011年.

林房雄,『大東亜戦争肯定論』, 中央公論新社, 2014年.

福永文夫・河野康子編,『戦後とは何かー政治学と歴史学の対話』上下
　　巻, 丸善出版, 2014年.

本多勝一,『中国の旅』, 朝日新聞出版社, 1981年.

毎日新聞「靖国」取材班編,『靖国戦後秘史ーA級戦犯を合祀した男』,
　　KADOKAWA, 2015年.

御厨貴,「富田メモ」同編,『近現代日本を史料で読む—「大久保利通日
　　記」から「富田メモ」まで』, 中央公論新社, 2011年.

宮城大蔵,『「海洋国家」日本の戦後史』, 筑摩書房, 2008年.

村井良太,「戦後日本の政治と慰霊」, 劉傑・三谷博・楊大慶編,『国境を越
　　える歴史認識—日中対話の試み』, 東京大学出版会, 2006年.

村井良太,「一九七〇年の日本の構想ー新たな日本への問い掛けに応え

て」, 福永文夫編, 『第二の「戦後」の形成過程』, 有斐閣, 2015年.

吉田嗣延, 『小さな闘いの日々ー沖縄復帰のうらばなし』, 文教商事, 1976年.

吉田裕, 『日本人の戦争観: 戦後史の中の変容』, 岩波書店, 2005年.

吉次公介, 『池田政権期の日本外交と冷戦ー戦後日本外交の座標軸 1960-1964』, 岩波書店, 2009年.

エドウィン ライシャワー, 『日本近代の新しい見方』, 講談社現代新書, 1965年.

李鍾元・木宮正史・浅野豊美編『歴史としての日韓国交正常化』I・II, 法政大学出版局, 2011年.

若宮啓文, 『戦後七〇年保守のァジァ観』, 朝日新聞出版, 2014年

제3장　나카소네 야스히로의 시대―외교 문제화하는 역사인식

中曽根康弘, 『天地有情』, 文芸春秋社, 1996年.

中曽根康弘, 『中曽根康弘が語る戦後日本外交』, 新潮社, 2012年.

後藤田正晴, 『情と理』下巻, 講談社, 1998年.

中江要介, 『アジア外交動と静』, 蒼天社出版, 2010年.

趙紫陽, 『趙紫陽極秘回想録』, 光文社, 2010年.

谷野作太郎, 『アジア外交―回顧と考察』, 岩波書店, 2015年.

波多野澄雄, 『国家と歴史』, 中公新書, 2011年.

田中明彦, 『日中関係 1945~1990』, 東京大学出版会, 1991年.

一谷和郎, 「靖国神社参拝問題」家近亮子他, 『岐路に立つ日中関係』, 晃洋書房, 2007年.

石原慎太郎, 『歴史の十字路に立って』, PHP研究所, 2015年.

木村幹, 『日韓歴史認識問題とは何か』, ミネルヴァ書房, 2014年.

益尾知佐子, 『中国政治外交の転換点』, 東京大学出版会, 2010年.

長谷川和年, 『首相秘書官が語る中曽根外交の舞台裏』, 朝日新聞出版, 2014年.

江藤名保子,『中国ナショナリズムのなかの日本』, 勁草書房, 2014年.

服部龍二,『外交ドキュメント歴史認識』, 岩波新書, 2005年.

リー・クアンユー,『リー・クアンユー回顧録』下巻, 日本経済新聞出版, 2000年.

御厨貴・中村隆英編,『聞き書 宮沢喜一回顧録』, 岩波書店, 2005年.

中曽根康弘・石原慎太郎,『永遠なれ, 日本』, PHP研究所, 2003年.

村井良太,「戦後日本の政治と慰霊」劉傑他編,『国境を越える歴史認識』, 東京大学出版会, 2006年.

蓮見義博,「天皇ご訪中の回想—あの熱烈歓迎ぶりが懐かしい」, アジア情報フォーラム, 2013年8月4日, http://asiainfo.or.jp/column.20130804/, 2016年9月29日閲覧.

「硫黄島ファイル」日米協会所蔵.

第4章　オキナワと本土の間隙—政治空間の変遷と歴史認識

沖縄県祖国復帰闘争史編纂委員会,『沖縄県祖国復帰闘争史(資料編)』, 沖縄時事出版, 1982年

沖縄タイムス社編,『沖縄を語る1—次代への伝言』, 沖縄タイムス社, 2016年

翁長雄志,『戦う民意』, 角川書店, 2015年

河野庸子・平良好利編,『対話　沖縄の戦後—政治・歴史・思考』, 吉田書店, 2017年

櫻澤誠,『沖縄現代史—米国統治, 本土復帰から「オール沖縄」まで』, 中公新書, 2015年

自由民主党沖縄県連史編纂委員会編,『戦後60年沖縄の政情—自由民主党沖縄県連史』, 自由民 主党沖縄県支部連合会, 2005年

平良好利,『戦後沖縄と米軍基地—「受容」と「拒絶」のはざまで 1954~1972年』, 法政大学出版局, 2012年

平良好利,「地域と安全保証—沖縄の基地問題を事例として」,『地域統合

　研究』第8号, 2015年 3月

平良好利,「米軍基地問題は日本全体の問題だ 同情や批判にとどまらな
　い挑戦を」,『Journalism』(通巻304号), 2015年 9月

宮城大蔵・渡辺豪,『普天間・辺野古歪められた20年』, 集英社新書,
　2016年

감수 신정화(辛貞和)

동서대학교 캠퍼스아시아학과 교수, 일본연구센터 소장, 일본 게이오대학(慶應大學) 법학부 정치학 박사. 저서로『일본의 대북정책-1945~1992년』,『일본 민주당 정권의 탄생과 붕괴-대내외정책을 중심으로』(공편저)가 있고, 논문으로「일본 외교안보정책의 특정과 동학-요시다 시대와 아베 시대를 중심으로」,「과거사문제에 대한 한국 역대 정권의 대응-관리에서 주도로」등이 있다.

전후일본의 역사인식

초판 1쇄 발행 2023년 9월 26일

지은이 이오키베 가오루 외
감수 신정화
옮긴이 엄태봉 석주희 윤석정 권연이
펴낸이 강수걸
편집 강나래 신지은 오해은 이선화 이소영 이혜정 김소원
디자인 권문경 조은비
펴낸곳 산지니
등록 2005년 2월 7일 제333-3370000251002005000001호
주소 부산시 해운대구 수영강변대로 140 BCC 613호
전화 051-504-7070 | 팩스 051-507-7543
홈페이지 www.sanzinibook.com
전자우편 sanzini@sanzinibook.com
블로그 http://sanzinibook.tistory.com

ISBN 979-11-6861-171-9 93340